课程政策的监测与评估研究

基于系统实施忠实度的视角

雷浩 著

华东师范大学出版社
·上海·

图书在版编目(CIP)数据

课程政策的监测与评估研究：基于系统实施忠实度的视角/雷浩著.—上海：华东师范大学出版社，2022
 ISBN 978-7-5760-2473-9

Ⅰ.①课… Ⅱ.①雷… Ⅲ.①课程-教育政策-研究-中国 Ⅳ.①G520

中国版本图书馆 CIP 数据核字(2022)第 028910 号

课程政策的监测与评估研究：
基于系统实施忠实度的视角

著　者	雷　浩
责任编辑	彭呈军
特约审读	程云琦
责任校对	樊　慧　时东明
装帧设计	刘怡霖

出版发行 华东师范大学出版社
社　　址 上海市中山北路 3663 号　邮编 200062
网　　址 www.ecnupress.com.cn
电　　话 021-60821666　行政传真 021-62572105
客服电话 021-62865537　门市(邮购)电话 021-62869887
地　　址 上海市中山北路 3663 号华东师范大学校内先锋路口
网　　店 http://hdsdcbs.tmall.com

印刷者 上海景条印刷有限公司
开　本 787×1092　16 开
印　张 14
字　数 203 千字
版　次 2022 年 9 月第 1 版
印　次 2022 年 9 月第 1 次
书　号 ISBN 978-7-5760-2473-9
定　价 48.00 元

出版人 王　焰

(如发现本版图书有印订质量问题，请寄回本社客服中心调换或电话 021-62865537 联系)

本书系国家社会科学基金"十三五"规划2018年度教育学青年课题——"课程政策的监测与评估研究"(CFA180249)的最终研究成果。

序言

党的十九大报告提出要建构决策科学、执行坚决、监督有力的权力运行机制。当前,课程领域的改革框架已经形成,关键措施也在逐渐落实,整体改革进入攻坚深水区,这就需要增强课程政策制定的精准性,提高课程决策的有效性,实现课程改革的纵深推进。课程政策监测是整个课程政策制定、实施和决策过程中的关键环节。中共中央、国务院2020年颁布的《深化新时代教育评价改革总体方案》指出:"有什么样的评价指挥棒,就有什么样的办学导向。"中共中央、国务院2019年颁布的《关于深化教育教学改革全面提高义务教育质量的意见》也明确指出:"国家建立义务教育课程方案、课程标准修订和实施监测机制。"同时,课程监测评估能够为课程实践研究进行系统把脉和诊断,精准把握课程实践现状,为课程修订和调整提供依据,提高课程的适应性和有效性,促进课程精准落地。由此可见,课程监测评估研究已经成为国家教育改革的重点。

课程政策监测是指对课程行动纲领和准则进行信息收集,进而对其展开系统、客观的分析。随着课程改革的推进,我国课程政策监测与评估研究也取得了一些重要经验。比如,借鉴国际上的课程政策监测框架和工具开展课程政策监测,[①]本土建构和开发课程政策监测理论和工具。[②] 当然,课程政策监测与评估研究也存在着重点关注课程政策结果、忽视课程政策实施过程的现象,并且政策实施过程涉及复杂的社会情境,充满着各种变化,这在很大程度上导致了课程政策的实施过程是一个暂时无法打开的"黑箱"。[③] 在实践中,课程政策监测评估结果很多时候被异化为上级控制和惩罚下属、学校或者教师的工具。正因如此,开展课程政策实施过程的监测评估研究就显得尤为必要。

---

① 靳玉乐,尹弘飚. 教师与新课程实施:基于CBMA的个案分析[J]. 课程·教材·教法,2003(11):51—58.
② 夏雪梅,沈学珺. 中小学教师课程实施的程度检测与干预[J]. 教育发展研究,2012(8):37—41.
③ 雷浩. 打开"黑箱":从近15万张学生课程表看国家课程实施现状与走向[J]. 教育研究,2020(5):49—58.

系统实施忠实度是指在考察设计者意图实现状况的基础上,将组织和文化情境纳入研究框架。这对于传统只关注结果和效率的课程政策监测与评估具有重要的启示。

实施忠实度视角促进课程政策监测与评估目标由关注结果走向聚焦解释。课程政策以文本为载体,以课程方案、课程标准和教材为主要存在形式。对于课程方案的监测与评估,最为经典的就是目标模式。该模式认为,课程评估的实质是判定课程与教学评估在多大程度上实现了教育目标的过程。① 在课程标准的监测与评估上,1999 年,美国学者诺曼·韦伯(N. L. Webb,1999)对课程标准与学生成就之间的一致性做了系列研究。② 关于教材政策的监测与评估主要聚焦于回答教材质量如何的问题,比如,侯前伟和张增田开发的教科书通用评价系统 CIR-FS;③李西营、马志颖和申继亮开发的中学科学教科书中科学探究评价指标体系等。④ 不同于结果导向的监测与评估,实施忠实度视角,尤其是系统实施忠实度视域非常关注将实施忠实度放到整个社会大背景中进行分析,并且检验调节实施忠实度对结果影响的变量。因此,实施忠实度视角下的课程政策监测与评估研究能够在更加广阔的视域下开展研究,解释课程政策如何在系统中更好地实施,促进社会系统的发展等,即促进课程政策监测与评估研究目标由关注政策结果走向解释,从而避免之前课程政策监测与评估研究只关注结果的不足。

实施忠实度视角促进课程政策监测与评估证据来源走向科学化。有研究者曾指出,"课程研究的核心问题是我们的理念和愿望与我们试图运作它们之间存在的差距"。⑤ 这种差距的缩小既需课程政策设计,也需课程政策实施。而以往的监测与评估研究更多关注课程政策的"应然"设计,如基础性问题研究、课程政策

---

① Tyler, R. W. *Basic principles of curriculum and instruction* [M]. Chicago, Illinois: The University of Chicago Press, 1949: 105 - 106.
② Webb, N. L. *Alignment of science and mathematics standards and assessments in four state* [J]. Education, 1999, 289(3): 559 - 569.
③ 侯前伟,张增田. 教科书通用评价系统 CIR-FS 的研制与评估[J]. 全球教育展望,2019,48(11): 71—95.
④ 李西营,马志颖,申继亮. 中学科学教科书中科学探究评价指标体系的构建[J]. 课程·教材·教法. 2019,39(10):124—130.
⑤ Stenhouse, L. *An introduction to curriculum research and development* [M]. London: Heinemann. 1975:19 - 22.

价值研究、权力与利益关系研究及国别研究等，缺乏对课程政策"实然"分析，如实施研究。这导致课程政策监测与评估暴露出重理论轻实践、重（应然）价值轻（实然）事实等。而实施课程政策落地的关键，对其实施忠实度的研究能体现并改进政策设计与实施差距，完善课程监测与评估研究缺失的一环，促进课程政策监测与评估的评估主体（评估者）的专业化、评估程序的规范化、评估方法的科学化。

实施忠实度视角促进课程政策监测与评估程序走向民主化。课程政策作为一种公共政策，反映的是公共意志、满足社会需要的公共理性和公意选择，是规范、引导社会公众和社群的行为准则或行动规范。公共政策以公众利益为根本，在政策制定与执行过程中，要以反映民意、争取民众广泛支持为立足点，即公共政策以民主为根本目标和内容。民主价值观在公共政策中主要体现为"公共性"，具体可细分为"公众性""合法性"及"公开性"。"公众性"指的是公众对公共政策及其他重大公共事务的话语权、知情权、参与权和监督权，存在公众有效参与决策的通道和决策选择机制。"合法性"是指公众对政策的接受度要高，有实际作用，且必须从形式到内容都合法。"公开性"指在公共空间内公众依据特定标准或自我理性而非个人偏好对公共政策或事务公开讨论。公共政策中民主价值更多地体现在政策制定时旁听措施、执行前后听证举措等，但较少体现在公共政策监测与评估及实现途径中。而实施忠实度评估主要通过促进课程政策监测与评估中的"公众性"和"公开性"以促进后者民主化。

实施忠实度视角下的课程政策监测与评估研究促进政策结果归因由经验走向基于证据。传统课程政策在进行结果归因的时候，大多是基于个人的经验作出一个大致判断，但是实施忠实度视角下的课程政策监测与评估研究强调基于证据的判断。以实施忠实度与学生学业成绩关系的研究为例，有研究者研究了实施忠实度的差异如何影响底特律公立学校学生的科学成就。多元回归分析结果显示，在前测和后测中，高忠实度班级的学生比低忠实度班级的学生取得了更高的成绩。此外，第一单元的高投入程度对学生在后续单元的成绩有累积的、持久的影响。还有研究也得出了类似的结论：(1)与课程的一致性，(2)科学内容的准确性，(3)内容的情境化，(4)意义的实践，(5)教室管理和课堂节奏。结果显示，在这五个因素中，有四个与学生成绩呈正相关，其中教室管理和课堂节奏与学生成绩的相关性最强。① 上述例子说明,倘若课程在实践中很难被忠实地实施,即说明课程的可行性较低,这为课程设计者提供了重要的反馈。这也这表明,实施忠实度视角下的课程政策监测与评估研究走向了一条基于证据的新思路。

由上述分析可知,基于实施忠实度视角来监测和评估课程政策是现实所需。然而,如何基于实施忠实度视角建立起我国课程政策监测与评估的分析框架,并且在此基础上收集课程政策实施证据,揭示课程政策实施的基本状况等均成为当前亟需解决的关键问题。

本书的主要内容是:其一,全面梳理我国课程政策监测与评估面临的挑战;其二,系统分析了实施忠实度的发展脉络;其三,建立了系统实施忠实度视角下的课程政策监测与评估框架和指标体系;其四,以义务教育课程方案、科学和道德与法治两门学科为例,揭示了我国课程政策的实施状况。

该成果运用理论分析和量化研究相结合的方法,从系统实施忠实度视角深入探究了我国课程政策实施的状况。其重要意义体现在以下三个方面:其一,建立了系统实施忠实度视角下的课程政策监测框架,为后续课程政策监测的理论和实践研究提供了重要的知识基础;其二,揭示了我国义务教育阶段课程政策实施的现实状况,为后续课程改革深化推进提供了重要的实证依据;其三,为义务教育课程政策的深化实施提出了针对性建议。

本成果是课程政策监测与评估领域中的一项探索性研究,可能存在一些不尽如人意的方面,期待更多同仁投入该领域的研究之中!

雷浩

---

① Lee, O., Penfield, R., & Maerten-Rivera, J. Effects of fidelity of implementation on science achievement gains among English language learners[J]. *Journal of Research in Science Teaching*, 2009, 46(7): 836-859.

目录

第一章 新中国成立以来课程政策研究的历史与走向　　1

一、课程政策的创建与遭受破坏(1949—1977年)　　1
二、课程政策的重新制定与课程制度的试验(1978—2000年)　　3
三、以学生为本的国家课程政策的探索与制定(2001年至今)　　6
四、我国课程政策研究的未来取向　　10

第二章 课程政策监测与评估的内涵、现状与挑战　　14

一、课程政策监测与评估研究的内涵　　14
二、课程政策监测与评估的现状　　19
三、课程政策监测与评估研究的特征与评述　　26
四、新时代课程监测与评估面临的机遇与挑战　　33

第三章 实施忠实度视角下课程政策监测与评估的必要性　　47

一、实施忠实度的内涵　　47
二、实施忠实度研究的方法　　59

三、实施忠实度的功能　　70
四、基于实施忠实度开展课程政策监测与评估的意义　　76

第四章　实施忠实度的发展历史与理论模型　　84

一、实施忠实度的发展历史　　84
二、要素视角下的实施忠实度　　89
三、过程取向视角下的实施忠实度　　102
四、"系统视域"下的实施忠实度模型　　113

第五章　系统实施忠实度视角下课程政策评估理论模型和指标体系建构　　128

一、系统实施忠实度视角下课程政策监测与评估理论模型　　128
二、系统实施忠实度视角下课程政策监测与评估指标体系　　138

第六章　系统实施忠实度视角下的义务教育课程方案监测研究　　142

一、义务教育课程方案监测的必要性　　142
二、理论框架和研究问题　　144
三、研究方法　　146
四、义务教育阶段国家课程实施的成就与局限　　149
五、义务教育阶段国家课程实施的未来走向　　156

第七章 系统实施忠实度视角下的学科课程监测研究：以科学类课程为例 161

一、科学类课程监测的必要性　　161
二、研究框架与设计　　163
三、研究结果　　168
四、义务教育阶段科学类课程实施的应对策略　　173

第八章 系统实施忠实度视角下的学科课程监测研究：以道德与法治课程为例 179

一、道德与法治课程监测的必要性　　179
二、研究框架与设计　　181
三、研究结果　　183
四、义务教育阶段道德与法治课程实施的应对策略　　188

参考文献　　194

第一章
新中国成立以来课程政策研究的历史与走向

基础教育课程政策是国家为了实现基础教育发展目标和任务,根据一定历史时期的基本任务、基本方针而制定的关于基础教育课程的行动准则[1]。作为一个抽象的概念,其具体载体包括课程方案政策、课程标准以及教材政策。新中国成立以来的70年里,为适应经济社会的不断发展,在不同时期党和国家对课程政策作出了不同程度的调整,通过课程政策指导课程走向。总的来说,课程政策研究取得了令人瞩目的成就。从课程政策的发展过程来看,70多年的课程政策发展经历了三个重要的时期:课程政策的创建与遭受破坏(1949—1977年),课程政策的重新制定与课程制度的试验(1978—2000年),以及以学生为本的国家课程政策的探索与制定(2001年至今)。

一、课程政策的创建与遭受破坏(1949—1977年)

中华人民共和国成立后,国家开始收回教育主权。为保证教学活动在全国范围的有序开展,我国在改造旧的教育制度、借鉴苏联课程政策的基础上开始制定新的基础教育课程政策。这一时期课程政策的任务聚焦于全国统一教学规范的创建。为形成统一的教学规范,制定的相关政策文本主要包括教学计划、教学大纲和教材。

制定教学计划。为了落实1949年12月我国第一次教育工作会议中关于"以老解放区新教育经验为基础,吸收旧教育有用经验,借助苏联经验,建设新民主主

---

[1] 殷世东. 新中国基础教育课程政策变革70年回顾与反思[J]. 现代教育管理,2020(4):74—81.

义教育"的基本教育方针,1950年8月教育部颁发《中学暂行教学计划(草案)》。这是中华人民共和国成立后的第一个教学计划。同时,为了适应小学四二学制,1952年2月教育部又颁布了《四、二旧制小学暂行教学计划》。然而,为适应1951年10月颁布的《学制改革的决定》,1952年3月教育部颁发了《小学暂行规程》和《中学暂行规程》。这是我国第一个全面规范中小学教学的政府文件,它明确了中小学的性质、任务以及培养目标,规定了学校的学科设置、组织管理制度、教学计划、教学原则等。[①] 1953年至1958年每年都颁布教学计划,但是内容主要聚焦于功课表及其说明,当然也会根据当时的社会经济状况进行微调,变动最多的是外语和政治。1963年重新制定了《全日制中小学教学计划(草案)》,这一计划为规范教学作出了重要努力,比如对教学、劳动生产和假期均作出了必要的安排。[②] 但是由于历史原因,这一计划并没有全面实行。

制定教学大纲。制定教学原则和规定教学组织形式是通过教学大纲来实现的。继1950年制定和印发了《小学各课程暂行标准(草案)》之后,1951年3月教育部召开第一次全国中等教育会议,通过了《普通中学(各科)课程标准(草案)》,1952年教育部又颁布了中学数学、物理、化学和生物等学科的教学大纲,进一步明确了各学科教学的基本任务、内容和目标。教育部于1956年颁布了全国第一套比较齐全的教学大纲——《中小学各科教学大纲(修订草案)》,进一步明确了各科的教学任务、内容和目标。[③] 1963年3月颁布了《全日制中学暂行工作条例(草案)》和《全日制小学暂行工作条例(草案)》,分别对中小学的教学目标、教学内容、教学要求和教学进度做了规定。[④]然而,这两个工作条例最终没有得到落实。

规范教材的编写。1949年时任宣传部长陆定一指出,教科书必须过硬才能够符合国家政策。1950年9月,在全国出版会议上提出了中小学教材必须全国统一供应的方针,并成立人民教育出版社,承担编写国家统一教材的任务。[⑤] 1951年9

---

① 何东昌.中华人民共和国重要教育文献:1949—1975[G].海口:海南出版社,1998:139—142.
② 何东昌.中华人民共和国重要教育文献:1949—1975[G].海口:海南出版社,1998:1202.
③ 吕达.课程史论[M].北京:人民教育出版社,1999:470.
④ 吕达.课程史论[M].北京:人民教育出版社,1999:483.
⑤ 吕达.课程史论[M].北京:人民教育出版社,1999:457.

月,人民教育出版社编写和修订的中小学教科书供应全国使用,包括小学9种58册,初中15种27册,高中9种16册。这套全日制十二年制中小学教材是中华人民共和国成立后编写出版的第一套全国通用(即全国统一使用)的中小学教材,开创了全国使用统一教材的格局。此后,全国中小学逐步统一使用一个"教学计划"、一套"教学大纲"和一套"教科书"(统编教材),开启了"一纲一本"的时代。1956年,人民教育出版社出版了第二套全国通用的中小学教材;1961年出版了第三套全国通用的中小学教材;1963年根据双基(基础知识和基本技能)的要求编制出版了第四套全国中小学通用教材。经过多次教材编写经验的积累,已经形成了一套基本的教材编写规范,比如教材必须由国家统一组织编写,教材内容要符合学生特征,教材应该与培养目标一致。

1949—1965年,由于我国的教育事业刚刚起步,教育经验以及资源都不足,课程政策研究主要聚焦于逐步建立全国统一的教学计划、教学大纲和教材,以体现社会主义教育性质。但是,1966年"文化大革命"爆发,全国中小学教育进入混乱状态,课程政策的作用已不复存在。没有统一的教育方针,没有统一的教学计划、教学大纲和教科书,只有各地自编的生活式教材。尤其是1971年召开的第三次全国教育工作会议,全面否定了中华人民共和国成立后17年的教育工作。这一时期的"教育大革命"使得刚刚建立起来的课程政策遭到破坏,极大地降低了中小学教育教学质量。

二、课程政策的重新制定与课程制度的试验(1978—2000年)

(一) 中小学教育课程政策的重新制定(1978—1984年)

"文革"之后,全国出现了人才断层的现象,为了"早出人才、快出人才",中国基础教育进入了重建期,相应地也重新制定了一系列新的课程政策保障全国教学秩序的恢复。1977年9月教育部召开全国高等学校招生工作会议,决定恢复高考,由此拉开了全国课程政策重新制定和基础教育教学秩序重建的序幕。这一时期课程政策的重建工作主要表现在如下几个方面。

重新制定教学计划。1978年1月教育部颁布了《全日制十年制中小学教学计划(试行草案)》,重新规定了中小学的任务、学制,制定教学计划的基本原则,"主学""兼学"的安排,活动总量分配和科目设置等。① 该教学计划的主体是 1963 年的教学计划,然而,此时国际国内形势已经发生了重大变化,因此,该教学计划显然已无法适应时代的发展。1981 年根据邓小平"要办重点小学、重点中学和重点大学"的要求,教育部颁发了《全日制六年制重点中学教学计划(修订草案)》。这时劳动技术被纳入课程体系,开始开设劳动技术选修课。同年修订了五年制小学和中学教学计划,改"政治课"为"思想品德课",恢复在四年级开设地理课和五年级开设历史课,外语课改为有条件的学校在四、五年级开设。② 遵照邓小平同志"教育要面向现代化、面向世界、面向未来"的指示,以现行五年制小学教学计划为基础,制定了《全日制六年制小学教学计划》,并且城市和农村小学的教学计划是分开的。与农村相比较,城市教学计划增设了"外语"和"活动"两门科目。③

重新制定教学大纲。1978 年教育部颁发《全日制十年制学校中小学各科教学大纲(试行草案)》,该教学大纲在总结 1949 年以来各科教学正反两个方面经验的基础上,对各学科教学的功能、目的、任务、内容、方法、评价要求等作出了规定。这一教学大纲沿用至 1986 年。

重新编制和出版教材。1978 年编写和出版了与教学计划和教学大纲相一致的全国通用十年制中小学教材。这也是中华人民共和国成立以来第五套国家统一的中小学教材。该套教材删除了"文革"中一些不正确的内容,更加关注学生双基的培养。④ 但是这一时期的教材编制时间偏紧,内容偏难、偏深。因此,为解决上述问题,1982 年编制、出版了全国第六套中小学通用教材。同时,各地也开始出现了自编的教材,尤以上海和浙江为最早。

(二) 课程政策话语向课程话语的过渡与课程制度的试验(1985—2000 年)

由于我国地广人多、差异明显,中央集权型的课程政策体系在实施过程中缺乏弹性,对地方和学校的课程安排控制过严。为应对这一弊端,中共中央颁发的《中共中央关于教育体制改革的决定》(1985)指出,基础教育由地方负责,实行分

---

① 教育部颁发全日制十年制中小学教学计划试行草案[J].新华月报,1978(2):226—227.
② 何东昌.中华人民共和国重要教育文献:1949—1975[G].海口:海南出版社,1998:1915—1916.
③ 何东昌.中华人民共和国重要教育文献:1949—1975[G].海口:海南出版社,1998:2207—2209.
④ 吕达.课程史论[M].北京:人民教育出版社,1999:495.

级管理的原则；强调要改变政府对学校管得过死，导致学校缺乏活力的状况。[①] 这一时期改革开放的思想迅速扩散到教育理论与实践研究中，促进了课程权力分配和具体内容应时代要求而发生变化。与此同时，这一时期课程政策的话语表述也发生了转变，由以往的教学话语转向为课程话语。

上海"一期课改"为建立中国特色基础教育课程政策提供经验。为认真贯彻1985年《中共中央关于教育体制改革的决定》和1986年《中华人民共和国义务教育法》，结合1988年国家教委在山东泰安"教材规划"会议关于教材"一纲多本"的精神，1988年5月8日上海市成立"上海市中小学课程教材改革委员会"，进行中小学课程教材的全面改革。1989年4月《上海市中小学九年制义务教育课程改革方案》被通过，1990年对该方案进行了修订，这是全国首次提出课程改革方案的政策文本。该方案在总目标中特别提出要发展学生个性，主要发展学生的兴趣、爱好、特长，这是一个重大突破[②]。在课程结构上提出设置必修课、选修课和活动课三个板块，改变了学科必修课程一统天下的局面。在充分吸收上海、浙江、北京等地方课程改革经验的基础上，国家教委于1992年颁布了《九年制义务教育全日制小学、初级中学课程计划（试行）》，国家层面首次将"教学计划"更名为"课程计划"。课程表中将全部课程分为两大类：学科类和活动类，此外课程表中还留有空间让地方安排课程。[③] 为了与1992年国家义务教育课程方案一致，1996年国家教委颁发了《全日制普通高中课程计划（试验）》，该计划规定学校应该"合理设置本学校的任选课和活动课"，并且首次明确提出了"普通高中课程由中央、地方、学校三级管理"。[④] 2000年《全日制普通高级中学课程计划（试验修订稿）》与之前的课程计划（教学计划）的不同之处主要表现在：之前课程方案主要从培养目标、课程设置和设置说明三个方面来编写，而这次的课程计划则以培养目标、课程设置、课程实施、课程评价和课程管理等为框架来进行编制。由此可见，这一时期课程政策话语正渐渐发生转变，逐渐转用课程话语表述。

尽管在课程政策中课程话语逐渐显现，但是教学话语仍然占据主导地位。其

[①] 何东昌.中华人民共和国重要教育文献：1976—1990[G].海口：海南出版社，1998：2287.
[②] 崔允漷,张俐蓉.我国三套义务教育课程方案比较[J].课程·教材·教法，1997(5)：57—60.
[③] 何东昌.中华人民共和国重要教育文献：1976—1990[G].海口：海南出版社，1998：3362.
[④] 张红.新中国基础教育课程政策的价值取向研究[D].东北师范大学，2008：44.

一，从教育计划来看，虽然《上海市中小学九年制义务教育课程改革方案》(1989)、《九年制义务教育全日制小学、初级中学课程计划（试行）》(1992)以及《全日制普通高中课程计划（试验）》(1996)均以"课程改革方案"或者"课程计划"代替了"教学计划"，但是这些课程计划的内容框架与之前教学计划的框架几乎一样，即包括培养目标、课程设置和设置说明三个部分；《全日制普通高级中学课程计划（试验修订稿）》(2000)框架虽有改观，但是每一个构成要素均是教学话语。其二，在政策文本的名称上这一时期还没有出现"课程标准"，仍然采用"教学大纲"的表述，如《全日制小学初中各科教学大纲》(1986)、《九年义务教育全日制小学、初级中学（各科）教学大纲（试用）》(1992)、《全日制普通高中各学科教学大纲（试验）》(1996)和《全日制普通高中各学科教学大纲（试验修订版）》(2000)等。其三，教材仍然是统编教材占主导，虽然已经提出了"教材多样化"的政策构想。

三、以学生为本的国家课程政策的探索与制定（2001年至今）

20世纪90年代，上海颁布并实施了《上海市中小学九年义务教育课程改革方案》，为全国义务教育课程方案的制定提供了宝贵的经验。2001年，国务院《关于基础教育改革与发展的决定》明确指出"加快建构符合素质教育要求的新的课程体系"。教育部颁布的《基础教育课程改革纲要（试行）》（以下简称《纲要》）明确指出："调整和改革基础教育的课程体系、结构、内容，建构符合素质教育要求的新的基础教育课程体系。"[①]这两份文件的颁布标志着我国基础教育课程政策文本中的"教学话语"正式被"课程话语"所替代。

（一）学生为本的国家课程政策的探索（2001—2012年）

《纲要》明确指出了基础教育课程改革六大目标之一是：改变课程过于注重知识传授的倾向，强调形成积极主动的学习态度，使获得基础知识与基本技能的过程同时成为学会学习和形成正确价值观的过程。并提出国家课程标准"应体现国家对不同阶段的学生在知识与技能、过程与方法、情感态度与价值观等方面的基

---

① 教育部.基础教育课程改革纲要（试行）[J].人民教育，2001(9)：6.

本要求"。① 这表明政策文本已经转为学生立场,为学生的发展服务,而不是停留在对课程内容的删减上作出规定。

课程方案的编制。尽管1992年已有课程方案,但那时候的课程方案包括课程计划和各门学科的教学大纲。2001年教育部颁布的《义务教育课程设置实验方案》已改由培养目标、课程设置的原则、课程设置以及课程设置说明组成,不包括各门学科的课程标准(或者教学大纲),是一个独立的方案。该课程方案特别强调课程的综合性和选择性。② 2003年教育部颁布了《普通高中课程设置方案(实验)》,该方案主要是从培养目标、课程结构、课程内容、课程实施与评价四个方面来建构的框架。这一框架凸显了课程四要素,课程属性更明显。并且这一方案首次提出以学习领域统摄科目,这是课程综合化的一个重要举措。

课程标准的研制。2001年颁布了与《义务教育课程设置方案》相配套的各门学科课程标准,学科课程标准由以下内容构成:前言(课程性质与地位、课程的基本理念、设计思路)、课程目标(总目标和阶段目标)、内容标准、实施建议(教材编写建议、课程资源的开发与利用、教学建议、评价建议)。2003年颁发了《普通高中各门学科课程标准》,各门学科的课程标准与2001年义务教育阶段各门学科课程标准的呈现框架是一致的。2011年修订的义务教育阶段各门学科课程标准也采用上述框架。课程标准是对学生接受一定教育阶段之后的结果所做的具体描述,是国家教育质量在特定教育阶段应达到的具体指标。从教学大纲到课程标准的研制,改变了过去只规定知识点的教学状况,更加关注人的素质的发展。特别需要说明的是,内容标准不再设计"教学内容与要求",而是设计"学习领域""学习主题""目标要素"等内容,这也反映了课程标准的学生立场。

新的教材制度的确立。2001年《基础教育课程改革纲要(试行)》要求:"实行国家基本要求指导下的教材多样化政策,鼓励有关机构、出版部门等依据国家课程标准组织编写中小学教材。"③2001年义务教育各科课程标准和2003年普通高中各门学科课程标准中均有专门的教材编写建议部分,这为教材编写提供了指

---

① 教育部. 基础教育课程改革纲要(试行)[J]. 人民教育,2001(9):6.
② 钟启泉,等. 为了中华民族的复兴,为了每位学生的发展:《基础教育课程改革纲要(试行)》解读[M]. 上海:华东师范大学出版社,2001:70.
③ 教育部. 基础教育课程改革纲要(试行)[J]. 人民教育,2001(9):7.

导。这时候,教材编写基本上采用国家审定基础上的多样化政策,以社会、学校、学生需求为出发点,体现了具有中国特色的灵活的课程政策的初创特点。

(二) 立德树人的国家基础教育课程政策的基本确立与深化(2012年至今)

2012年中共十八大提出的教育方针是:"坚持教育为社会主义现代化建设服务、为人民服务,把立德树人作为教育的根本任务,全面实施素质教育,培养德智体美全面发展的社会主义建设者和接班人,努力办好人民满意的教育。"为贯彻这一方针,教育部于2014年颁布了政策文件《关于全面深化课程改革,落实立德树人根本任务的意见》(以下简称"《意见》"),《意见》指出:"立德树人是发展中国特色社会主义教育事业的核心所在,是培养德智体美全面发展的社会主义建设者和接班人的本质要求。"[①]2016年9月9日习近平总书记在北京"八一学校"的讲话中进一步强调,"基础教育是立德树人的事业,要旗帜鲜明加强思想政治教育、品德教育,加强社会主义核心价值观教育,引导学生自尊自信自立自强"。这表明在新时期立德树人成为基础教育课程政策的核心理念和主线。通过课程政策指导课程改革,落实立德树人成为这一时期的根本任务。因此,这一时期基础教育课程政策在服务学生发展方面更进了一步。

基于上述背景,国家纲领性课程政策文件发生了如下的变化:其一,修订课程方案。2017年教育部颁发的《普通高中课程方案》明确提出"普通高中课程建设坚持全面贯彻党的教育方针,落实立德树人根本任务"的要求,其内容聚焦于培养目标、课程设置、课程内容确定的原则、课程实施与评价、条件保障、管理与监督。[②] 其二,修订课程标准。这是"全面深化课程改革,落实立德树人根本任务"的最重要举措。新颁发的学科课程标准(2017)的框架是:课程性质与基本理念、学科核心素养与课程目标、课程结构、课程内容、学业质量、实施建议等。在2003年普通高中学科课程标准的基础上增加了学科核心素养,并且将学科核心素养与课程目标对接,这样更加凸显了学科育人的价值。另外,还增加了学业质量标准,这有利于回答"教师教到什么程度和学生学到什么程度"。其三,进一步规范教材制

[①] 中华人民共和国教育部. 教育部关于全面深化课程改革落实立德树人根本任务的意见(教基二〔2014〕4号)[EB/OL]. (2014-3-30)[2021-02-24]. http://old.moe.gov.cn//publicfiles/business/htmlfiles/moe/s7054/201404/167226.html.

[②] 教育部. 普通高中课程方案(2017年版)[M]. 北京:人民教育出版社,2018.

度。《意见》明确指出教材编写、修订要依据课程标准和教学大纲;教育部将组织编写、修订中小学德育、语文、历史等学科教材。各地要结合育人工作实际,开发完善地方课程教材。2016年10月,中办国办联合印发了《关于新形势下加强和改进大中小学教材建设的意见》,这是中华人民共和国成立以来第一个关于教材建设的中央文件。该文件指出,语文、历史、道德与法治三科教材统编、统审、统用。① 2017年3月,教育部设置教材局。2017年7月,国务院成立国家教材委员会。这是我国在新的历史时期进一步保障教材质量、完善课程制度的重大举措。同时,国家统编教材也会对其他学科教材的修订和编写起到示范作用。中共十八大以来基础教育课程政策研究取得了重要的成就,这也标志着新时期中国特色的课程政策的初步确立。

中共十九大对教育的认识有了进一步的深化。2017年10月中共十九大确立了"习近平新时代中国特色社会主义思想"的历史地位,开启了全面建设社会主义现代化国家的新征程。中共十九大报告中强调,"建设教育强国是中华民族伟大复兴的基础工程",要求全面贯彻党的教育方针,落实立德树人根本任务,发展素质教育,推进教育公平,培养德智体美全面发展的社会主义建设者和接班人。这为坚定不移走中国特色社会主义教育发展道路提供了重要的指引。同时,中共十九大报告还强调:"青年一代有理想、有本领、有担当,国家就有前途,民族就有希望。"这为深化基础教育课程改革提供了明确的方向指引。在2018年全国教育大会上,习近平总书记谈到培养学生,强调了"六个下功夫",即要在坚定理想信念上下功夫,要在厚植爱国主义情怀上下功夫,要在加强品德修养上下功夫,要在增长知识见识上下功夫,要在培养奋斗精神上下功夫,要在增强综合素质上下功夫。这为新时代的人才培养目标做了进一步的明确。正是因为随着培养目标的逐渐明确,我国基础教育课程改革也进一步得到深化。

在深化基础教育课程改革上,国家的课程政策在这些方面做出了一些推进。其一,2019年,全国义务教育所有年级将全部使用统编三科教材。三科统编教材涉及全国140位教材编写成员和116位教材审查专家,2019年全国投入使用。这

---

① 中华人民共和国教育部. 教育部对十二届全国人大五次会议第8598号建议的答复(教建议〔2017〕第411号)[EB/OL]. (2017 - 09 - 27)[2018 - 09 - 12]. http://www.moe.cn/jyb_xxgk/xxgk_jyta/jyta_jiaocaiju/201801/t20180109_324222.html.

为所有学科教材建设,尤其是统编教材的建设提供了宝贵经验。其二,2019年1月启动义务教育课程修订工作。义务教育课程修订工作启动大会上,时任教育部副部长朱之文指出,义务教育课程修订工作要坚持领会和落实全国教育大会对课程教材建设提出的要求,并且要求义务教育课程修订做到:一要把好方向,体现课程思想性,在课程教材环节为培养社会主义合格建设者和可靠接班人把好关;二要找准定位,着力实现课程的通适性、基础性和全面性;三要体现科学,遵循学生成长规律和教育教学规律,更好地发挥课程的育人功能;四要优化结构,使不同性质、不同学段的课程形成育人合力;五要强化指导,增强课程可操作性,确保课程方案和课程标准好用管用。这些工作为课程改革的进一步深化提供了重要的契机,也为深化新时代中国特色社会主义课程制度提供重要的路径支持。

中华人民共和国成立70周年,我国基础教育课程政策研究取得了令人瞩目的成就。中华人民共和国成立初期形成了一系列具有社会主义性质的国家纲领性教学文件,标志着中国中小学教学管理制度的初步形成。改革开放以来,随着经济社会的持续发展,特别是在邓小平同志提出的"三个面向"指引下,基础教育体制发生重要变化,课程政策也适时作出了变革。上海为指导"先行先试"课程改革而制定的义务教育课程方案,为建立提高公民素质、服务学生发展的课程政策提供了基础。21世纪新课程立足"为了中华民族的复兴,为了每位学生的发展",基于对中国国情的基本判断、对教学专业的新认识,形成了具有中国特色、落实立德树人、推动灵活共治的课程政策。在习近平新时代中国特色社会主义思想的指导下,课程政策在政治方向上坚守"为谁培养人",在育人内涵上明确阐述"培养什么人",在课程实践上创新"怎样培养人",并期待未来在"何以证明培养了人"上有新的突破,以完善全员、全程、全学科育人的课程制度。

四、我国课程政策研究的未来取向

(一)以未来发展方向为引领

好的课程政策应主动把握和预测课程未来发展方向,对课程发展趋势作出前瞻性、引领性的判断。如上文所述,为适应国内社会发展状况以及国际教育发展趋势,70多年间我国多次颁布、调整课程政策。通过课程政策领导课程改革,进而促使教育的发展紧跟时代要求。教育是面向未来的事业,其目的在于培养未来社会的接班人。课程政策的制定唯有以未来发展方向为引领,才能使培养的学生适应未来社会的要求。为适应未来发展,课程政策需作出相应调整。

首先,未来课程政策研究需要更加适应中国国情,凸显中国特色。其一,以国情为基本立足点的课程政策才能解决中国本土的课程问题,服务于中华民族的复兴。其二,通过具有中国特色的课程政策,向世界表达中国经验,可让中国的教育话语在世界教育话语体系中占有一席之地。此外,随着第四次产业革命的到来,互联网、人工智能等信息技术对教育的各个方面产生了冲击。"信息+教育"成为未来教育的发展方向。课程政策研究应该把握这一发展方向,从培养目标、课程设置到教学方法作出改变,积极应对信息技术给教育发展带来的契机和挑战。在课程育人目标上强调信息技能的获取;在课程内容上增加新兴的信息技术知识;在教学方法上尝试使用混合教学方法。

(二) 指向重大课程问题的解决

课程政策通过课程方案政策、课程标准政策和教材政策这些具体化的文本载体,规定了课程目标、课程设置、课程结构、课程评价和教学内容等,涉及普遍的课程问题。未来的课程政策研究需要更聚焦于一些重大的课程问题,通过解决重大课程问题推动中国教育发展获得突破性进展。

首先,课程政策应顺应时代要求,在新时期明确课程育人目标,坚持为学生发展服务的理念,以人才培养为核心。21世纪全球进入知识经济时代,各国课程改革的关注点都指向国民核心素养的培养。我国未来的课程政策应当更聚焦于解决如何通过课程的实施培养学生核心素养的问题上。其次,应解决如何在具体实践中更精细化落实课程政策的问题。从抽象的课程政策到具体化的载体再到课堂层面的实施,每个阶段都会形成落差,造成对课程政策实施的扭曲、消解等。因而,未来对课程政策的研究应关注对课程政策实施的监测与评价。此外,课程政策还应解决课程权力分配问题,进一步完善课程三级管理体系,在国家强制性、地方和学校自主权之间寻找合适的度,使得课程政策在体现国家意志的同时反映地方和学校的特色。

(三) 实现不同课程政策之间的相互补充

课程政策的国别研究是课程政策研究的一个重要方面。目前关于课程政策的比较研究已有很多,从研究主体来看主要可以分为三类。第一类是对国外单个国家课程政策的介绍。第二类是将我国课程政策与其他国家进行对比的研究。如申超根据《基础教育课程改革纲要(试行)》和《不让一个孩子掉队法案》两份政策文件对比了中美两国基础教育改革的政策。① 第三类是对其他国家尤其是西方国家间课程政策进行对比研究。如对澳、英、美、德四国职业教育课程政策的分析。

这些不同国家间课程政策的比较研究对于我国课程政策的完善具有重要的意义。一方面,可以从中把握世界课程发展趋势,避免因为封闭自守而导致教育发展滞后无法适应时代要求的问题。另一方面,通过借鉴其他国家在课程政策上的积极做法,尤其是与我国国情相近的国家在课程政策上的有益举措,为本国的课程政策修订提供启示,实现课程政策间的相互补充。总之,要制定好的课程政策,必须跳出狭隘的圈子,关注世界教育和课程发展的总特征和总趋势,把本国的课程发展放在国际课程发展体系中去审视。② 通过不同课程政策间相互补充、取长补短,才能制定出更加科学合理、符合时代发展要求的政策。

(四)课程政策走向共同治理

课程权力如何分配是课程政策研究的核心问题,从课程权力主体这一角度,世界各国的课程政策主要分为中央集权型和地方分权型。从国际课程政策改革的趋势来看,实行集权型课程政策的国家正逐渐下放课程权力,在课程政策的制定和实施上给予地方和学校更多的自主权。实行分权型课程政策的国家则采取收权的措施。③ 两种不同的发展趋势实则目的一致,都在于更好地调和中央、地方和学校间的权力关系,促进课程政策的民主化与科学化,使得课程政策能够更好地为教育发展服务。

我国在课程政策的权力分配上属于中央集权型。黄忠敬教授根据课程政策权力分配的走向,将基础教育课程政策发展历史划分为三个阶段:"国家"模式阶

---

① 申超.中美基础教育课程改革的政策比较——以《基础教育课程改革纲要(试行)》和《不让一个孩子掉队法案》的比较为切入点[J].教育学报,2008(4):34—38.
② 石筠弢.好的课程政策及其制定[J].课程·教材·教法,2003(1):16—20.
③ 黄忠敬.我国基础教育课程政策:历史、特点与趋势[J].课程·教材·教法,2003(1):24.

段、"国家+地方"模式阶段、"国家+地方+学校"模式阶段。① 这三个阶段的发展过程与国际课程政策改革趋势相吻合,表明我国正在逐渐下放课程政策的权力。在课程权力分配上形成了具有中国特色的国家、地方、学校三级课程管理体系。在教育事业初步发展以及遭到破坏时期,"国家"模式为教育发展提供了基本的保障。但随着我国经济和教育的蓬勃发展,课程政策权力的过度集中抑制了地方和学校的活力,阻碍了教育的进一步发展。下放课程权力,让更多的人参与到课程政策的制定之中成为必要。对于课程政策本身而言,这将提高人们对课程政策的认同感,提升课程政策制定的民主性与科学性。对于地方和学校而言,这有利于调动地方和学校的自主性与积极性,发挥地方和学校的特色。对于教师和学生而言,将有利于教师创造性地教学,促进学生的个性发展。在未来的发展中,除了教育行政部门、课程专家、教师和学生外,还应当鼓励家长以及更多关注教育发展的社会人士参与到课程政策决策之中,使课程决策参与主体更加多元化,让课程政策的制定能够听到更多人的声音,走向课程政策的共同治理。

---

① 黄忠敬. 我国基础教育课程政策:历史、特点与趋势[J]. 课程·教材·教法,2003(1):21—26.

第二章
课程政策监测与评估的内涵、现状与挑战

一、课程政策监测与评估研究的内涵

课程政策是国家育人目标的重要载体,为课程改革理论和实践研究指明了方向。但是,如何确保课程政策落实的效果,如何根据课程政策实施过程不断完善课程效能等问题需要进行深入研究。也就是说,如何更好地发挥课程政策育人功能是当前急需解决的问题。然而,要实现这些目标,必然涉及对课程政策的监测与评估研究,因此,开展课程政策的监测与评估研究也成为当务之急。

(一)开展课程政策监测与评估研究的意义

1. 从监测入手深化和落实"公平而有质量的教育"思想

中共十九大报告中提出"努力让每个孩子都能享有公平而有质量的教育"的重要政策目标,然而,政策目标从中央到地方往往经历一个政策细化或再规划的过程,从政策的制定到不同层面政策主体的执行,其间存在着很多的操作技术和内容需要细化,这种细化的操作在政策执行过程中具有情境性和个体差异性,这些差异性导致了国家关于"教育公平""教育质量"等政策思想无法落到实处。因此,本研究聚焦于课程政策的监测与评估。一方面,可以从课程层面减少课程与教学方面的差异,促进表现不良的行政主体及时改进,实现课程与教学方面的公平与均衡;另一方面,一般而言,课程政策执行得越好,越有利于实现好的教育,课程政策监测与评估研究成果能够总结现有课程政策执行好的学校或者地区的经验,并将其辐射至课程政策执行较为弱势的学校或地区。

2. 为解决当前课程政策流于形式的状况,推动基于证据的课程问责

课程政策落实不到位是我国教育急需解决的一个重要问题,比如国家课程方案非常清楚地规定每周有体育、艺术课的课时,但有些学校随意"缩水"课时或取消这些高考不考的科目。教育结果(如分数)总是要被人比较的,由于"缺乏课程政策的数据",结果导致部分地方或学校选择"不择手段抓分数",以至于区域教育生态严重失衡、教育竞争极不公平等。这些问题的根源之一就是缺乏大规模、可比较、专业权威的课程政策监测与评估数据。结果导致只有看得见的结果分数,没有关注政策执行的过程证据,教育问责无法开展。因此,本研究希望通过课程政策监测理论与技术的研究,建立课程政策过程的监测与评估数据库,为破解长期存在的教育"顽症"、推动课程问责作出贡献。

3. 解决课程政策与课程实践"两张皮"现象,促进我国课程改革深化推进

在我国课程政策的实践中,课程政策与课程实践之间的"两张皮"现象一直是困扰中国新课程改革纵深推进的顽疾。课程政策在执行过程中出现了表面化、虚假化、失真化等异化现象。通过对课程政策的监测与评估,一方面检视课程政策中所蕴涵的新的课程理念、课程文化、课程行动方式是否得以落实与内化;另一方面监测与评估课程政策与课程实践的一致性。课程政策的监测与评估为课程实践提供了教学改善与学习改进的指导性意见,提高课程政策的现实操作性,从而使课程政策对课程实践的影响由表层走向了深度变革。

(二) 课程政策监测与评估的概念

关于课程政策,不同的学者有着不同的理解,主要存在以下几种:其一,有学者从来源上将课程政策作为教育政策的一个下位概念,并且它是依据国家教育目标制定的涉及课程性质及其对课程要素影响的政策。比如,黄忠敬认为课程政策是教育政策的具体化,它集中地反映并支持着教育政策,并且在他看来,课程政策是在国家总的教育目的的指导下制定的,它规定着课程的性质,关系到课程的决策,制约着课程的设计与实施,对整个课程改革具有重要的影响,是整个教育改革的"芯"。[①] 其二,有学者从本质出发,将课程政策规定为为了调整课程权力而制定的行动纲领和准则。比如,胡东芳指出:"课程政策是国家教育行政主管部门在一

---

① 黄忠敬. 我国基础教育课程政策:历史、特点与趋势[J]. 课程·教材·教法,2003(1):21—26.

定社会秩序和教育范围内，为了调整课程权力的不同需要、调控课程运行的目标和方式而制定的行动纲领和准则。"①课程政策是一个相对比较上位的概念，但是它却有着具体的、制度化的特定载体。②这些载体虽然涉及面很广，但主要是指课程计划（教学计划）、课程标准（教学大纲）以及教科书，它们是承载课程政策信息的有形文件。换言之，课程政策的主要精神和实施手段是通过它们来得以传达和实现的。塞勒等人指出："课程政策是教育行政当局针对目前社会需求、学生愿望及未来发展的趋势，依据国家教育宗旨与法令规章，确定课程计划，规划教学内容，调整课程结构，经由法定程序公布实施，成为行政部门或教育机构执行的准则。"③也有学者认为："课程政策作为政府的一项政治措施，在课程理念、课程目标、课程结构、课程内容、课程实施、课程评价、课程管理等方面提出了诸多理念、目标与行动策略，为课程实践的发展提供了重要的政策依据与行动纲领。"④其三，从呈现形式上，有学者将课程政策理解为教学内容和课程开发指南的书面文本。比如，沃克尔认为"课程政策通常是有关应当教什么以及作为课程开发指南的一个书面陈述"⑤；薛家宝指出："课程政策所强调的问题涉及毕业要求，必修课程以及某一领域知识的大概框架。"⑥

根据上述分析可知，研究者们在来源、本质和形式上对课程政策的内涵做了全面的分析。结合不同学者的理解，本研究认为，课程政策是教育政策的一个具体化概念，它是以书面形式呈现、为调整课程权力而制定的行动纲领和准则。课程政策在教育实际中有着很多的表征形式，比如，包含课程准则的教育政策、专门的课程政策等；但是课程政策的核心表征形式主要是三种：国家课程方案、课程标准和教材。

监测与评估（Monitoring & Evaluation）是一项有力的公共管理工具，被认为

---

① 胡东芳. 课程政策的定义、本质与载体[J]. 教育理论与实践，2001，21(11)：49—53.
② 吴永军. 课程社会学[M]. 南京：南京师范大学出版社，2001：199，381.
③ Saylor, J. G. Alexander, W. M., & Lewis, A. J. Curriculum planning for better teaching and learning [M]. New York: Holt, Rinehart, & Winston, 1981.
④ 李运昌. 课程政策监测与评估：问题与出路[J]. 当代教育科学，2013(4)：16—19.
⑤ Walker, D. F. Fundamentals of curriculum [M]. San Diego: Harcourt Brace Jovanovich, Inc., 1990：303.
⑥ 薛家宝. 英国课程改革政策沿革与分析[J]. 外国教育资料，1999(5)：51—55.

是能够用于促进政府和组织实现目标。① 监测(monitoring)是一个收集和分析信息的日常任务,以便通过这些信息揭示项目过程是如何进行的以及项目过程中哪些方面需要修正。也就是说,监测是一项持续性的工作,它利用系统收集到的信息帮助管理者和利益相关者保持对项目的进展情况、资金分配情况以及项目目标实现情况的了解。② 并且当项目过程中出现状况的时候,可以通过监测信息及时给项目管理者提供反馈,进而作出一些策略上的调整,确保项目能够按照目标实施。一般而言,监测主要回答这六个方面的问题:

- 项目或政策是否按照计划实施和执行?
- 项目与对象之间是否一致?
- 项目规划的结果是否能够有效完成?
- 现实的结果是否与项目最终结果相关?
- 在项目实施过程中会受到哪些因素的影响?
- 面对项目执行过程中的变化,需要有哪些决策方面的调整?

上述六个问题包含了监测中需要注意的关键事项,解决这些问题能够让管理者及时了解项目的实施状况,并且根据实施状况对政策作出调整或者是提供一些保障措施,以便项目能够顺利进行。当然,了解这些关键问题除了能够促进项目顺利进行之外,还能够确保项目制定者和项目实施者之间进行有效对话,明确各自的责任以及相互之间的联系,进而提高项目实施的质量。

评估(evaluation)是指对正在进行或者已经完成的任务、项目或者政策及其设计、实施和结果开展的系统和客观的分析。进行评估的目的是确定项目所带来的预期效果以及这些效果是如何产生的,理解项目在效率、影响和可持续性上如何等。评估应该提供一些可靠和有用的信息,以便总结经验和教训,为管理决策提供服务。③ 评估需要回答的问题主要是这四个:

- 产生项目结果的原因是什么?

---

① 胡伶,范国睿.从关注过程、结果导向到"共享领导":教育政策监测与评估的理论模型构建[J].教育发展研究,2013,33(4):1—6.
② Osman, I. *Handbook for monitoring and evaluation* [Z]. Geneva: International Federation of Red Cross and Red Crescent Societies, 2002:5.
③ Osman, I. *Handbook for monitoring and evaluation* [Z]. Geneva: International Federation of Red Cross and Red Crescent Societies, 2002:5.

- 项目实施对研究对象的影响是什么？这种影响是如何产生的？
- 如何才能够评估项目的实施结果？
- 项目实施过程中，可获得哪些经验和教训？

由上述分析来看，其实监测和评估是存在一定区别的，即监测主要关注的是项目实施的进展状况如何以及进展到了哪一个阶段，这是一种状态性的描述；评估更加关注的是项目的预期目标实现程度及其是如何实现的，更倾向于探究因果关系。正因为如此，有学者专门从活动和数据信息来源、绩效评估的基础和分析、管理层的行动要求等三个方面对其展开了分析（表 2-1）。[①]

表 2-1 监测与评估之间的差异

	监测	评估
活动和数据信息来源	需要使用可靠的数据收集工具从系统的报告中持续进行数据收集。	要求足够且完整的数据和信息，这些数据和信息应该能够整合到趋势和模式中；数据和信息来源于一个良好的监测系统或者其他重要的信息来源（比如，第三方评价、报纸文章和专家观点）。
绩效评估的基础和分析	需要运用合适的方法（质性或者量化）对所收集的数据进行分析。聚焦于现在的状况，即现在发生了什么。当前绩效的基础成分是周期性（一个季度或者一个月）的目标：（1）输入（提供什么）；（2）输出（输入的产品）；（3）与合作伙伴在年度计划中开始实施活动。	深度分析。确认影响绩效的因素，即考察决策的原因和效果以及合作伙伴（内部因素）和客户（外部因素）的行动；然后确定这些因素对项目计划在未来的影响。进行比较的基础是规划的项目影响或结果由合作伙伴为客户和项目本身来设定。
管理层的行动要求	对输出和项目风险以及需要项目管理人员立即作出行动的问题展开快速和现场的分析。	对所有的数据和信息进行深入分析，为重大决策提供重要的经验和教训，并且这些经验和教训会对项目本身及客户产生中长期的影响。

---

① Gerochi, R. R. D. Academy of ICT essentials for government leaders — Monitoring & evaluation toolkit [R]. Incheon: United Nations Asian and Pacific Training Centre for Information and Communication Technology for Development, 2013.

由表2-1可知,从活动和数据信息来源看,监测更加侧重于对过程性数据的收集和分析,评估则关注从多种角度收集。然而,除了上述我们都知道的监测与评估之间的区别之外,其实它们之间还存在着千丝万缕的联系,即监测与评估是两个关于衡量政策进程的主要步骤,在一个完整的项目中这两个步骤一般都是协同发生的。监测作为一个聚焦于过程的描述,它对评估结果起着支持作用,高质量的监测是评估的重要信息来源;同时,评估总结了项目的经验和教训,它对监测和指标体系及其研究方法的改进起着重要的促进作用。总之,监测和评估是一个大的项目评估的两个重要过程,共同支撑着广义的评估活动的实现,只是侧重点不同而已。

结合上述分析,课程政策的监测与评估是对课程行动纲领和准则的信息进行日常收集和分析,并且对课程行动纲领和准则的设计、实施和结果所进行的系统客观分析。在课程政策研究中,我国学者对课程政策载体进行了相应的归类,即课程政策主要是通过课程方案、课程标准和教科书为载体来进行呈现的。[1] 据此,课程政策的监测与评估研究应该聚焦于课程方案、课程标准和教科书的监测与评估研究。

二、课程政策监测与评估的现状

由上述分析可知,对课程政策开展监测与评估研究非常必要。然而,为了更好地开展本领域的研究,需要了解当前课程政策监测与评估研究的主流趋势以及当前课程政策监测与评估研究的主要方法有哪些,并且针对已有的研究,我们可以为后续研究提供方向上的引导。

(一)课程政策监测与评估的趋势

1. 课程政策监测与评估研究已经成为一种国际潮流,但是政策主体单一

官方正式颁布的课程政策(如课程方案、课程标准、教材等)代表国家基础教育课程的重大文件,它们均是以书面形式存在的。那么这些官方的课程政策有没有落实,落实程度怎么样等是教育领域中非常值得关注的问题。于是,世界各国

---

[1] 胡东芳.课程政策的定义、本质与载体[J].教育理论与实践,2001,21(11):49—53.

在世纪之交的课程改革中,都特别强调课程政策执行这一问题,通过各种路径来加强实施环节的质量,如开发学习指南(美国)、校本课程开发(英国、澳大利亚)、赋权增能计划(日本、韩国)等。不仅如此,世界各国还形成了各具特色的课程政策监测模型,比如,Concerns based adoption model 和 Surveys of enacted curriculum 等。通过下面一些科研数据,我们能够更加直观地看到课程政策监测与评估的相关研究已经成为一股世界潮流。比如,通过教育研究资料库(ERIC)的搜索发现,截至 2018 年 2 月,教育学相关的文献为 1 147 383 篇,课程与教学研究相关的文章为 923 020 篇,其占教育类文献总量的 80.45%,课程监测与评价的文献为 610 389 篇,占课程与教学类文献的 66.12%,占教育学类文献总量的 53.20%。国外关于课程政策监测与评估的理论和实践模型多种多样,比如,霍尔(G. Hall)和霍德(S. Hord)在富勒(F. Fuller)研究的基础上,提出的关注为本采纳模式(Concerns-Based Adoption Model,CBAM);①革新面貌模型(Innovation Profiles,IP);②实施课程的调查项目(Surveys of Enacted Curriculum,SEC);③韦伯课程一致性模型以及成就(Achieve)分析模式。④ 通过分析发现,上述课程政策监测与评估模型要么仅仅聚焦于教师,要么仅仅聚焦于学生,即这些框架聚焦于教师或者学生等某一层面的政策主体,无法揭示课程政策制定和执行过程的复杂性。

2. 引进和建构课程政策监测与评估模型并存,但是缺乏整合

通过文献分析,国内关于课程政策监测与评估的理论和思想表现为引进与建构并存的局面。其一,课程政策监测与评估理论和思想的引进。课程政策监测与评估理论和思想的引进主要表现为:靳玉乐和尹弘飚于 2003 年引进 CBAM 理论,后来刘建军对 CBAM 的关注阶段理论进行了运用;⑤刘晶晶利用 SEC 研究了小学语文阅读能力标准与学生评价的一致性;刘学智在其博士学位论文中分别对

---

① 霍尔,霍德.实施变革:模式、原则与困境[M].吴晓玲,译.杭州:浙江教育出版社,2004:12.
② Leithwood, K. A., & Montgomery, D. J. The role of the elementary school principal in program improvement [J]. *Review of Educational Research*, 1982,52(3): 309-339.
③ Porter, A. C. How SEC measures alignment [J]. *Educational Researcher*, 1997(5): 9-12.
④ Webb, N. L. Alignment of science and mathematics standards and assessments in four states [R]. Washington, DC: Council of Chief State School Officers, 1999.
⑤ 靳玉乐,尹弘飚.教师与新课程实施:基于 CBAM 的个案分析[J].课程·教材·教法,2003(11): 51—58.

韦伯的一致性模式和成就分析模式进行过介绍;①姜荣华对 SoC 问卷进行了修订。② 随着研究的深入,上述这些模式分别被不同的研究者应用于课程政策的监测与评估中。其二,课程政策监测与评估理论和思想的自主建构。自主建构课程政策监测与评估理论的研究者主要有:夏雪梅博士建构的评估教师课程实施程度的 L-CERB 架构,邵朝友博士开发的包括教师的课程知识、教师运作的课程、学生参与的课程、学生学业成就的四维度测量框架,③史丽晶博士等从《基础教育课程改革纲要(试行)》中的目标出发,概括出了课程政策监测的 12 个关键点。④ 虽然研究者们在不断引进和建构课程政策监测框架,但是仍然存在政策主体单一的不足,并且没有形成关于课程政策监测与评估框架上的共识。因此,建构符合中国国情的课程政策监测与评估的整合性框架是一种必然趋势。

3. 我国基础教育课程政策监测与评估实践流于形式,急需增强针对性

虽然近年来在国际课程政策监测与评估思潮的影响下,国内课程政策监测与评估研究得到发展,但是课程政策的监测与评估还处于如下状态:没有法规强制规定,也没有奖惩的激励,课程政策的监测与评估基本上流于形式;课程政策监测与评价人员的知识、技能和身份等没有统一标准,导致难以发现课程政策执行过程中的问题并提出建设性意见;大部分信息通过搜集各种公开的文献资料、访谈政策过程的当事人和相关利益者、观察课程过程等获得,缺少监测与评估实施细则,过程比较随机与随意,因而对课程政策执行过程中的复杂问题很少能够监测到。正因如此,这就要求基于现实问题开展课程政策监测和评估实践。

(二) 课程政策监测与评估的四种方法

课程政策监测与评估研究对研究方法的依赖性比较强。然而,由于课程研究者们的课程观各有不同,导致他们提出了不同的课程政策实施理论,虽然有研究者根据相关理论开发出了相应的课程政策监测与评估方法,但是由于各种评估方法的理论建构不同,具体的评估内容也存在很大差异,导致这些课程政策监测与

---

① 刘晶晶.小学语文阅读能力标准与学生评价的一致性研究[D].武汉:华中师范大学博士论文,2015.
② 姜荣华.课程实施程度的评估工具研究[D].长春:东北师范大学博士论文,2008.
③ 夏雪梅,沈尔珺.中小学教师课程实施的程度检测与干预[J].教育发展研究,2012,32(8):37—41.
④ 史丽晶,马云鹏.课程实施程度检测模型及思考[J].东北师大学报(哲学社会科学版),2016(1):146—150.

评估之间不具有可比性。但是要了解各地区之间的课程政策差异,有必要开发出信效度高、适应性强的课程政策监测与评估工具,而新的工具的开发则要建立在借鉴现有的课程政策的监测与评估方法和理论基础之上。鉴于此,这里主要选择国外四种监测和评估课程政策实施的方法为分析对象,分别从理论基础、现实基础、数据收集方法以及计分方法四个方面对上述课程政策实施的监测与评估方法进行仔细分析,以期为有关课程政策实施的评估提供参考,进而为开发具有广泛适应性、高信效度的课程政策监测与评估工具提供方向上的引导。

国际关于课程政策监测与评估的理论研究有很多,如克服-阻碍-变革模式,组织-开发模式,基于关注的采用模型和系统模型等。① 然而,通过对筛选的文献进行分析发现,国外 SSCI 文献中关于课程政策监测与评估的方法主要有四种:课堂观察清单、直接教学观察系统、基于关注的采用模型以及罗根课程实施评估方法。

1. 课堂观察清单②

在现实中有一个重要却被忽视的问题,即在课程方案评估中,现实课程规划者的意图在多大程度上得到了实现? 对此,有研究总结道,即使有人对这一问题进行了研究,但也是均以失败而告终,因为这些研究者没有采用适当的方法来进行课程实施的评估研究。基于此,埃文斯(Evans)和贝尔曼(Behrman)在总结以前的课程实施评估研究时更详细地指出,实验研究一般会有实验组和对照组,并且实验组是施加干预条件的,然而,对教育而言,教育不应该存在实验组和对照组,③即如埃文斯和谢弗勒(Sheffler)所建议的那样,课堂不存在实验组。④ 如果还是运用典型的实验方法来研究教育问题,就会忽视教育的复杂性和生态性。鉴于此,埃文斯和贝尔曼开发出了一种通过课堂观察清单的方式来收集课程实施数据。

在埃文斯和贝尔曼看来,课程实施的目的是激发学生的自主学习,而要实现这一目标就需要通过这些途径:学生自主选择学习材料,学生自我管理评价手段,

---

① 奥恩斯坦,汉金斯. 课程:原理、基础和问题[M]. 柯森,等译. 南京:江苏教育出版社,2002:27,68.
② 该方法的文献主要来自筛选出来的文献的参考文献的阅读。
③ Evans, W. , & Behrman, E. H. Strategy for evaluating curriculum implementation [J]. *Journal of Curriculum Studies*, 1977,9(1): 75-80.
④ Evans, W. , & Sheffler, J. Degree of implementation: A first approximation [C]. Paper presented at annual meeting of American Educational Research Association, Chicago, 1974: 89.

学生自我诊断等。更确切地说,在每一个学习单元,他们期望学生做到如下8个方面:(1)检查自己的学习进展表格和选择适当的前测;(2)自我管理前测;(3)自我评分前测;(4)根据前测中表现不好的项目选择教学任务;(5)基于兴趣选择教学任务;(6)自我管理后测;(7)自我计分后测;(8)基于后测计分决定是否需要附加教学任务。课堂观察清单可以这8个方面为基础来编制,即它可以通过添加短语构造观察表。与此同时,还需要有一个观察员来判断关于项目的实施情况,当然,如果清单太长的话,就需要多个观察员。这种评估方法认为,一个是或否的评估方法足够用来描述课程实施,即项目被观察到了就计1分,没有被观察到就计零分。当然,如果要进一步分析课程实施的状况,根据行为的性质,观察者可以计算相关的频率和发生比率。

2. 直接教学观察系统

格尔斯滕(Gersten)和艾伦(Allen)等人开发了以直接教学督导编码(Direct Instruction Supervision Code)为基础的直接教学观察系统(Direct Instruction Observation System)。[①] 这种课程实施评估方法的产生主要是基于两个原因。其一,直接教学模式会详细地描述教师应该说什么和应该做什么,每天在阅读、算术和口语上应该花多少时间,课堂教学的步调应该是什么样子,学生的回答应该保持什么样的准确度等。因此,斯特宾斯(Stebbins)在课堂研究的分类中指出,直接教学模式是一种更加直接和简单的操作行为编码系统。[②] 其二,由于传统教育实践评估者认为课堂观察是理想的评估方法,尽管有些研究者使用访谈技术来评估教育实践的水平,但是,传统的教育评估研究者们认为,访谈技术只能提供有用的补充信息,而不能提供全面的信息,并且访谈还可能会偏离主题。[③] 因此,直接教学观察系统的产生是有着重要的现实基础的。

除上述现实基础之外,直接教学观察系统还有着自己的理论基础。该理论最

[①] Gersten, R., Carnine, D. W., & Williams, P. B. Measuring implementation of a structured educational model in an urban school district: An observational approach [J]. *Educational Evaluation and Policy Analysis*, 1982,4(1): 67-79.

[②] Stebbins, L., et al. *Education as experimentation: A planned variation model*, Vol. IV-A [M]. Cambridge, Mass: Abt Associates Inc, 1977: 12-25.

[③] Brophy, J., & Evertson, C. *Learning from teaching: A developmental perspective* [M]. Boston: Allyn & Bacon, 1976: 126.

原始的来源是直接教学模型。如前文所述,该模型详细地描述了教师应该说什么和应该做什么,每天的阅读、算术和口语中应该花多少时间,课堂教学的步骤应该是怎么样的,学生的回答应该保持什么样的准确度等。基于此,格尔斯滕(Gersten)、科米尼(Carnine)和威廉姆斯(Williams)开发了记录6种行为的百分比和1种时间分配的观察结果的观察指标,它们分别是:形式准确度(Format accuracy),信号的使用(Use of signals),修正(Corrections),步骤(Pacing),学生准确度(Student accuracy)和强化(Reinforcement)以及学术时间的分配(Allocated academic time)。通过对这7个指标的观察,可以记录教师和学生的课堂表现出现的百分比和频率。①

3. 基于关注的采用模型

美国在20世纪60年代进行了引人注目的教育变革,然而,教育变革并没有实现预期目标。对于课程变革失败的原因,很多研究者认为这是课程实施过程中过于重视课程采用而忽视课程实施过程造成的。鉴于此,霍尔等人专门开发了基于关注的采用模型来评估课程实施过程。文献分析发现,霍德(Hord)和赫林-奥斯汀(Huling-Austin)就以基于关注的采用模型为基础分析了教师课程实施的水平;②该模型是霍尔(Hall)等人基于富勒的教师职业关心四阶段理论而提出来的,它由三个诊断维度组成:关注阶段(Stages of Concern,SoC)、应用水平(Level of Use,LoU)和革新构造(Innovation Configuration,IC)。③ 第一部分是关注发展阶段。关注发展阶段主要包括7个阶段:意识、信息、个人化、操作、结果、合作和聚焦等。第二部分是应用水平。应用水平是为了处理课程实施变革前的培训和材料的问题。它主要有8个阶段,分别从"不实施"到"更新",每一个阶段有意识、信息、个人化、操作、结果、合作和聚焦7个类别。第三部分是革新构造。革新构造的假设是"几乎在所有的情况下,不同的教师操作的革新都会沿着一个连续体发生变化"。一端代表实施的理想结果,另一端代表糟糕的结果。

---

① Gersten, R., Allen, A., & Paine, S. Direct instruction supervision code [Z]. Unpublished Manuscript. Follow Through Project, University of Oregon, Eugene, Ore, 1980: 116.
② Hord, S. M., & Huling-Austin, L. Effective curriculum implementation: Some promising new insights [J]. *The Elementary School Journal*, 1986, 87(1): 96 - 115.
③ Hall, G. E., & Loucks, S. F. A. Developmental model for determining whether the treatment is actually implemented [J]. *American Educational Research Journal*, 1977, 14(3): 236 - 276.

评估课程实施成功的公式是 IS = f(LoU，IC，SoC)。① 上述三个维度的测量均采用各自不同的一套工具。关注阶段是通过问卷调查实现的,问卷由 35 个项目组成,采用李克特 8 点计分量表进行测量。第二个维度是应用水平,该维度是通过访谈和观察实现的,对每位教师的访谈时间为 15—30 分钟,访谈提纲的基本设计与关注阶段量表相一致。第三个维度是革新构造,主要是通过观察实现的,观察的内容主要涉及描述革新的各种实施行为。也有研究者通过对革新构造维度进行修改,整理出了测量课程实施的革新构造图,通过精心设计开发出来的生动的文字和图片来描述实施革新和变化的方法。②

4. 罗根课程实施政策监测与评估方法

罗根课程实施评估方法的产生是基于全球课程研究重视"课程采用"、忽视"课程实施过程"的现象,以及南非课程变革的现实需要。这种评估方法的理论基础是罗根课程实施理论模型,该模型包括三个维度:实施简况(Profile of Implementation)、革新能力(Capacity to Innovate)和外部支持(Outside Support),每一个维度之下包括若干子结构(Sub-structure)。③ 三维度的具体结构如下:实施简况用以帮助理解、分析和表述一个课程理想被付诸实践的范围。实施简况的子结构有:课堂互动的性质(老师做什么,学生做什么);科学实践工作的使用和性质;社会中的科学以及评估实践等。支持革新的能力尝试着理解和阐述那些能够支持或阻碍新课程实施思想和实践行为的校本因素。支持革新能力可分为四组子结构:物理资源、教师因素、学生因素和学校风气与管理。外部支持旨在描述学校外部组织承担的试图影响学校实践的各种行为。外部支持的子结构是这样分布的(详见表 2 - 2):前三列属于支持学校的两种形式,即物质的和非物质的支持。物质支持分为两类:(1)提供物理资源如建筑、书籍或设备;(2)对学生的直接支持,其中可能包括学校午餐计划、学校安全和课外学习的安静场所。非物质支持最常见

---

① Hord, S. M., & Huling-Austin, L. Effective curriculum implementation: Some promising new insights [J]. *The Elementary School Journal*, 1986,87(1): 96 - 115.
② Huntley, M. A. Measuring curriculum implementation [J]. *Journal for Research in Mathematics Education*, 2009,40(4): 355 - 362.
③ Rogan, J., & Grayson, D. Towards a theory of curriculum implementation with particular reference to science education in developing countries [J]. *International Journal of Science Education*, 2003,25(10): 1171 - 1204.

的提供形式是专业发展。表2-2的第四列表达了一个组织选择使用杠杆作用的原理来引导变革的能力。第五列描述的是外部监督而不是内部监督的程度。

表2-2 外部支持的结构成分表

物理资源	专业发展的设计	对学生的直接支持	机构引导并主导的变革力度	监测机制和问责制度

评估课程实施的成功程度主要是通过对上述三个维度及其子结构的水平等级的分析来实现的。下面以实施简况中的课堂互动子结构为例来介绍该评估方法。① 为了评估课堂互动的水平,研究者将课程互动分为四级水平,并且每一级水平均主要关注学生和教师在课堂中的行为和活动。在第一级水平上,教师的表现是:以有组织、正确而有序的方式呈现内容;基于精心设计的上课计划等。学生的表现是:保持专注和投入;回答并提出质疑。如果某一课程实施中的课程互动符合上述教师和学生的行为与活动表现,那么该课程的课堂互动水平就计为"一级"。当然,如果课程实施过程中课堂互动符合"二级""三级"或者"四级"中的教师和学生的行为表现,那么记为相应的等级。由此可见,这种评估方式在本质上是以等级积分的计分方式来评估课程实施过程的。

三、课程政策监测与评估研究的特征与评述

对课程政策监测与评估研究的特征展开分析,有利于为后续课程政策监测与评估研究提供借鉴和引导。因此,这里将聚焦于当前课程政策监测与评估研究的特征展开分析,并且针对这些特征理解当前课程政策监测与评估的重要功能及其不足,以便为提出更好的课程政策监测与评估方法论提供基础。

(一)当前课程政策监测与评估的特征

根据前文的描述,当前课程政策监测与评估研究在很大程度上是受到了实证

---

① Rogan, J. M. An uncertain harvest: A case study of implementation of innovation [J]. *Journal of Curriculum Studies*, 2007, 39(1): 97-121.

主义哲学的影响,这主要表现为实证主义具有科学严谨、注重事实和数据的精神,这给课程政策的监测与评估研究提供了便捷、可操作性的方法和工具。实证主义假设存在唯一的客观事实,观察者可通过运用测量和数据分析等方法发现事物或者社会的发展规律,并且企图通过实证的方法来描述、解释、预测甚至是控制事物或者社会变化规律。在这一哲学范式的影响下,课程政策监测与评估可以被看作是一种运用"经验-科学"的研究方法,遵循理性主义的研究逻辑。基于此,当前课程政策监测与评估研究具有如下特征:

其一,坚持技术理性。评估者将既定的课程政策目标作为监测和评估开展的前提,主要关注的是课程政策实施过程中政策目标中那些可操作化、可被量化测量的变量,通过对这些变量的描述和分析来检验政策项目是否实现了预期的目标以及课程政策是否有效。在检验过程中,实证主义表现为一系列实证分析技术的结合:准实验研究设计、投入产出分析、成本-效益分析、民意调查研究、运筹学、数学模拟系统和系统分析、多元回归分析等。

其二,聚焦工具性。实证主义指导下的课程政策监测与评估,较少关注课程的情境性,而是聚焦于在精心安排和人为控制的条件下开展评估。虽然这时候的评价主要集中在成败和好坏等量化指标上,但其中也会运用质性评价方法,尤其是在描述性部分,比如,在项目(题目)开发之前需要进行访谈。实证评价方法的过程是:提出问题、制定研究设计、确定变量、制定工具、尽可能客观地收集数据、分析数据并通过综合过程得出结论或建议。不管是实证评价方法还是质性评价方法,在这个过程中都是聚焦于实现评价的精确度、可靠性和有效性。

其三,坚持价值中立。基于实证主义哲学要求根据自然科学一样的方法来开展社会科学的研究,并且认为社会科学的主要目的是描述或者解释事实,而不需要对事实本身的价值作出判断,主张将价值判断剔除出科学实证研究的范畴。在这一背景下,事实判断与价值判断之间的关系被提上了议事日程,在各种观点各执己见的情况下,马克斯·韦伯则采取了一种相对比较中立的观点,为了缩小事实研究与价值研究之间的分歧,他提出了以"价值中立"论来建立社会研究的方法论,即社会科学研究中不可避免会受到利益相关者主观价值观念的影响,但是为了减少个体价值观念对研究结果的影响,在开展研究时,研究者必须保持价值中立。在很长一段时间里,科学化的课程政策监测与评估是研究者和政策制定者们关注的重点。"课程评价之父"泰勒基于这种理解,提出了目标评价模式,这一模式强调要有明确、具体的行为方式来陈述目标,并以预先规定和界说的教育目标为中心来设计、组织和实施评价,从而确定学生通过课程教学所取得的进步,亦即确定学生达到课程目标的程度,找出实际结果与课程目标之间的差距,并利用这种信息反馈作为修订课程计划或更新课程目标的依据。①

(二) 传统课程政策监测与评估的功能

实证主义支持下的课程政策监测与评估之所以受到研究者们的认可,并且在现实研究中得到广泛运用,主要在于实证主义视角下的课程政策监测与评估研究具有规范性便于实现目标,实现目标的方式比较固定,能够适应社会环境变化,有利于整合不同学科之间的研究方法。

首先,实证主义支持下的课程政策监测与评估的规范性有利于操作。基于实证主义的课程政策监测与评估具有其特定的规范,比如,理性化模式的 5 个方法论步骤:决策者根据经验确定问题的存在—确定能够导出最优方法的目标和目的—考虑各种可能解决办法的相关结果和概率—为每个结果制定一个价值量,即一定数目的费用或效益—把关于结果、概率以及费用和效益的信息放在一起,得出效果最好、效率最高的解决办法。② 正是这种规范性的步骤保持了实证主义课程政策监测与评估研究的生命力,使其在课程政策监测与评估研究中具有独特的地位并且很难被取代。这种研究规范的主要内涵表现在以下两个方面。一方面,有自己特定的研究对象,这个对象主要是指对于公共政策数据表象的深度挖掘,通过挖掘得以认识公共政策现象的深层次规律。公共政策过程中有些现象能够利用直观的逻辑思辨得出深刻的结论,但很多现象必须借助于量化分析。如果没有量化分析工具的支撑,有些深层次政策分析结论不仅得不到,而且还容易得出模糊、似是而非的结论,这与政策分析必备的科学化的精神追求是相悖的。由量化分析的不可或缺性出发,自然就产生了量化分析特定的研究范围,决定了其特定的研究内容,这些都是实证主义课程政策监测与评估规范性的重要表征形式。另一方面,形成了特定的研究模式,这种研究模式的鲜明特色是拥有量化分析本

---

① 泰勒.课程与教学的基本原理:英汉对照版[M].罗康,张阅,译.北京:中国轻工业出版社,2008.
② 费希尔.公共政策评估[M].吴爱明,李平,等译.北京:中国人民大学出版社,2003:10.

身特定的语言结构和工具结构。在进行研究时,必须利用相当多的建构语言和量化分析工具,来开展与政策相关的数据挖掘、模型推导和理论演绎,而并不是利用文字陈述这种单一的表达模式来"一统天下"。这不仅是一种研究风格,更是一种潜在研究模式的保持功能的体现。研究风格是易变的,而潜在研究模式的保持功能是相对难以改变的。这种潜在研究模式的保持功能具有特定的表现形式,如符号的指代、公式的运用、定律的遵循等,而且均是在量化分析过程中根据需要自然形成的。没有这种潜在研究模式的保持,就不可能存在量化分析过程。从这个意义上理解,这种模式也是一种规范,在这种规范的约束和推动下,公共政策量化分析这种社会行动才能够得以健康发展。

其次,实证主义课程政策监测与评估有利于运用固定的方法来实现目标。实证主义课程政策监测与评估研究能够确定政策目标,并且选择实现目标的手段。"政策分析试图利用现代科学技术去解决社会问题,寻求可行的行动过程,产生信息,排列有利证据,并推导出这些行动过程的可能结果,其目的是帮助决策者选择最优的行动方案。"[1]公共政策量化分析的目标就是通过各种运行机制中的资源、价值、影响等因素来实现政策过程的科学化。主要体现在实现政策制定过程的最优化、政策执行过程的规范化和政策评估过程的准确化等方面。量化分析具备深入进行数据挖掘的能力,这种能力主要建立在工具理性的基础上,这就构成了量化分析的核心资源。量化分析能够通过数据挖掘而表现出获得深层次规律的独特价值,这就构成了量化分析的核心价值取向。在政策制定阶段,使用各种量化方法的过程,也是对优化政策方案这一目标的追求过程。该过程的特殊作用在于,将对于政策方案尽可能优化的思想追求由思想层面跃迁到工具理性的层面。在政策执行阶段,由于政策执行需要投入时间资源、货币资源、信息资源、人力资源、制度资源与设备资源,必然涉及公共资源的重新配置,如何让公共资源的流动更加有序和有效,是政策执行必须要考虑的问题。量化分析的许多方法如动态规划、网络计划、模拟等都可以为规范公共资源的有序流动提供科学依据和规划。在政策评价阶段,其准确度更是在很大程度上取决于评价方法的科学性。由此,公共政策量化分析具有鲜明的目标实现功能。

---

[1] 邓恩.公共政策分析导论(第二版)[M].谢明,等译.北京:中国人民大学出版社,2002.

再次，实证主义课程政策监测与评估能够适应社会环境的变化。

适应功能，是指系统必须保持与外部环境的交换，以获得生存资源并分配给整个系统。作为社会行动系统的一部分，公共政策量化分析的生存和发展总是因政策环境的转变而受到影响，并不断获得生存资源。在农业社会里，政治系统运行的基本方式充满了人治色彩，政治决策科学化的必要性不可能引起重视。虽然有一些量化思想的萌芽，但由于生产力的落后，它们对政治决策过程的促进作用不是很明显。从蒸汽机出现之后到信息技术广泛应用之前，工业社会的蓬勃发展催生了行为主义研究方法的出现，对当时包含在政治学之内的政策分析提出了更高的要求。以统计学开始运用于政策分析为标志，逐渐产生了公共政策量化分析，此后随着运筹学的出现并应用于公共决策，更是为公共政策量化分析提供了有力的分析工具。随着生产力的发展，传统的政策分析与量化工具逐渐融合，形成了公共政策量化分析这一独特的学科分支，并成为公共政策分析学科体系中的一个有机组成部分。当人类进入后现代社会以后，信息技术、数学建模等开始大量地运用于公共政策量化分析过程，使得其运算过程更为便捷和现实，在客观上促进了公共政策量化分析的规模逐渐扩大，其量化的思维模式开始发扬光大。公共政策量化分析之所以能够自立于学科之林并且不断走强，与其本身具备适应功能，从而不断获得资源以强化生存能力息息相关。

最后，实证主义课程政策监测与评估有利于突破学科边界。

整合功能是指系统必须把各部分协调起来，成为一个功能的总体。公共政策量化分析的整合功能尤为明显，主要表现在学科整合、语言整合和方法整合上。一是在学科整合上，公共政策量化分析将传统的自然科学与社会科学整合在一起。一个成功的公共政策量化分析过程，其主要分析工具是自然科学的方法，但其分析框架却主要源自社会科学的思想，具有鲜明的社会科学的属性。公共政策量化分析过程，正是将两种学科的知识和思想有机融合在一起的过程。二是在语言整合上，公共政策量化分析把自然语言和建构语言这两种迥然不同的语言体系有机地整合在一起。公共政策量化分析不可能纯粹使用建构语言，因为建构语言只能推导出逻辑严密的量化结果，不能得到关于价值观方面的定性结论。后行为主义认为，创造价值和发展价值是政治学的一种责任。"政治学的评价往往是事实与价值两者的交融"，任何公共政策定量分析都离不开定性研究的价值判断，必须辅助以定性分析的结论,才能够把价值取向融入分析过程,而该过程恰恰必须使用自然语言才能达到目的。所以,在公共政策量化分析中自然语言和建构语言相辅相成,缺一不可。三是公共政策量化分析把各种量化方法有机地整合在一起。如前所述,在公共政策分析过程中,常用的5种量化方法子系统各有千秋,各尽所能,在公共政策量化分析的不同方面发挥着各自的作用。通过上述学科整合、语言整合与方法整合,公共政策量化分析把各种功能协调一致,成为一个有别于定性政策分析的具有多种功能的公共政策量化分析整体。

(三) 当前课程政策监测与评估存在的不足

虽然实证主义的课程政策监测与评价具有重要的功能,在实践中也取得了一些非常重要的影响,但是基于实证主义的课程政策监测与评估研究也存在一些不足,主要是因为政策评估是由不同的主体来进行的,因此评估就会带有评估者的价值取向、情感、态度等主观因素,从而使得评估结果不一定完全理性和客观。针对实证主义的主张和理念,后续研究者,尤其是建构主义的研究者们对其展开了批评,具体表现为以下方面。

第一,实证主义只考虑政策目标实现程度的评估,而不关注预定目标是否合理的问题,没有对既定的课程政策目标进行评估和区分。在现实的课程政策监测与评估研究中,对政策目标合理性的分析是课程政策监测与评估中的一个重要方面。如果政策目标都不适合,而只是对政策目标的实施状况展开监测与评估,就必然会导致课程政策监测与评估效果不尽如人意。另外,课程政策在制定和实施过程中由于受到政策环境的影响,政策目标也是处在一定范围调整之中,这种情况下如果缺乏对课程政策目标合理性的分析,就难以达到通过课程政策监测与评估来促进课程政策的理解,提高课程政策质量以及提升教育行政部门的课程治理能力和治理水平。因此,在课程政策监测与评估研究中重视对课程政策目标本身合理性的评估是非常必要的。

第二,实证主义课程政策监测与评估片面强调事实与价值的分离,否认研究者的价值取向、情感、态度等主观因素对于经验事实和知识获取的作用。现实中,课程政策监测与评估不仅仅是收集证据和信息,还需要结合一定的评估价值标准。在建构主义看来,评估本身包括"运用价值观念来分析政策运行的结果"的内涵。例如,在评估国家课程方案的适应性情况时,传统的量化指标并不适用,因为中国地域广袤,各地经济和社会发展水平也有所不同,如果用绝对的量化指标,必然会导致有些地方无法适应这一政策。"收集证据并不等同于政策评估,政策评估需要运用某种标准来选择证据",[1]因此,课程政策的监测与评估不一定就是一种完全科学和理性的评估。另外,并不是每一个评估者都具有运用科学方法进行评估的能力,评估者在进行评估时肯定融入了自己的价值观念、情感、态度等主观因素,因此,评估必然会带有主观性。还有就是,课程政策监测与评估是一种政治过程,政治本身具有自身的价值倾向性。

第三,实证主义课程政策监测与评估的方法过于依赖量化方法。实证主义的课程政策监测与评估没有区分不同性质的事物,直接将自然科学研究中的方法运用到社会科学研究中,并且将其作为社会科学研究的唯一方法,同时拒绝将其他研究方法纳入进来,认为只有科学研究方法才能够确保政策目标评价的准确性和科学性。然而,随着政策社会的发展,影响课程政策的因素也越来越多,课程政策监测与评估的复杂性也日益彰显,如果还是运用单一的方法来进行课程政策评估,难免会忽视课程政策监测与评估的复杂性,甚至有时候会对课程政策质量产生反面效应。同时,实证主义关注对课程政策监测与评估的数据模型的依赖,对看得见的成本-效益评估方法的侧重,导致在政策评估过程中很多有用的信息被忽视,这就会导致评估结果的片面性。

第四,实证主义的课程政策监测与评估的目标主要聚焦于政策或者政策实施的改善,而忽视了评估中不同其他利益相关者之间的协商。由于实证主义的课程政策监测与评估中得到的政策信息经常是不完全和不充分的,所以评估的信息不一定能应用,课程政策评估不一定能产生新的政策改良方案。同时,实证主义对课程政策评估目标的理解也可能本末倒置,课程政策评估最主要的任务是识别、回应和协商各方的主张并达成共识,而不是关注目标实现程度和分析政策信息。"第四代评估以回应为出发点,以共同建构为本质,以协商为共同构建的途径。"[2]在这个意义上讲,课程政策评估模式是一种"协商式评估",追求的是各方意见的协商和共识。

---

[1] Hoogen, V. D., & Lennert, Q. New local cultural policy evaluation methods in the Netherlands: Status and perspectives [J]. International Journal of Cultural Policy, 2014, 20(5): 613-636.
[2] 古贝,林肯. 第四代评估[M]. 秦霖,蒋燕玲,等译. 北京: 中国人民大学出版社,2008.

第五，在课程政策监测与评估中需要各方利益相关者的参与。在实证主义的理解中，利益相关者的参与是缺位的，即主要是关注评估者对被评估者的评估，评估中不关注被评估者及其他利益相关者的参与。而在第四代评估中，利益相关者则成为课程政策评估的主体。利益相关者可以是学生、家长、教师、地方行政官员等。利益相关者"积极参与并贡献自身的情境知识，提出他们的主张、关切和议题，与评估者共同界定研究问题，并以乐观的心态接纳、反思和修正自己与他人的建构，从而推动共识形成"。① 课程政策评估并不只是为了检讨和完善政策，也应该了解各方要求，并尽力满足各方的要求。第四代评估是以建构主义为理论基础，其本质是评估者与参与者的互动过程，并且在课程政策评估中所有参与者都有平等的发言权。第四代评估为打破以往评估中的"管理主义倾向"，把"回应"利益相关者的主张、宣称、诉求甚至是争议作为评估的起点，以此来增进多元利益相关各方的交流沟通，以期达成共识。在建构主义者看来，评估者的核心作用是促进互动过程，而不是进行政策信息分析。评估结果不是取决于评估者，而是评估者和利益相关者的讨论。建构主义相信，利益相关者的介入有助于更好地进行政策学习。由此，通过课程政策评估，可以使参与社会治理的社会各主体充分表达意见并进行有效的沟通和协调，平衡利益、消除分歧，形成课程治理的合力。

由上述分析可知，虽然当前课程政策监测与评估研究具有操作方便、易于实现目标、可以适应环境变化以及突破学科边界等优势，这对于课程政策监测与评估研究具有重要的借鉴作用。但是，在后续的课程政策监测与评估研究中如何进一步考虑课程政策目标本身的合理性、如何纳入情感态度价值观方面的内容、如何拓展研究方法、如何开展监测与评估协商以及在监测与评估中考虑多方利益等，都是未来课程政策监测与评估需要注意的内容。

四、新时代课程监测与评估面临的机遇与挑战

随着互联网技术的迅猛发展，人与人之间的联系越来越紧密，并且社会发展中数据泛在化的趋势越来越明显，人类社会逐渐开始步入以数字化生产力为重要

---

① 李亚,宋宇.后实证主义政策评估主要模式评析[J].天津社会科学,2017(1)：81—85.

标志的历史发展阶段,这也是新时代来临的重要标志。在这一背景下,大数据(big data)开始受到关注。大数据具有数据类型繁多、数据价值密度相对较低、处理速度快、时效性要求高等特征。随着社会发展,大数据已经开始从一种新的技术形式转化成了一种新的时代标志。为了适应这一时代趋势,国务院于 2015 年 8 月 31 日发布了《促进大数据发展行动纲要》(以下简称"《纲要》"),以期全面推进我国大数据的发展和应用。《纲要》对大数据作出了界定,即"以容量大、类型多、存储速度快、应用价值高为主要特征的数据集合,正快速发展为对数量巨大、来源分散、格式多样的数据进行采集、存储和关联分析,从中发现新知识、创造新价值、提升新能力的新一代信息技术和服务业态"。[①] 大数据对人们的生活、社会发展、学校教育等产生了越来越重要的影响,如何适应这一社会趋势、如何融入这一时代趋势以及如何更好地运用这一趋势来研究教育发展规律、促进学生学习、提高教师教学效率、落实课程政策的新机制均成为当前的重要研究话题。官方正式颁布的课程政策(如课程方案、课程标准、教材等)代表国家基础教育课程的重大文件,均是以书面形式存在的。这些官方的课程政策有没有落实,落实程度怎么样等问题,是非常值得教育领域关注的,这可以通过课程政策监测与评估来实现,也就是说,课程政策监测与评估是课程政策实施过程中一个不可或缺的重要步骤。同时,课程政策监测与评估也是课程治理现代化的重要组成部分。因此,大数据必然会对课程政策的监测与评估产生重大影响。那么,大数据时代如何更好地开展课程政策的监测与评估研究也就成为课程理论和实践研究中急需关注的一个重要问题。

其实在西方国家,很早就有研究者开始关注大数据在课程政策监测与评估中的探索,其中美国、加拿大、澳大利亚等国家在大数据时代课程政策监测评估的相关理论和实践上的贡献尤为突出,国外基于大数据的课程政策监测与评估的理论和实践模型多种多样。以 SEC 为例,该项目最早可追溯到 20 世纪 80 年代安迪·波特(Andy Porter)博士等关于教师选择教学内容的影响因素研究,后来逐渐发展成为美国课程实施监测评估的权威。该项目是由美国州教育首席官员委员会

---

① 中华人民共和国中央人民政府.国务院关于印发促进大数据发展行动纲要的通知(国发〔2015〕50号)[EB/OL].(2015-09-05)[2019-02-10]. http://www.gov.cn/zhengce/content/2015-09/05/content_10137.htm

(Council of Chief State School Officers,简称 CCSSO)和威斯康星教育研究中心(Wisconsin Center for Education Research,简称 WCER)联合各州政府合作开发的,所调查的对象是"实施的课程",指由教师报告的课堂上教师教的、学生经历的学科内容和教学实践。在该项目的基础上,逐渐建立了一系列基于大数据的课程政策监测与评估的理论和相关的操作路径。随着研究的深入,西方基于大数据的课程政策监测与评估研究日趋成熟。与西方国家形式相比较,国内关于课程政策的监测与评估研究起步较晚,并且主要聚焦于引进和运用课程实施监测方法,比如,有的研究者引进关注为本采纳模式(CBAM)理论和工具分析了教师课程实施的情况[①],也有以实施课程的调查项目(SEC)为基础研究了小学语文阅读能力标准与学生评价的一致性[②],还有研究者以韦伯的一致性模式和成就分析模式分析了数学学业评价与课程标准之间的一致性。[③] 这些研究主要探索了基于数据的课程政策监测与评估,并且根据研究结果提出了相应的政策建议,包括如何建构基于数据的课程政策监测与评估的数据库,如何形成课程政策监测与评估的本土化机制等。这些研究成果为后续的课程政策监测与评估研究为后续的课程政策监测与评估研究提供了一定的知识基础,同时也为课程政策的监测与评估研究提供了一些本土化的操作策略。但是从整体上来说,目前的研究仅仅聚焦于引进国外框架和理论,研究数量还比较有限,研究方法仅仅局限于单一方法;尤其值得注意的是,没有很好地结合大数据背景下对评估主体的多样化需求,大多采用单一评估主体。因此,目前国内关于课程政策的监测与评估研究还处于初步探索阶段,如何在大数据背景下开展课程政策的监测与评估研究是一个重要的研究话题。当然,在进行研究之前,需要对大数据时代课程政策监测与评估研究的一些相关背景进行介绍和分析。

(一) 新时代课程政策监测与评估的机遇

传统的课程政策监测与评估研究由于受到数据获取方法和相关技术的限制,

---

① 靳玉乐,尹弘飚.教师与新课程实施:基于 CBAM 的个案分析[J].课程·教材·教法,2003(11):51—58.
② 刘晶晶.小学语文阅读能力标准与学生评价的一致性研究[D].武汉:华中师范大学博士论文,2015.
③ 刘学智.小学数学学业评价与课程标准一致性的研究[D].长春:东北师范大学博士学位论文,2008.

使得在课程政策监测与评估的时候评估主体、评估指标的设计以及评估方法等方面都存在一些局限。由于运用大数据技术可以测量和描述不同的课程政策主体在实施课程政策过程中的行为过程与结果，因此，大数据能够为课程政策监测与评估理论和实践研究提供重要的支持，甚至拓展本领域的研究，使得课程政策的监测与评估的主体更加多元化，评估方法更加多样，评估者行为更加隐蔽，评估指标更加全面。

1. 评估主体的多元化

大数据的特征之一就是"容量大"，这里的容量大不仅仅是指数据本身的容量大，另一方面更是大数据时代可容纳更多的利益主体。因此，在大数据时代的课程政策监测与评估研究可以涉及各个层面的课程政策主体，甚至理想状态下可以实现利益相关主体都纳入评估，即全员评估。然而，为什么传统的课程政策监测与评估主体都比较单一呢？虽然这在一定程度上与课程政策监测与评估研究者的偏好有一定的关系，但主要应该是与课程政策监测与评估的自发研究后面临的经费限制以及调查对象对课程政策的不理解有关。首先，如上所述，传统的课程政策监测与评估研究主要来自研究者为了相应的研究而自发启动的，由于受到研究经费和资源的限制，很多时候研究者仅仅是对众多课程政策主体中的一类展开相关的监测和评估研究，这样获取的监测与评估信息是非常有限和片面的，不利于课程政策监测和评估研究收集各方面的证据，以及对课程政策情况作出正确、民主、科学的判断。另外，在我国传统的课程政策监测与评估过程中主要的调查对象是教师和学生，然而，由于受应试教育的影响，教师只知道传授知识，学生只关注重复操练，对国家的课程政策并不关注，因此，这就导致很多时候所调研的信息并不能很好地反映当前课程政策实施的真实情况。

随着大数据时代的到来，其对课程政策监测与评估的支持和贡献越来越明显。首先，大数据减少了课程政策监测与评估的条件依赖。随着大数据技术的不断发展，收集数据的方式越来越多样化，并且能够根据不同主体的需求设计不同的调研方式，甚至大数据时代的课程政策监测与评估不一定需要评估主体直接参与评估，所以在监测与评估的过程中受到监测和评估条件的限制相对减弱。其次，降低了课程政策监测与评估的人力成本。大数据时代的课程政策评估是基于大数据的处理技术，可以通过对无数相关主体的数据分析实现评估，所以评估主体的数量可以大大超过以往传统时期,甚至实现全主体的广泛参与,而同时其成本主要是技术层面的,针对大规模评估主体开展的评估,采用大数据方式,成本相对较低。最后,大数据时代的宣传技术有利于课程政策主体理解课程政策。大数据时代各种宣传技术的发展不仅有利于深化推进课程改革,还有利于各种各样的课程政策信息通过各种技术路径进行传播,进而促进各级各类课程政策主体深入理解课程政策。由上述分析可知,大数据时代的到来为课程政策监测与评估中实现评估主体的多元化提供了重要支持。

多元化的课程政策监测与评估主体应该包括各级教育行政管理人员、学校领导、社会媒体、教研员、学生、专家、教师、第三方专业评估机构以及其他相关的社会组织等,不同评估主体对课程政策的敏感程度和理解的专业程度都存在差异。一般而言,专家和第三方评估机构具有一定的独立性,他们在开展监测评估的时候更容易作出一些比较客观公正的评估。各级各类教育行政人员对课程政策的制定和在地方与区域层面的实施过程质量最有发言权。校长则对课程政策在学校内部的校本化实施最为了解。教师对课程政策在课堂教学中的实施情况最为了解。学生则对自己学会了什么最为清楚。教研员则对课程政策在所在区域的实施情况最为了解。社会媒体可以发挥自身优势向社会传播课程政策监测与评估的结果,并且扩大监测与评估结果的影响力。各个主体在参与评价政府绩效时,都有自己独特的优势和不一样的视角,也存在着各自的不足,因此,每一个评估主体的参与都具有不可替代的互补优势。我们可以借助大数据技术和手段拓宽信息收集的渠道,提高信息的准确性、完整性和客观性。并且,大数据技术能够真正便捷有效地帮助各个评估主体参与课程政策的监测与评估,通过各政策主体的相互合作,弥补单主体评估的不足。

2. 证据获取形式的间接化

传统课程政策监测与评估中证据获取的路径主要是:评估者收集被评估者的信息,然后根据这些信息作出判断。这里涉及评估者、被评估者和收集的信息三个方面的内容,并且评估者是直接参与评估、被评估者的表现也是被直接采集,所获得的信息是直接用来作出判断的。然而,随着大数据时代的来临,课程政策的监测与评估是一种基于证据的评估,并且这种评估不依赖于评估对象的直接表现,也不依赖于评估者直接参与,更不依赖于直接获取的所有数据。也就是说,大数据时代的课程政策监测与评估过程中所获取的证据并不仅仅是来源于评估对象、评估主体的固定行为,同时所获取的证据也不是看得见的评估对象的特定行为表现,还有就是利用的证据也不是对获取信息的直接运用;而是评估证据只需要采集大量的数据进行相关性分析,从看似没有规律的数据中找到规律,从看似没有关联的数据中找到关联。

大数据时代,被评估者对信息获取过程的知觉越来越弱。这种表现主要体现在这两个方面:其一,信息时代运用的技术,让被评估者无法知觉信息收集过程。随着信息技术的发展,信息技术的高效率特征被运用于课程政策监测与评估中,评估者针对评估对象的各种表现可以随时随地进行信息收集,并且这些收集信息的过程,被评估对象很难甚至无法知觉。其二,大数据让被评估者对信息收集过程无法预知。大数据平台可以对不同被评估对象的各种表现及其行为倾向都做到比较准确的评估,同时还能够通过对被评估对象各种行为表现的评估归纳出被评估对象的行为倾向,甚至推断出被评估者在课程政策执行过程中的心理偏好。因此,随着时代发展,被评估者能够知觉证据收集的过程越来越弱化。

大数据时代,评估者间接参与数据收集。评估者是评估证据获取的核心人物,这对于评估证据的收集具有非常重要的作用。在传统的课程政策评估过程中,评估者在证据收集的过程中更多是通过直接参与的方式来实现的,比如,要评估课程方案的实施状况,这就需要评估者对被评估者直接面对面尽心沟通来获取信息;然而,随着信息技术的发展,要获取课程政策实施的相关信息,可以直接通过分析政策执行过程的视频或者政策执行过程中的相关资料来实现。同时,随着时代发展,第三方评估出现,只需要被评估者提供相关信息,评估者就可以根据这些信息来对课程政策执行状况作出分析。这时候就不需要评估者直接接触被评估对象。

大数据时代,所收集信息需要转化才能够成为证据。换言之,评估信息只需要采集大量的数据进行相关性分析,从看似没有规律的数据中找到规律,从看似没有关联的数据中找到关联。这些杂乱无章的数据可能都是随机产生的,所有人的所有行为都会产生数据,只要是保留下来的数据就可能会成为数据分析的对象。所以,课堂教学中教师的一言一行都可能成为评估数据的来源,学生行为表现也会成为数据的来源,甚至学生作业本也可能成为数据的来源。教育行政部门的运作所产生和沉淀的各种资料也会成为数据的来源。这些行为都没有直接体现为课程政策评估行为,但是都可能产生课程政策评估所需要的数据。所以,从直观上来看,并没有评估行为的出现,但是事实上所有人都在"用脚投票",无意间体现对某一政策的支持或反对。我们可以看到,大数据时代的课程政策评估行为可能是隐身的,它可以体现为其他的行为。比如,教师课后与学生之间的关系可能是对课程标准政策的评估数据,教师教学方案设计的各种行为可能是对课程方案政策的评估数据,教师对教材处理的各种方式可能是对教材政策的评估数据。

3. 评估内容的全面化

传统的公共政策评估都是内容十分有限的评估,大数据时代提供了对公共政策内容全方位评估的可能性。"小数据"时代的"数据总量较小,类型较简单,数据获取渠道较少,手段、技术较落后",这导致"可供参考的数据缺乏,所以存在对评估对象的认知不全面、不透彻的问题"[①]。在大数据时代,数据的来源渠道将大大拓宽。首先,各级政府是最为重要的数据来源,它们不仅积累了大量涉及自然资源、市场、人口、求学、就业、卫生、交通等方面的政务数据,同时政府还可以通过其他渠道或手段,拥有一些非业务的外部数据。其次,微博平台、社交网站、移动互联网等也都可以成为评估数据的重要来源,这里面都拥有巨量的数据。此外,还有企事业单位、社会组织或个人在办事过程中形成的各种类型的数据,也都能够成为公共政策评估的数据来源。这些数据体量巨大,内容丰富,包罗万象,具有大数据的特征。以这些数据为基础,从一定程度上来说,可以实现全部内容的公共政策评估,因为在"大数据时代,我们可以分析更多的数据,有时甚至是所有数据,而非仅仅依赖于随机抽样得到的样本数据,大数据会让我们看到样本数据所不能揭示的细节信息"[②]。所以,相较而言,"小数据"时代,公共政策能够评估的内容较为狭窄;而大数据时代,将能够对公共政策进行更为全面的评估。

(二)新时代课程政策监测与评估的挑战

新时代给课程政策的监测与评估带了机遇,同时也带来了挑战。这些挑战是前所未有的,需要及时采取措施进行应对,以促进课程政策监测与评估工作的顺

[①] 杨润美,邓崧.大数据时代行政决策评估进展研究[J].电子政务,2015(11):115—121.
[②] 杨润美,罗强强,郑莉娟.大数据时代的政策方案评估[J].法制与经济,2015(10):105—107.

利实施,具体来说,课程政策监测与评估面临的挑战主要体现在以下几个方面:

1. 课程政策监测与评估组织者需要更新理念

这要求公共政策评估组织者的理念实现更新和转变。大数据的开放性特征,要求以更加开放包容的理念来看待公共政策的评估问题。这就要求打破"数据孤岛",突破数据壁垒,实现更多的数据开放和共享。但现实的情况是,"数据保护主义"、数据分割和垄断现象还存在于各层级、各部门当中①。因此,公共政策评估组织者如何以开放的思维来应对这一局面,打破体制壁垒,推动数据的开放和共享就是首要的任务之一。"随着大数据时代的到来,数据将像传统的'人、财、物'一样,成为重要的生产资料和创新资源,内部开放的程度,将决定一个国家发展的动力,一个社会创新的活力。"②大数据时代是一个开放的时代,首先要实现大数据的开放共享,有关部门和领导人员都应树立开放共享的理念,积极推动打破部门和行业壁垒,实现大数据在各部门各领域的开放共享。

2. 大数据时代对评估人员的技术要求更高

大数据时代,大数据具有数据规模巨大、数据结构和类型复杂、数据挖掘难度较大等特点,对于普通人来说,如何处理这些数据是一个巨大的难题。一般而言,"只有数据专家、数据分析师才能对其进行深度、有效挖掘,而政府工作人员缺少必要的专业知识,无法有效完成评估中的数据挖掘、分析工作"③。因此,大数据时代的公共政策评估需要更多的大数据专业人才,尤其是既懂大数据又懂公共政策的专业人才。而当前的大数据人才比较稀少,懂公共政策的大数据人才更加稀少。

3. 基于大数据的相关性不等同于因果关系

大数据所揭示的往往是相关性,而不是因果关系④。因此,一方面需要运用相关性思维来考虑公共政策评估的具体方案,另一方面也要对大数据基础上的公共政策评估保持谨慎态度。首先,运用大数据开展公共政策评估要求寻找更多的相

---

① 杨润美,邓崧.大数据时代行政决策评估进展研究[J].电子政务,2015(11):115—121.
② 涂子沛.数据之巅:大数据革命、历史、现实与未来[M].北京:中信出版社,2014:216.
③ 杨润美,邓崧.大数据时代行政决策评估进展研究[J].电子政务,2015(11):115—121.
④ 迈尔-舍恩伯格,库克耶.大数据时代:生活、工作与思维的大变革[M].盛杨燕,周涛,译.杭州:浙江人民出版社,2013:67.

关性。据说,20世纪90年代,美国沃尔玛超市的研究人员发现:跟尿布搭配在一起被购买最多的商品,竟然会是啤酒!随后,沃尔玛对啤酒和尿布进行了捆绑销售,结果,沃尔玛尿布和啤酒的销售量都实现了增长①。所以,只要发现了尿布和啤酒的相关性,就可以对销售策略作出调整。相关性的发现有助于预测群体行为,从而为集体的决策服务。同样地,发现了相关性指标,也有助于发现公共政策评估的具体方案。其次,需要对相关性保持警惕,因为它并非因果关系。研究揭示,消费者之所以会一起购买尿布和啤酒,是因为购买尿布的是年轻的爸爸,顺便购买啤酒供自己享用。所以,尿布与啤酒的相关性是由这一购买群体支撑的。大数据分析的相关性可以揭示群体性消费特征,但是并不能反映全部样本的真实情况。换言之,并非所有的爸爸都会如此选择。因此,大数据分析会揭示一种可能性的高低,但并非作为充分必要条件的因果关系,这是需要谨慎对待的。

4. 数据的多样性影响着对评估结果的判断

大数据时代要面临的一个突出问题就是数据混杂性。数据量的增加,总会造成结果的准确性降低,甚至会有错误的数据进入数据库当中。因此大数据时代我们不得不拥抱混杂性。②大数据的混杂性不仅仅体现为混乱的问题,有时还会夹杂着噪声,会严重影响到数据分析的效度。"数据在采集、传输、分类、整理和存储的过程中,总会掺杂进去某些干扰因素;大数据固然大,但其特点是价值密度低,海量的数据同时意味着数据噪声多。因此,被收集而来的数据不是每一项都会被用到,使用大数据首先要进行数据清洗。"③同样,数据噪声也会对公共政策评估产生负面影响,数据清洗则是公共政策评估中需要采用的大数据技术手段之一,否则可能会影响到公共政策评估结果的准确性和真实性。

(三) 课程政策监测与评估的未来趋势

课程政策监测与评估的未来趋势分析可以从监测与评估质量观、监测与评估内容和监测与评估方式三个方面展开,鉴于此,本研究拟通过纵向分析的方式理解课程政策监测与评估的未来方向。

---

① 涂子沛. 大数据:正在到来的数据革命[M]. 桂林:广西师范大学出版社,2012:97—98.
② 迈尔-舍恩伯格,库克耶. 大数据时代:生活、工作与思维的大变革[M]. 盛杨燕,周涛,译. 杭州:浙江人民出版社,2013:45—61.
③ 董青岭. 反思国际关系研究中的大数据应用[J]. 探索与争鸣,2016(7):93—94.

1. 监测与评估质量观:强调客观性和评价过程的学习意义

质量观主导着监测与评估的方向,不同的质量观对应着不同的监测与评估目标和方式。传统监测与评估质量观更加强调结果的客观性,最为典型的就是以信度和效度作为评价质量的唯一标准。然而,新时代更加关注评价的整体性和情境性,信效度无法满足这一要求,由此,以重视评价过程意义为标志的教育计量评价方式出现了。① 心理测量和教育计量评价方式的比较如表2-3所示。

表2-3 心理测量和教育计量评价方式的比较

比较维度	心理测量	教育计量
目标	固定特征	素养发展
参照	常模参照	标准或者自我参照
信度	客观性的	人们的观察
评价	标准化的	多元评价和可适用性
功能	总结性	形成性
质量标准	信度是效度的先决条件	互补性的质量标准,比如有意义、反馈和学习过程

心理测量和教育计量的评价方式在目标、参照标准、信度、测量方式和功能上均存在差异。然而,最重要的是这两种评价方式背后的评价质量观的差异,也就是说心理测验的评价质量观关注的是信效度等客观指标,而教育计量关注的是让学习者形成有意义的学习经历、给予学习者有用的反馈以及刺激学生对学习过程的渴望。信度的基本获取路径是通过标准化或者测量的方式来实现,②而要实现教育计量学的评价,则必须至少部分依靠人们的观察。心理测量和教育计量评价方式是一架评价天平的两个极端,核心素养时代的评价质量观既应该关注评价本身的意义,也应该注意到评价的客观性。

---

① Moss, P. M. Can there be validity without reliability? [J]. *Educational Research*, 1994, 23(2): 5-12.
② Birenbaum, M. Assessment 2000: Towards a pluralistic approach to assessment [J]. In M. Birenbaum & F. J. R. C. Dochy (Eds.), *Alternatives in assessment of achievement, learning processes and prior knowledge* [M]. Boston, MA: Kluwer Academic Publishers, 1996: 3-29.

2. 监测与评估内容：由关注任务分解和行为描述走向对整合性、情境性和相对稳定的关注

现代社会以信息技术的快速革新和知识的迅猛增长为特征，①学习者作为未来的社会人，他们不仅仅要具备特定领域的知识技能，还应该具备运用这些知识来解决复杂问题的能力和利用已有知识来获得新知识的能力。② 此外，由于社会人是在现实情境中工作的，这要求学习者掌握团队合作的能力、与同事沟通的能力、批判性思维能力以及充满正能量的态度。这些均是核心素养的重要表征，课程政策监测与评估中如何聚焦于这些内容显得尤其重要。

然而，国际上关于教育评价内容的研究经历了三个阶段。第一阶段，将教育评价的内容聚焦于任务的分解或者行为的描述。在美国、英国和澳大利亚等国，运用基于任务的分析方式将评价内容解构为若干行为化的子任务，这导致了基于技能的教学和培训的出现。③ 这种方式是对评价内容本质的简单还原，将子任务等同于评价内容，忽略了环境和团体因素的影响，仅仅考虑到了子任务能够被整合，而没有考虑到整体不等于各成分相加之和。④ 第二阶段，将评价内容聚焦于一般的、稳定的和具有情境独特性的有效行为表现。⑤ 这种观点的问题在于：一方面，具有情境独特性的核心素养是否真实存在；⑥另一方面，基于新手-专家的相关

---

① Birenbaum, M. New insights into learning and teaching and their implications for assessment [C]. In M. Segers, F. J. R. C. Dochy, & E. Cascallar (Eds.), *Optimising new modes of assessment: In search of qualities and standards* [M]. Dordrecht, the Netherlands: Kluwer Academic Publishers, 2003: 13-36.

② Tynjälä, P. Towards expert knowledge? A comparison between a constructivist and a traditional learning environment in the university [J]. *International Journal of Educational Research*, 1999, 31(5): 357-442.

③ Achtenhagen, F., & Grubb, N. W. Vocational and occupational education: Pedagogical complexity, institutional diversity [C]. In V. Richardson (Ed.), *Handbook of research on teaching* [M]. Washington, DC: American Educational Research Association, 2001: 604-639.

④ Gonczi, A. Competency based assessment in the professions in Australia [J]. *Assessment in Education: Principles, Policy and Practice*, 1994, 1(1): 27-44.

⑤ Eraut, M. *Developing professional knowledge and competence* [M]. London: Routledge Falmer Press, 1994: 36-42.

⑥ Gonczi, A. Competency based assessment in the professions in Australia [J]. *Assessment in Education: Principles, Policy and Practice*, 1994, 1(1): 27-44.

研究发现,完全属于特定领域的专业知识和技能是不存在的。① 为了避免上述两种观点的局限,第三阶段对评价内容的认识更加具有综合性,即认为评价内容是核心素养各因素(知识、技能和态度)与其所在的复杂情境整合而成的。② 这种观点与社会建构主义的学习理论遥相呼应,它认为知识具有情境性,有意义的学习行为和知识运用应该在真实情境中进行。这种观点还认为获取、迁移和运用知识都是很重要的,即核心素养包括整合理论与实践知识的能力以及从实践经验中学习的能力。建构主义适合于知识快速增长的社会,评价内容聚焦于学习者在终身学习的过程中建构或者重构自己的知识、技能和态度。

因此,未来课程政策监测与评估内容应该与知识的整合性和情境性切合,更重要的是监测与评估内容到了一般情况下特定知识和评价任务大都处在一个稳定的适当水平。③ 然而,由于新的时代背景下,监测与评估内容的整合性、情境性以及相对稳定性使得任何单一方式都无法对其展开监测与评估。这在很大程度上呼唤多元评价方式的整合。

3. 监测与评估范式:由测试走向多元化整合

如前文所述,监测与评估质量观和内容的变化均要求范式转型。然而,更重要的是,监测与评估目标决定着评价范式的转变,传统监测与评估的一致性是通过解构学习目标来实现的,而新的时代背景下的一致性则更关注整体目标与学习、教学、评价之间的一致性,这必然要求监测与评估范式转型。④ 正因如此,学者们呼吁监测与评估应该从传统的测试文化走向评价文化。⑤ 测试文化和评价文化是评价变革连续体的两个极端,两者之间的比较如表 2-4 所示。

---

① Bereiter, C., & Scardamalia, M. *Surpassing ourselves: An inquiry into the nature and implications of expertise* [M]. Chicago: Open Court, 1993: 18-27.
② Gonczi, A. Competency based assessment in the professions in Australia [J]. *Assessment in Education: Principles, Policy and Practice*, 1994,1(1): 27-44.
③ Hager, P., Gonczi, A., & Athanasou, J. General issues about assessment of competence [J]. *Assessment & Evaluation in Higher Education*, 1994,19(1): 3-16.
④ Frederiksen, N. The real test bias: Influences of testing on teaching and learning [J]. *American Psychologist*, 1984,39(3): 193-202.
⑤ Birenbaum, M., Breuer, K., & Cascallar, E., et al. A learning integrated assessment system [J]. *Educational Research Review*, 2006,1(1): 61-67.

表2-4 测试文化与评价文化的比较

比较维度	测试文化(Test culture)	评价文化(Assessment culture)
内容	知识的复制	多种核心素养
学习过程	孤立的	整合的
功能	终结性	形成性
情境	脱离情境的	情境化(真实的)
方法	主要是知识测试	整合不同的评价方法
责任	教师	学生

第一,从内容上看,测试文化针对低水平的知识和技能,而评价文化指向核心素养的多维度本质。[1] 第二,从学习过程看,测试文化中对学习过程的评价是孤立的,主要关注学习结果;而评价文化认为学习和评价有内在联系,不仅仅聚焦于学习结果,而且还关注导致学习结果的学习过程。[2] 第三,从功能上看,测试文化中评价被看作是终结性评价;而评价文化中,终结性和形成性的功能是相互补充的,并且评价变成了评价和反馈的连续循环体。[3] 第四,从情境性上看,评价从脱离情境向着在真实情境中的有意义和感兴趣的学习经历动态过程转变。第五,评价方法发生了变化。测试文化中最常见的评价方法是标准化测试,而评价文化倾向于运用整合的多元评价,比如,表现性评价和档案袋评价等能够被用于不同的组合。[4] 第六,评价的责任主体了发生变化,即从教师作为唯一到强调学生对自己的

---

[1] Birenbaum, M. Assessment 2000: Towards a pluralistic approach to assessment [J]. In M. Birenbaum & F. J. R. C. Dochy (Eds.), *Alternatives in assessment of achievement, learning processes and prior knowledge* [M]. Boston, MA: Kluwer Academic Publishers, 1996: 3-29.

[2] Wolf, D., Bixby, J., Glenn III, J., & Gardner, H. To use their minds well: Investigating new forms of student assessment [C]. In G. Grant (Ed.), *Review of Research in Education* [M]. Washington, DC: American Educational Research Association, 1991: 31-74.

[3] Birenbaum, M. New insights into learning and teaching and their implications for assessment [C]. In M. Segers, F. J. R. C. Dochy, & E. Cascallar (Eds.), *Optimising new modes of assessment: In search of qualities and standards* [M]. Dordrecht, the Netherlands: Kluwer Academic Publishers, 2003: 13-36.

[4] Dierick, S., & Dochy, F. New lines in edumetrics: New forms of assessment lead to new assessment criteria [J]. *Studies in Educational Evaluation*, 2001, 27(4): 307-329.

学习和评价过程负责。

从测试文化到评价文化,出现了很多新的评价方法,这些新方法有时候被称为"替代性评价"。但是,这一术语并不恰当,因为它隐含着用新评价来替代传统评价。新时代的监测与评估方式应该是多元的,不管它们是来源于测试文化还是评价文化,因为新时代并不是完全避开对基础知识和基本技能的评价。需要说明的是,本研究不是试图解决测试文化和评价文化之间的争论。相反,本研究认为:(1)将新的评价方法作为课程政策监测与评估的唯一路径是不明智的;(2)测试文化和评价文化中的评价方法是相互补充而不是相互矛盾的。[①] 在此,本研究将新时代的课程政策监测与评估方式统称为整合的多元方式,它能够整合传统和最新的监测与评估方法。

---

① Linn, R. L., Baker, E. L., & Dunbar, S. B. Complex, performance-based assessment: Expectations and validation criteria [J]. *Educational researcher*, 1991, 20(8): 15 – 21.

第三章
实施忠实度视角下课程政策监测与评估的必要性

前文论述了课程政策监测与评估的相关研究,并且提出了当前课程政策监测与评估研究面临的机遇与困惑,正因为如此,本研究引入了实施忠实度的概念,以便为解决上述问题提供一种可供参考的思路。鉴于此,本章聚焦于从实施忠实度的内涵与功能、实施忠实度监测与评估方法以及在课程政策监测与评估中使用实施忠实度的可行性等内容展开。

一、实施忠实度的内涵

实施忠实度的内涵与功能是理解实施忠实度的关键,为后续进一步将实施忠实度运用于课程政策监测与评估研究提供重要基础。

(一) 实施忠实度的内涵

实施忠实度的研究可以追溯到40年前,[1]传统研究中将其定义为确定与原始方案相比较,干预措施的效力和效果的研究。[2] 具体来说,它是指"用户在当前实践中在多大程度上达到了……'理想'"。[3] 这是最初的时候研究者们对实施忠实度的理解,然而随着研究的深入,对实施忠实度的概念也出现了不同的理解,并且

---

[1] Sechrest, L., West, S. G., Phillips, M. A., Redner, R., & Yeaton, W. Some neglected problems in evaluation research: Strength and integrity of treatments [J]. In L. Sechrest, S. G. West, M. A. Phillips, R. Redner, & W. Yeaton (Eds.), *Evaluation studies review annual* [M]. Thousand Oaks, CA: Sage, 1979: 15 - 35.

[2] Fullan, M. *The meaning of educational change* [M]. New York: Teachers College Press, 2001.

[3] Loucks, S. F. *Defining fidelity: A cross-study analysis* [C]. Paper presented at the annual meeting of the American Educational Research Association, Montreal, Quebec, Canada, 1983.

这种理解主要聚焦在两个研究领域：健康教育领域的健康方案实施忠实度以及课程干预领域的课程实施忠实度。这两个研究领域中的实施忠实度研究是存在先后顺序的，即实施忠实度最先在健康教育领域中出现，然后在课程领域得到进一步发展。基于这种思路，我们先来介绍对健康方案实施忠实度的理解。

在健康方案研究中，实施忠实度主要存在 7 种最主要的理解，但并不限于这 7 种：

1. 确定与最初的方案设计相比，方案的实施情况如何（即正在传递的方案在效力和/或效果测验中的设计和实施情况）。[1]
2. 方案传递的完整性、依从度或质量。[2]
3. 依从方案模型的标准。[3]
4. 方案作为计划被实施的程度。[4]
5. 教师和其他方案提供者按照方案开发者的意愿实施方案的程度。[5]
6. 计划中的方案和传递中的方案之间的密切关系。[6]
7. 按照计划实施特定方案的程度。[7]

---

[1] Mihalic, S. *The importance of implementation fidelity* [R]. Boulder, CO: Center for the Study and Prevention of Violence, 2002.
[2] Domitrovich, C., & Greenberg, M. T. The study of implementation: Current findings from effective programs for school-aged children [J]. *Journal of Educational and Psychological Consultation*, 2000, 11(2): 193–221.
[3] Bond, G. R., Becker, D. R., Drake, R. E., & Vogler, K. M. A fidelity scale for the individual placement and support model of supported employment [J]. *Rehabilitation Counseling Bulletin*, 1997, 40: 265–284.
[4] Dane, A. V., & Schneider, B. H.. Program integrity in primary and early secondary prevention: Are implementation effects out of control? [J]. *Clinical Psychology Review*, 1998, 18(1): 23–45.
[5] Dusenbury, L., Brannigan, R., Falco, M., & Hansen, W. B. A review of research on fidelity of implementation: Implications for drug abuse prevention in school settings [J]. *Health Education Research Theory and Practice*, 2003, 18(2): 237–256.
[6] Summerfelt, W. T., & Meltzer, H. Y. Efficacy vs. effectiveness in psychiatric research [J]. *Psychiatric Services*, 1998, 49(6): 834–835.
[7] Gresham, F. M., Gansle, K. A., Noell, G. H., Cohen, S., & Rosenblum, S. Treatment integrity of school-based behavioral intervention studies: 1980–1990 [J]. *School Psychology Review*, 1993, 22(2): 254–272.

由上述分析可知,在健康方案研究领域中,实施忠实度其实是存在着各种不同理解的,并且这些理解各有侧重,比如,第一种理解主要是聚焦于方案在效力或者效果测验中的实施情况,第二种定义则关注方案传递的完整性、依从度或者质量……但是通过分析可以发现,这些研究者均是关注方案本身组成部分的实施情况,只是关注方案实施上参考对象存在的差异而已,即有的是从效力或者效果出发,有的是从与原始方案的一致性出发,有的是从计划执行程度出发等。这些研究为课程领域的实施忠实度研究提供了重要的借鉴,下面对课程研究中的实施忠实度理解进行分析,以便为我们更好理解实施忠实度提供知识基础。目前来看,课程领域的实施忠实度主要包括(但不限于)如下 6 种理解:

1. 项目按照提议(或规定)实施的程度。[1]
2. 对课程材料使用的基本程度的测量,但不涉及教学质量的问题。在一些研究中,实施忠实度是"学习机会(opportunity to learn)"的同义词。[2]
3. 在实践中忠实地实施它(已发展起来的创新),即按照开发者的意图,以应有的方式使用它。[3]
4. 项目按原计划实施的程度。[4]
5. 方案组成部分实施的程度。[5]
6. 教师以遵循设计者的意图或复制其他地方开发的实践的方式进行创新的程度,或"用户当前实践与开发者'理想'的匹配程度"。[6]

---

[1] Loucks, S. F. Defining fidelity: A cross-study analysis [C]. Paper presented at the annual meeting of the American Educational Research Association, Montreal, Quebec, Canada, 1983.
[2] National Research Council Committee for a Review of the Evaluation Data on the Effectiveness of NSF-Supported and Commercially Generated Mathematics Curriculum Materials, Mathematical Sciences Education Board, Center for Education, Division of Behavioral and Social Sciences and Education. *On evaluating curricular effectiveness: Judging the quality of K-12 mathematics evaluations* [M]. Washington, DC: National Academies Press, 2004.
[3] Fullan, M. *The meaning of educational change* [M]. New York: Teachers College Press, 2001.
[4] Berman, P., & McLaughlin, M. W. Implementation of educational innovation [C]. *Educational Forum*, 1976, 40(3): 345-370.
[5] Scheirer, M. A., & Rezmovic, E. L. Measuring the degree of program implementation: A methodological review [J]. *Evaluation Review*, 1983, 7(5): 599-633.
[6] Loucks, S. F. *Defining fidelity: A cross-study analysis* [C]. Paper presented at the annual meeting of the American Educational Research Association, Montreal, Quebec, Canada, 1983.

由上述分析可知,健康领域的实施忠实度更加关注的是方案组成部分的实施情况,这是一种从实验室研究的角度来定义的实施忠实度。比如,在蒙克莱和普林茨(1991)的健康方案研究中将实施忠实度理解为是"控制自变量按计划进行"的一个手段。[1] 然而,在课程方案干预相关研究中的实施忠实度定义往往会参考教学质量的相关内容。比如,劳克斯(1983)结合对教学的理解,将实施忠实度理解为"与教师实践中的变量有关"的内容。[2]

根据上述理解,不管是健康领域还是课程领域中,实施忠实度是指干预按照制定或设计者的预期实施的程度。[3] 干预通常是一种项目或实验处理,因此这种想法有时也被用来指项目或实验处理"忠实性"。[4],[5] 通过上述分析也可以看到,实施忠实度非常关注方案实施的遵从度和完整性,甚至在很多时候,实施忠实度与这两个概念是同义词。例如,葛莉莘及其同事(1993)[6]以及戴恩和施耐德(1998)[7]均指出"完整性被定义为按照计划实施特定程序的程度",而"忠实度以同样的方式使用"。这些研究者将依从度定义为"按照方案手册中的规定交付特定方案组成的程度"[8]——这是一个几乎与实施忠实度相同的定义。也是因为这种理解上的差异,导致了实施忠实度的结构存在着差异,也导致了实施忠实度的监测与评估存在着不确定性。

---

[1] Moncher, F. J., & Prinz, R. J. Treatment fidelity in outcome studies [J]. *Clinical Psychology Review*, 1991,11(3): 247-266.

[2] Loucks, S. F. *Defining fidelity: A cross-study analysis* [C]. Paper presented at the annual meeting of the American Educational Research Association, Montreal, Quebec, Canada, 1983.

[3] Carroll, C., Patterson, M., Wood, S., Booth, A., Rick, J., Balain, S. A conceptual framework for implementation fidelity [J]. *Implementation Science*, 2007,2(1): 40.

[4] Dane, A. V., & Schneider, B. H. Program integrity in primary and early secondary prevention: Are implementation effects out of control? [J] *Clinical Psychology Review*, 1998,18(1): 23-45.

[5] Dusenbury, L., Brannigan, R., Falco, M., & Hansen, W. B. A review of research on fidelity of implementation: Implications for drug abuse prevention in school settings [J]. *Health Education Research Theory and Practice*, 2003,18(2): 237-256.

[6] Gresham, F. M., Gansle, K. A., Noell, G. H., Cohen, S., & Rosenblum, S. Treatment integrity of school-based behavioral intervention studies: 1980-1990 [J]. *School Psychology Review*, 1993,22(2): 254-272.

[7] Dane, A. V., & Schneider, B. H. Program integrity in primary and early secondary prevention: Are implementation effects out of control? [J] *Clinical Psychology Review*, 1998,18(1): 23-45.

[8] Dane, A. V., & Schneider, B. H. Program integrity in primary and early secondary prevention: Are implementation effects out of control? [J] *Clinical Psychology Review*, 1998,18(1): 23-45.

在健康方案研究领域,实施忠实度看起来已经做了很多好的研究,甚至不少研究者对这方面的研究进行了综述。[1,2] 然而,如上述分析所展示的,在健康方案与教育研究领域,多数研究者对实施忠实度的理解和测量都存在很大程度的不一致。正因为如此,研究者们提出需要重新定义实施忠实度,并且据此提出新的实施忠实度的结构,[3]同时建构新的实施忠实度的标准。[4] 还有研究者指出,需要进一步全面评估治疗实施忠实度的准则。[5] 这些准则进一步拓展了实施忠实度的传统定义(即确定与最初方案设计相比干预如何实施),[6]还包括对干预人员培训的忠实度、干预的传递和接受以及在现实生活的环境中实施干预。[7]

(二) 实施忠实度及其相关概念

实施忠实度对健康方案研究领域的进展起着重要的促进作用,然而,经过40多年的努力,实施忠实度也在持续寻找其在课程研究领域的独特贡献。[8,9]虽然在课程研究领域,实施忠实度有很多种不同的定义,研究方法也有很多种,但是这些研究均难以揭示其与课程实施结果之间的关系。因此,在课程干预研究中,没有形成一种具有共识的实施忠实度概念,关于课程领域实施忠实度的测量、方案理

---

[1] Backer, T. E. *Finding the balance:Program fidelity and adaptation in substance abuse prevention* [R]. Washington, DC:Center for Substance Abuse Prevention, 2000.

[2] Remillard, J. T. Examining key concepts in research on teachers' use of mathematics curricula [J]. *Review of Educational Research*, 2005, 75(2):211-246.

[3] Dane, A. V., & Schneider, B. H. Program integrity in primary and early secondary prevention:Are implementation effects out of control? [J]. *Clinical Psychology Review*, 1998, 18(1):23-45.

[4] Mowbray, C., Holter, M. C., Teague, G. B., & Bybee, D. Fidelity criteria:Development, measurement, and validation [J]. *American Journal of Evaluation*, 2003, 24(3):315-340.

[5] Resnick, B., Bellg, A. J., Borrelli, B., DeFrancesco, C., Breger, R., Hecht, J., et al. Examples of implementation and evaluation of treatment fidelity in the BCC studies:Where we are and where we need to go [J]. *Annals of Behavioral Medicine*, 2005, 29(2):46-54.

[6] Mihalic, S. *The importance of implementation fidelity* [R]. Boulder, CO:Center for the Study and Prevention of Violence, 2002.

[7] Resnick, B., Bellg, A. J., Borrelli, B., DeFrancesco, C., Breger, R., Hecht, J., et al. Examples of implementation and evaluation of treatment fidelity in the BCC studies:Where we are and where we need to go [J]. *Annals of Behavioral Medicine*, 2005, 29(2):46-54.

[8] Fullan, M., & Pomfret, A. Research on curriculum instruction implementation [J]. *Review of Educational Research*, 1997, 47(2):335-397.

[9] Snyder, J., Bolin, F., & Zumwalt, K. Curriculum implementation [J]. In P. W. Jackson (Ed.), *Handbook of research on curriculum* [M]. New York:Macmillan, 1992:402-435.

论或研究设计如何与实施忠实度进行关联也没有形成一种比较权威的理解。① 为了更好地理解实施忠实度在课程研究中的应用情况,下面将分析研究效力和研究效果对于实施忠实度的作用,同时还将分析与课程实施忠实度相关的课程、教学、课程潜力和适应相关概念之间的关系。

1. 效力和效果研究中的实施忠实度

一项研究的统计效力取决于可靠有效的测量、合适的设计和抽样以及对忠实度的仔细评估,并且其效力随着研究从实验室(效力研究)转移到实地(效果研究)而降低。因此,当方案结果与实施忠实度相关时,方案实施忠实度评估对效力和效果研究就显得非常重要了,尤其是当研究者想要了解不良的方案结果是由于缺少实施还是由于设计了与理论方案不相符合的干预造成时,对实施忠实度的考察就显得尤为重要了。②

效力被多兰(Dorland,1994)定义为"干预在专家手中和理想状况下产生有益效果的能力"。③ 效力可以被认为是暂时发生的,作为方案评估的第一阶段,它指的是方案已被科学地证实在理想的条件下完成预期结果的程度。这一阶段的研究目标是证明方案在最好的条件下能够产生的预期结果。如果不这样做,将"提供理论失败的证据,而不是实施失败的证据"。④

当效力研究转向关注和证明效力研究是否有益的时候,这一领域的研究就转向了效果研究。效果被多兰定义为"干预在实际使用中产生预期有益结果的能力"。效果研究是对效力研究的重要补充,是指方案在实际临床实践或者真实情

---

① Ruiz-Primo, M. A. A multi-method and multi-source approach for studying fidelity of implementation [J]. In S. Lynch & C. L. O'Donnell (Chair), "*Fidelity of implementation" in implementation and scale-up research designs: Applications from four studies of innovative science curriculum materials and diverse populations* [C]. Symposium conducted at the annual meeting of the American Educational Research Association, Montreal, Canada, 2005.

② Summerfelt, W. T. Program strength and fidelity to evaluation [J]. *Applied Developmental Science*, 2003, 7(2): 55-61.

③ Dorland, W. A. *Dorland's illustrated medical dictionary* (*28th ed.*) [M]. Philadelphia: W. B. Saunders, 1994: 531.

④ Raudenbush, S. W. Designing field trials of educational innovations [J]. In B. Schneider & S. -K. McDonald (Eds.), *Scale-up in education: Vol. II. Ideas in Practice* [M]. Lanham, MD: Rowman & Littlefield, 2007: 23-40.

境中结果的实现程度。① 效力(内部有效性)和效果(外部有效性)都是干预实施评价研究中的重要方面。下面将对干预研究的两个阶段中每一个阶段的实施忠实度进行分析,并且分析课程干预研究中实施忠实度在这两个阶段的重要作用。

(1) 效力研究中的实施忠实度

在效力研究中的实施忠实度研究关注的是:方案是否被实施(即方案是否被传递)以及方案实施到了何种程度(即方案传递的质量),这些问题的结果被用来改进方案。由此可见,实施忠实度不仅对方案评估人员重要,对方案开发人员也同样重要。在效力研究中,测评忠实度有助于确定方案实施是否符合预期的理论方案。② 此外,在效力研究中,分析实施忠实度有助于开发人员了解如何提高方案实施的质量。例如,加涅及其同事指出"教学材料的总体目标是验证方案是否可以实施"。③ 内部有效性的目标是确保方案能够成功地实现教学目标,当然前提是方案是"按实际有效传递"。在效力研究中,测评实施忠实度需要持续地监测和改善方案的实施过程,以确保其能够以最高忠实度水平来进行实施。④

在效力研究中监测实施忠实度的重要作用还在于,有助于解释创新为什么成功或失败。⑤ 在效力研究中对实施忠实度的评估允许方案开发者指导修订方案,也允许外部评估人员确定和提供方案修正的建议。在效力研究中,方案实施者可尝试确定方案实施中的关键组成部分。例如,分析能够帮助未来的实施者了解方案的哪些特征是重要的且有利于实现最高水平的忠实度,哪些可以被修改或删

---

① Aron, D. C., Raff, H., & Findling, J. W. Effectiveness versus efficacy: The limited value in clinical practice of high dose dexamethasone suppression testing in the differential diagnosis of adrenocorticotropin-dependent Cushing's syndrome [J]. *Journal of Clinical Endocrinology & Metabolism*, 1997,82(6): 1780-1785.

② Weiss, C. H. *Evaluation: Methods for studying programs and policies* [M]. Upper Saddle River, NJ: Prentice Hall, 1998.

③ Gagne, R. M., Wager, W. W., Golas, K. C., & Keller, J. M. *Principles of instructional design* [M]. Belmont, CA: Wadsworth, 2005: 354.

④ Resnick, B., Bellg, A. J., Borrelli, B., DeFrancesco, C., Breger, R., Hecht, J., et al. Examples of implementation and evaluation of treatment fidelity in the BCC studies: Where we are and where we need to go [J]. *Annals of Behavioral Medicine*, 2005,29(2): 46-54.

⑤ Dusenbury, L., Brannigan, R., Falco, M., & Hansen, W. B. A review of research on fidelity of implementation: Implications for drug abuse prevention in school settings [J]. *Health Education Research Theory and Practice*, 2003,18(2): 237-256.

除——这是一个经常在忠实-适应(fidelity-adaptation)争论中被提出的问题。①

(2) 效果研究中的实施忠实度

与效力研究聚焦实施忠实度改进方案和实施过程不同的是,效果研究中更加关注运用实施忠实度来为一般方案的效果提供证据支持,并且观察本领域中的方案落实情况。② 当然,效果研究并不是在自然主义背景下对效力研究的简单复制,它还有很多需要关注的内容,比如对多样化的主题和多样化的结果进行评估。③ 在研究中,效果研究人员可能不关注评估和控制忠实度水平;相反,这时候的忠实度水平变化是在自然环境中进行测量的,与学生的实际学习结果有关。如果结果指标显示是无效的,研究人员可能会问这些材料"是不是没有以预期的方式使用或指导者没有执行预期的程序"。④

由于效果研究与方案在实际使用中产生预期影响的能力有关,研究教师在实践中对方案的实施忠实度是非常重要的,因为实施忠实度可以揭示与方案可行性相关的信息,即干预能够或者将能够在课堂中被忠实地实施。杜森伯里(L. Dusenbury)及其同事指出"如果在实践中难以达到实施忠实度,那么方案的可行性就很低。以高忠实度水平实施,但未能产生预期效果的方案可能需要重新设计"。⑤ 同时,他们的研究也指出,实施忠实度的研究不仅可以了解实施质量和程度对方案结果的影响,还能够获得对方案干预产生好的方案结果的信心(因为方案在此时不再是一个"黑箱")。如果在效果研究中没有对实施忠实度进行评估,

---

① Blakely, C. C., Mayer, J. P., Gottschalk, R. G., Schmitt, N., Davidson, W. S., Roitman, D. B., et al. The fidelity-adaptation debate: Implications for the implementation of public sector social programs [J]. *American Journal of Community Psychology*, 1987,15(3): 253–268.

② National Research Council Committee for a Review of the Evaluation Data on the Effectiveness of NSF-Supported and Commercially Generated Mathematics Curriculum Materials, Mathematical Sciences Education Board, Center for Education, Division of Behavioral and Social Sciences and Education. *On evaluating curricular effectiveness: Judging the quality of K–12 mathematics evaluations* [M]. Washington, DC: National Academies Press, 2004.

③ Hohmann, A. A., & Shear, M. K. Community-based intervention research: Coping with the "noise" of real life in study design [J]. *American Journal of Psychiatry*, 2002,159(2): 201–207.

④ Gagne, R. M., Wager, W. W., Golas, K. C., & Keller, J. M. *Principles of instructional design* [M]. Belmont, CA: Wadsworth, 2005: 354.

⑤ Dusenbury, L., Brannigan, R., Falco, M., & Hansen, W. B. A review of research on fidelity of implementation: Implications for drug abuse prevention in school settings [J]. *Health Education Research Theory and Practice*, 2003,18(2): 237–256.

研究者可能无法解释负面或模棱两可的结果,也无法确定不成功的结果是由于方案本身的问题还是由于实施过程中没有按照方案预期实施造成的。①

尽管在效力研究中评估实施忠实度最实际的原因是为了监测方案,以保证质量,但在效果研究中,评估实施忠实度通过创建"效果研究中的变量控制"来提升外部效度。研究者们指出,对实施忠实度的改善和有效评估能够提高研究结果的统计效力,②并为排除那些与方案设计太远的实施过程提供重要的依据。③

最终,效果研究中的实施忠实度监测与评估研究具有拓展性的意义,也就是说效果研究中,一个方案中的实施忠实(那些在学校情境中被证明是有效的内容)可以为其他类似方案的实施提供重要的借鉴。④ 四象限分析建立了输入和输出间的二维关系的直观图形,⑤这能够被用于揭示高水平实施忠实度和实施结果的组合关系,并且这种关系图看起来每一个象限的内容都是合理的,是可以进行推广应用的。但是,当没有按照方案来实施干预时,忠实程度就很低,不管是积极还是消极的实施结果都不能归因于干预,即成功或者失败的数据结果对于实践而言是没有意义的。⑥ 在这种情况下拓展将是无效的,也就是说,只有在高忠实度——积极结果的情况下才能够进行拓展(见图 3-1)。

总的来说,实施忠实度的概念化可以分为两个阶段的研究:效力研究和效果研究。了解一个方案在何种程度上被实施有助于研究者评估他们的假设,即一个评估方案的失败是由于不良的方案设计(因此,需要对方案进行修订,以便实施更

---

① Forgatch, M. S., Patterson, G. R., & DeGarmo, D. S. Evaluating fidelity: Predictive validity for a measure of competent adherence to the Oregon model of parent management training [J]. *Behavior Therapy*, 2005, 36(1): 3-13.
② Mowbray, C., Holter, M. C., Teague, G. B., & Bybee, D. Fidelity criteria: Development, measurement, and validation [J]. *American Journal of Evaluation*, 2003, 24(3): 315-340.
③ Teague, G. B., Drake, R. E., & Ackerson, T. H. Evaluating use of continuous treatment teams for persons with mental illness and substance abuse [J]. *Psychiatric Services*, 1995, 46(7): 689-695.
④ McDonald, S. K., Keesler, V. A., Kaufman, N. J., & Schneider, B. Scaling-up exemplary interventions [J]. *Educational Researcher*, 2006, 35(3): 15-24.
⑤ Duyar, I. Analyzing education productivity: An essay review [J]. *Education Review*, 2006, 9(4): 1-17.
⑥ Yeaton, W. H., & Sechrest, L. Critical dimensions in the choice and maintenance of successful treatments: Strength, integrity, and effectiveness [J]. *Journal of Consulting and Clinical Psychology*, 1981, 49(2): 156-167.

积极结果（高成就）	无拓展	拓展
消极结果（低成就）	无拓展	无拓展
	低忠实度	高忠实度

图 3-1 效果研究中扩大规模和忠实度

加可行），还是方案实施。①

虽然在效力和效果研究中，研究实施忠实度是其中的关键部分，但在教育情境中的实际实施忠实度与其他相关且相似，但有时容易与相反的教育结构相混淆。

2. 实施忠实度与课程、教学、课程潜力以及适应之间的关系

在教育情境中，评估实施忠实度最具挑战性的应该是实施忠实度一词似乎与其他教育研究中的学术用语存在一定程度上的重合与差异。这些教育学术用语主要包括：教学；课程潜力；使用中的课程；课程使用；感知课程和适应。在这里将主要分析教育研究中实施忠实度与上述学术术语之间的异同，进而为深入理解实施忠实度提供知识基础。

（1）教学

对课程实施忠实度的分析揭示了其与教学之间的异同。例如，舒尔曼在为本-佩雷茨的 *The Teacher-Curriculum Encounter: Freeing Teachers From the Tyranny of Texts* 一书的序言中写道："课程和教学长期以来被视为对立的事物，类似于冷和热、战争和和平、悲伤与喜悦的关系。"②舒尔曼认为，一方面课程以书面材料的形式，在历史上表现为精心组织、具体、严格和计划周密的教学单元；另一方面，教学是互动的、自然的和非结构化的。虽然舒尔曼描绘的教学经常是被计划的，但他解释说教学更多是适应性的和被动的。为了让读者们更好地理解本-佩雷茨的研究，他指出"虽然课程可能是教学的背景，但两者不应混淆"。然

---

① Forgatch, M. S., Patterson, G. R., & DeGarmo, D. S. Evaluating fidelity: Predictive validity for a measure of competent adherence to the Oregon model of parent management training [J]. *Behavior Therapy*, 2005, 36(1): 3-13.

② Shulman, L. Foreward. In M. Ben-Peretz, *The teacher-curriculum encounter: Freeing teachers from the tyranny of texts* [M]. Albany: State University of New York Press, 1990: vii-ix.

而,教育研究人员面临的挑战是:如何区分好的教学和由课程材料推动的好的教学实践的实施忠实度之间的异同。①

（2）课程潜力

1975 年,本-佩雷茨提到了课程潜力的概念,她将课程材料描述为"新解释的来源"。② 她抨击了课程和教学的对立说法,并指出这两个概念是相互支持和加强的。与当时大多数研究者一样,本-佩雷茨等人指出,在缺少教师认真参与的情况下,外部专家不管怎么样都无法将课程创新引入学校。

（3）使用中的课程

虽然理论课程被认为是"由外部专家编写的,描述教什么的问题",③而且课程是评估实施忠实度的基础,但使用中的课程似乎被认为是由教师实施的,不一定与书面课程相同。申凯迪(Shkedi)认为,教师对课程指南的使用有限,"在大多数情况下,使用学生材料本身(student materials themselves)";④因此,研究者必须区分哪些课程指南是专门为教师设计的,哪些是教师感知到的课程和实施中的课程。⑤ 此外,课程使用指的是"个体教师和被设计用来指导教学的材料资源之间的互动、借鉴、参考及相互影响"。⑥ 然而,在评估实施忠实度概念的时候,如何区分材料所造成的影响和教师与材料相互作用所造成的影响是非常难以实现的,甚至有时这二者存在非常大的差异。

（4）适应

通过文献分析可以发现,实施研究存在着一种二分对立的概念,即适应与忠

---

① O'Donnell, C. L. *Fidelity of implementation to instructional strategies as a moderator of curriculum unit effectiveness in a large-scale middle school science quasi-experiment* [D]. Doctoral Dissertation. Washington, DC: The George Washington University, 2007. (UMI No. AAT 3276564)

② Ben-Peretz, M. The concept of curriculum potential [J]. *Curriculum Theory Network*, 1975,5(2): 151-159.

③ Shkedi, A. Can the curriculum guide both emancipate and educate teachers? [J]. *Curriculum Inquiry*, 1998,28(2): 209-231.

④ Shkedi, A. Can the curriculum guide both emancipate and educate teachers? [J]. *Curriculum Inquiry*, 1998,28(2): 209-231.

⑤ Ben-Peretz, M., Katz, S., & Silberstein, M. Curriculum interpretation and its place in teacher education programs [J]. *Interchange*, 1982,13(4): 47-55.

⑥ Remillard, J. T. Examining key concepts in research on teachers' use of mathematics curricula [J]. *Review of Educational Research*, 2005,75(2): 211-246.

实度。不少著名学者讨论了忠实度与适应之间的张力与关系,并且提出了理解二者之间张力的观点。例如,霍尔和劳克斯认为,在急剧的转变损害方案的忠实度和效果之前,适应是可以接受的。① 布莱克利等人在不同的方案情境中测评了方案的忠实度、重塑和效果。结果表明,高忠实度实施者往往比低忠实度实施者能够更有效地完成实施目标。在实施忠实度保持不变的情况下,新增内容能够在一定程度上增强方案有效性,但对方案模型的局部修正与更大范围的方案有效性无关。②

丘研究了传统课程的实施策略,并指出传统课程实施可以划分为"两个分化的视角,即实施忠实度和适应性实施"。③ 与丘一样,富兰也认为:"困境和紧张贯穿于教育变革的整体文献之中,其中有两个不同的重点或视角是明显的:忠实度视角与相互适应或进化的视角。"④丘的理论观点是课程实施作为一个研究领域应该放弃实施忠实度的概念,而应该创造一种新的结构,在这种结构中,教师的角色可以真实地被建构。然而,这个观点可能是在干预研究之外的情境提出来的,其中忠实度作为内部有效性的检查,并有助于确保自变量(干预)按照预期实施。

罗杰斯认为,"更灵活、更易再发现的创新可以适应更广泛的采用者的情况"。⑤ 这就解释了为什么灵活的创新,其采用速度更快,⑥并导致了更高程度的可持续性。⑦ 但是,调整后的产品的采用和可持续性是否会产生更高的学生成绩? 基于学校的药物滥用预防教育方案——DARE(药物滥用教育,Drug Abuse

---

① Hall, G. E. & Loucks, S. F. *Innovation configurations: Analyzing the adaptation of innovations* [C]. Paper presented at the annual meeting of the American Educational Research Association, Toronto, Ontario, Canada, 1978.
② Blakely, C. C., Mayer, J. P., Gottschalk, R. G., Schmitt, N., Davidson, W. S., Roitman, D. B., et al. The fidelity-adaptation debate: Implications for the implementation of public sector social programs [J]. *American Journal of Community Psychology*, 1987,15(3): 253 - 268.
③ Cho, J. *Rethinking curriculum implementation: Paradigms, models, and teachers' work* [C]. Paper presented at the annual meeting of the American Educational Research Association, San Diego, CA, 1998.
④ Fullan, M. *The meaning of educational change* [M]. New York: Teachers College Press, 2001.
⑤ Rogers, E. *Diffusion of innovations* [M]. New York: Free Press, 2003.
⑥ Backer, T. E. *Finding the balance: Program fidelity and adaptation in substance abuse prevention* [R]. Washington, DC: Center for Substance Abuse Prevention, 2000.
⑦ Goodman, R. M., & Steckler, A. A model for the institutionalization of health promotion programs [J]. *Family and Community Health*, 1989,11(4): 63 - 78.

Resistance Education)快速传播的研究发现,该教育方案实施忠实度很低,而当地学校对方案的适应程度很高。罗杰斯指出,DARE 迅速地采用是因为进行了"大量的再创造"。在这个过程中方案被忽视,方案相关的元素被删除。然而,最终,尽管 DARE 方案在美国学校快速采用,但此方案的评估显示,这种措施对于学生吸毒的减少并没有产生持久的影响。①

在教育研究的文献中实施忠实度与其他概念之间存在重叠和差异。上述分析揭示教育研究中实施忠实度研究可能面临的困惑,即当实施忠实度与其他概念相混淆时,这时候就需要开发独立的实施忠实度的测评框架。②

二、实施忠实度研究的方法

对于一项监测与评估研究而言,一般会涉及三个方面的内容:评估框架如何建构,如何评估,如何确保评估的信效度。通过对实施忠实度评估研究进行综述发现,它主要也遵循上述路径。

(一)实施忠实度评估框架的建构方法

在开发实施忠实度分析框架的时候,主要有三种方法:其一,从已被证明有效或者可接受的具体理论模型的基础上建构分析框架;其二,收集专家意见——专家调查和/或文献综述建构分析框架;其三,定性研究,根据框架使用者和倡导者的意见,在对实施忠实度进行现场访问等的基础上建构分析框架。

在心理健康文献中,大多数关于忠实度监测与评估的例子是通过第一种方式实现的,即在已有理论模型的基础上建构分析框架。活泉之家(Fountain House)就是这样的一个例子,它建于 70 多年前,现在是精神康复"俱乐部"模式。俱乐部采用"工作有序日(work-ordered day)"的方式让会员(客户)自愿在单位开展必要

---

① Ennett, S. T., Tobler, N. S., Ringwalt, C., & Flewellin, R. L. How effective is drug abuse resistance education? A meta-analysis of Project D. A. R. E. outcome evaluations [J]. *American Journal of Public Health*, 1994, 84(9): 1394 - 1401.

② Allinder, R. M., Bolling, R. M., Oats, R. G., & Gagnon, W. A. Effects of teacher self-monitoring on implementation of curriculum-based measurement and mathematics computation achievement of students with disabilities [J]. *Remedial & Special Education*, 2000, 21(4): 219 - 227.

的工作,以维持会所的运作,并造福所有会员。因此,会员在工作中获得经验和技能,并能在俱乐部以外的过渡工作中使用该技能。活泉之家开发了结构化的培训课程和方法,以证明遵循了模型。俱乐部方案的标准是由一组俱乐部创始成员共同制定的。根据他们自己的经验和对认证评估内容的分析,一个特别工作小组开发了一个量化俱乐部忠实度的筛选工具,聚焦在最有可能区分认证俱乐部和非认证俱乐部的标准上。结果就是俱乐部的研究和评估筛选调查。[1] 类似地,但不太详细的例子来自克拉克,他进行了一些试验来评估一种公认的青少年抑郁症干预措施的有效性;其研究中的实施忠实度标准是基于已有的治疗方案和项目手册建立起来的。[2]

其他实施忠实度的评估框架是建立在已有有效性的理论模型基础上的。例如,德雷克及其同事在一个联邦资助的研究项目中开发了一个针对有精神障碍的成人的职业康复方案模型,即个体安置和支持方案(Individual Placement and Support, IPS)。[3] 该方案在随机临床试验中产生了显著的积极结果。作为这项研究的一部分,程序开发人员制定了忠实度标准、衡量忠实度的量表和程序手册。[4] 同样,海根勒等人开发了一种基于家庭的针对青少年心理健康治疗的矫正或者治疗方法——多系统疗法(Multisystemic Therapy, MST),并在临床试验中确认了其有效性,随后在该手册的基础上,实施专家们形成共识,制作了一份项目手册和实施忠实度量表。[5] 另外,韦斯曼及其合作者基于早期编制的家庭中心的(Family-Focused Treatment, FFT)治疗手册,开发了一个评估临床医生对方案模

---

[1] Macias, C., Propst, R., Rodican, C., & Boyd, J. Strategic planning for ICCD clubhouse implementation: Development of the Clubhouse Research and Evaluation Screening Survey (CRESS) [J]. *Mental Health Services Research*, 2001,3(3): 155-167.
[2] Clarke, G. Intervention fidelity in the psychosocial prevention and treatment of adolescent depression [J]. *Journal of Prevention and Intervention in the Community*, 1998,17(2): 19-33.
[3] Drake, R. E., McHugo, G. J., & Becker, D. R. The New Hampshire study of supported employment for people with severe mental illness [J]. *Journal of Consulting and Clinical Psychology*, 1996,64(2): 391-399.
[4] Bond, G. R., Becker, D. R., Drake, R. E., et al. A fidelity scale for the individual placement and support model of supported employment [J]. *Rehabilitation Counseling Bulletin*, 1997,40(4): 265-284.
[5] Henggeler, S. W., & Schoenwald, S. K. *The MST supervisory manual: Promoting quality assurance at the clinical level* [R]. Charleston, SC: MST Institute, 1998.

型忠实度的量表。① 布莱克利等人通过实地访问、访谈和书面材料审查,确定了原始模型的组成部分(来自教育和刑事司法),并在此基础上建立了复制后的模型。② 方案组成部分被定义为一个可以被观察或验证的活动、材料或设施,在逻辑上与其他组成部分是相互独立的,并且是创新方案所特有的。

第一个并且也是最著名的心理健康领域开发的方案忠实度标准(心理治疗评分表之外)是主动社区治疗(Assertive Community Treatment,ACT),通常它被认为是对严重精神疾病患者进行社区治疗和康复的最广泛和成功的模式。③ 然而,在主动社区治疗中,与更近的基于证据的模型相比,实施忠实度的分析框架和项目手册的发展(1994—1998)要比最初的疗效研究晚得多。④ 为评估主动社区治疗的实施忠实度而开发的第一个量表,事实上遵循了上述实施忠实度评估框架建构的第二种方法,即专家意见法:综述已经发表的主动社区治疗研究模型,基于此提出实施忠实度的关键构成成分清单,然后让参与主动社区治疗的全部人员(学者和实践者)评定实施忠实度各构成成分的重要性。⑤ 随后在主动社区治疗的实施忠实度研究的基础上建立这些标准,针对特定的环境和/或人群进行适当的调整,并在新文献和测量实用性的基础上进行修订。⑥ 这种方法也被用于建构消费者操

---

① Weisman, A., Tompson, M. C., Okazaki, S., Gregory, J., et al. Clinicians' fidelity to a manual-based family treatment as a predictor of the one-year course of bipolar disorder [J]. *Family Process*, 2002,41(1): 123-131.
② Blakely, C. H., Mayer, J. P., Gottschalk, R. G., et al. The fidelity-adaptation debate: Implications for the implementation of public sector social programs [J]. *American Journal of Community Psychology*, 1987,15(3): 253-268.
③ Mueser, K. T., Bond, G. R., Drake, R. E., et al. Models of community care for severe mental illness: A review of research on case management [J]. *Schizophrenia Bulletin*, 1998,24(1): 37-74.
④ Teague, G. B., Bond, G. R., & Drake, R. E. Program fidelity and assertive community treatment: Development and use of a measure [J]. *American Journal of Orthopsychiatry*, 1998,68(2),216-232.
⑤ McGrew, J. H., Bond, G. R., Dietzen, L., & Salyers, M. Measuring the fidelity of implementation of a mental health program model [J]. *Journal of Consulting and Clinical Psychology*, 1994,62(4): 670-678.
⑥ Teague, G. B., Bond, G. R., & Drake, R. E. Program fidelity and assertive community treatment: Development and use of a measure [J]. *American Journal of Orthopsychiatry*, 1998,68(2): 216-232.

作程序的实施忠实度分析框架。① 也就是说,对已发表的关于这些研究以及同行提供服务的理念进行审查和评价,然后由消费主义专家(消费者和非消费者)使用改进的德尔菲法对这些方案进行等级评定。

第二种实施忠实度分析框架的建构方法除了文献综述之外,还包括专家意见的调查方法。专家调查方法在实施忠实度分析框架的建构中使用比较广泛。比如,鲍尔森等人雇佣了两位消费者顾问,开发了有关消费者选择的方案,将两位消费者顾问的意见纳入实施忠实度评估框架之中。② 奥尔温则在一项关于无家可归者酗酒治疗的多地点研究示范项目中,利用一个专家小组确定了 39 项需要报告的不同服务,并且让专家小组确认干预模型实施忠实度的构成成分,进而对实施忠实度进行评估。③ 文特森等人根据原始模型项目的历史记录加上模型发起者的主观判断来评估方案实施的忠实度。④

还有研究者使用第三种方法来建构实施忠实度的评估框架,即定性研究的方法。当然,定性研究的方法并不是完全独立于之前的两种方法的,这种方法通常与前面的两种方法结合使用。佛利森及其合作者就是采用这种方法来开发学前教育计划实施忠实度评估框架的,为了指导学前教育计划和其他幼儿教育计划的发展,他们从已发表的有效性研究中获得知识进而构建概念框架,然后对三个学前教育计划进行定性研究,之所以选择这三个计划是因为它们在提供心理健康服务方面的方法不同。⑤ 概念框架包括组织变量(项目规模、赞助、人员配置水平和

---

① Holter, M. C., Mowbray, C. T., Bellamy, C., MacFarlane, P., & Dukarski, J. "Critical ingredients" of consumer run services: Results of a national survey [J]. *Community Mental Health Journal*, 2004, 40(1): 47-63.

② Paulson, R. I., Post, R. L., Herinckx, H. A., & Risser, P. Beyond components: Using fidelity scales to measure and assure choice in program implementation and quality assurance [J]. *Community Mental Health Journal*, 2002, 38(2): 119-128.

③ Orwin, R. G. Assessing program fidelity in substance abuse health services research [J]. *Addiction*, 2000, 95(Suppl. 3): S309-S327.

④ Vincent, M. L., Paine-Andrews, A., Fisher, J., Devereaux, R. S., et al. Replication of a community-based multicomponent teen pregnancy prevention model: Realities and challenges [J]. *Family and Community Health*, 2000, 23(3): 28-45.

⑤ Friesen, B. J., Green, B. L., Kruzich, J. M., Simpson, J., et al. Guidance for program design: Addressing the mental health needs of young children and their families in early childhood education settings [EB/OL]. (2002-05-23)[2019-06-24]. http://www.rtc.pdx.edu/pgProjGuidance.php.

专业知识)、方案理念(价值观、信仰、意识形态)和方案资源。定性研究的研究对象主要来自参与者、员工或其他利益相关者,并且通过他们的反馈来确定方案模型的构成要素,这些要素对方案成功实施的贡献最大。① 昂劳也建构了一个家庭扫盲计划的实施忠实度评估框架,为此,他开展了为期一天的参与性讲习班,这个讲习班有 20 位不同的利益相关者参加,通过对这些样本家庭成员进行面谈,然后在此基础上开发了实施忠实度的评估框架。② 最为典型的使用定性方法建构实施忠实度评估框架的研究者应该是米尔斯和拉根了,他们考察了教育软件供应商的文件和已发表的关于整合学习系统(Integrated Learning System,ILS)的研究。在此基础上,他们还与开发、销售或使用该课件的个人进行了访谈,并且召集了一组使用该课件的教师,对使用中的课件进行焦点小组、个人访谈和观察,以生成一个主要组成成分的清单,在此基础上建构实施忠实度的评估框架。③ 卢卡也使用混合方法编制了一份精神科俱乐部方案实施忠实度衡量的服务组成成分清单,包括应该和不应该成为实施忠实度一部分的组成成分。这些资料来自已出版的关于俱乐部的文献,以及对现有会所计划的使命陈述和其他文件的回顾。④ 最后,布莱克利等人基于对现有模范模型的关键成分的理解,为标准的执行程度指定比例点,他们参观了方案副本以观察和记录可变性,结合这些方法建构了实施忠实度的评估框架。⑤

由上述分析可知,研究实施忠实度评估框架的方法有多种,并且每一种方法的具体实施情况有一定的差异。对于以研究/示范形式开始的方案来说,这不是什么问题,因为当干预开始时,就有了分析实施忠实度的框架。然而,我们也会发

---

① Kelly, J. A., Heckman, T. G., Stevenson, L. Y., & Williams, P. N. Transfer of research-based HIV prevention interventions to community service providers: Fidelity and adaptation [J]. *AIDS Education and Prevention*, 2000, 12: 87–98.
② Unrau, Y. A. Using client exit interviews to illuminate outcomes in program logic models: A case example [J]. *Evaluation and Program Planning*, 2001, 24(4): 353–361.
③ Mills, S. C., & Ragan, T. J. A tool for analyzing implementation fidelity of an Integrated Learning System (ILS) [J]. *Educational Technology Research and Development*, 2000, 48(4): 21–41.
④ Lucca, A. M. A clubhouse fidelity index: Preliminary reliability and validity results [J]. *Mental Health Services Research*, 2000, 2(2): 89–94.
⑤ Blakely, C. H., Mayer, J. P., Gottschalk, R. G., et al. The fidelity-adaptation debate: Implications for the implementation of public sector social programs [J]. *American Journal of Community Psychology*, 1987, 15(3): 253–268.

现,在实施忠实度的监测与评估研究中,有些研究虽然也提到了实施忠实度的问题,但是他们并未展现是如何建构实施忠实度评估框架的。但是上述展示的三种主要研究方法,对于后续研究中建构课程政策监测与评估具有重要的借鉴作用。

(二)实施忠实程度的评估方法

通过文献综述可以发现,当关于实施忠实度评估框架建构好之后,就应该要涉及用什么样的方法来研究评估实施忠实度了。通过分析,目前关于测评实施忠实度的主要方法有两种:(1)专家根据直接观察、录像会议、访谈、项目文件和客户记录进行评分;(2)对方案工作人员或参与者进行调查或访谈。虽然有时忠实度会通过问卷中的一个测试题来评估(例如,"你对这个方案的遵守程度如何?"),但是使用多种方法和数据源,可以获得更准确和全面的结果。

无论使用哪种实施忠实度的数据收集方法,由于实施过程的差异,应该在不同的方案参与者之间对每个提供者的方案实施情况进行评估。尽管忠实度评估的最佳频率取决于方案本身,但评估频率应足够频繁,以防计划偏离,但同时又不要过于频繁,以免结果数据失去意义或在评估过程中消耗太多资源。

评估实施忠实度最常见的方法就是让方案提供者或者参与者完成实施检查表、日记或者调查,这些都是通过自我报告的形式实现的,并且这种自我报告有如下一些优势:(1)允许评估人员在不在场时评估其是否真实地观察项目本身;(2)允许实施进行中的评估;(3)对提供者承担最小的负担;(4)比直接观察费用低。实施忠实度自我评估量表涉及的内容包括具体实施方面的信息,比如:涵盖的内容、开展的活动内容或者开展活动花费的时间、实施干预的方法、参与者的出席情况、参与者对方案的反应等。当然,这种自我报告可以采用二分(是/否)回答、李克特量表回答或开放式回答的形式来实现。对于结构化程度较低的方案,提供者遵循的是一般的指导原则,而不是特定的内容或特定的会话数量,可在过程中或在项目结束时完成忠实度测评工具,以说明是否达到了忠实标准。当然,除了自我报告之外,还可以通过提供者的访谈来收集证据,对提供者进行访谈是对通过自我报告或直接观察获得忠实度数据进行补充的一个好方法。可以进行面谈或电话采访,从对计划实施有独特观点的提供者那里收集更多开放式数据(例如,对计划进行修改的想法和理由)。同时,还可以通过参与者调查、访谈或焦点小组来捕捉参与者对方案的反应。可以为访谈或焦点小组的形式制定调查提纲,以获取诸如参与者对方案的喜爱程度、内容的相关性以及参与者对方案提供者的看法等信息。自我报告测量可能比观察测量偏差更大,可靠性更低。例如,由于社会期望偏差,提供者对忠实度的评价倾向于向积极的方向倾斜。自我报告数据也可能受到提供者或参与者准确回忆信息的能力的限制。此外,提供者可能不知道他们正在对计划进行调整。

正因为自我报告数据存在上述缺陷,那么实施忠实度的评估还需要通过行为观察的方式来进行补充。行为观察通常可以为计划实施提供更客观的评估。例如,观察者可以评估提供者是否提供了规定的内容,是否使用了适当的传递方式,是否让会话的参与者投入其中,或者是否对提供方案表示热情。观察方案可以包括评级表、检查表或计划实施的定性描述。观察者还可以使用提供者的自我报告工具,将其评级与服务提供者的评级进行比较和验证。观察人员可能包括评估小组成员、机构工作人员、董事会成员或社区成员。观察人员应接受计划模型核心成分的培训,以及准确、客观地执行观察方案的程序培训(例如,避免参与活动或与参与者互动)。作为培训的一部分,观察者应该练习编码,直到他们达到一定水平的评分者信度。综合观察方案需要有一份编码手册,该手册定义了方案的每个组成部分,概述了对观察结果进行打分的程序,并规定了评分方案。与自我报告工具类似,观察工具的评分格式可以包括两分法的回答(例如,提供者是否完成了一个会话)、开放式回答(例如,对服务交付方法进行了哪些调整)或李克特量表项目。为了最大限度地提高客观性,评分量表上的每一点都应与具体的行为或实践相联系。例如,观察量表中的一个项目用于评价提供者在提供服务时是否采用了基于优势的方法,可以包括三个标度点:1 = 提供者始终关注问题和缺陷;2 = 提供者指出了家庭优势;3 = 提供者指出家庭优势并在此之上实现目标。观察可以是当面观察,也可以是观看计划活动的录像带。录像带有许多优点,例如,当因距离(或旅行成本)无法直接观察时可以实现观察,将干扰降到最低,能由多个观察者进行评估。录像观察的缺点通常涉及技术问题,如电池耗尽或在录像过程中忘记按"记录"按钮。一些证据表明,与自我报告数据相比,观察数据与计划结果的相关性更强,尽管很少有研究直接比较这两种策略。然而,考虑到进行观察研究所需的成本和时间,直接观察并不总是可行。此外,在某些情况下,观察行为实际上可能会增加偏差。例如,如果提供者知道他们正在被观察,他们可能会作出更多努力来遵循协议,从而产生对典型的方案表现的扭曲印象。

除了上述两种方法之外,档案或者日常管理中的数据信息也是收集实施忠实度数据的重要方式。档案和管理数据如出勤记录、病例记录、培训手册和实施计划,也有助于评估忠实度。例如,可以使用出勤记录来评估剂量,以检查参与者接触的次数和持续时间,而通过查看病例记录可以确定是否进行了某些活动(例如,是否创建了个性化服务计划)。

通常而言,实施忠实度的评估方法主要是上述这些内容,但需要指出的是,实施忠实度评估并不是由一种单一的方法实现的,其更多是通过综合以上研究方法来实现的。比如,米尔斯和罗根就是通过综合性研究方法来完成整合学习系统方案的实施忠实度的评估的,在他们的研究中,使用该软件的教师完成了检查表(基于忠实度评估框架)。其中一名研究人员对这些教师进行了 45 分钟半结构化的访谈,并将其录音。一个由 3 名专家组成的小组审查了所有转录的录音带,并独立地对每个回答者的忠实度进行评分。然后,每个项目的累积原始分数被标准化。[1] 赫尔南德斯等人使用类似的、综合多来源的方法,研究了护理实践审查系统的实施忠实度,在他们的研究中,一个 5—6 人的小组在护理实践审查系统上接受了整整三天的训练;该方案的管理分为以下几个部分:记录保存工具、病例记录中对治疗方案和个性化教育计划的回顾、对看护人、儿童/青年和提供者的访谈;在最后一部分,评审人对 34 个总结性问题进行了评分(基于其他部分总结的信息)。[2] 由上述分析可知,实施忠实度的监测与评估方法并不是一种单一的方法,为了确保证据之间的相互验证,需要通过不同的方式来进行数据的收集。

(三) 实施忠实度信效度的检验方法

开展实施忠实度评估的第三个主要问题是评估实施忠实度本身的可靠性和有效性。综合以往研究,评估实施忠实度本身有效性和可靠性的方法主要有 5 种,需要指出的是,并不是每一个实施忠实度的有效性分析都会涉及这 5 种方法,

---

[1] Mills, S. C., & Ragan, T. J. A tool for analyzing implementation fidelity of an Integrated Learning System (ILS)[J]. *Educational Technology Research and Development*, 2000,48(4): 21-41.

[2] Hernandez, M., Gomez, A., Lipien, L., Greenbaum, P. E., et al. Use of the system-of-care practice review in the national evaluation: Evaluating the fidelity of practice to system-of-care principles [J]. *Journal of Emotional and Behavioral Disorders*, 2001,9(1): 43-52.

很多时候只会运用其中一种或者多种。

其一,通过调查受访者的可靠性,计算评估者之间的一致程度(kappa 系数,组内相关[intra-class correlations,ICC],百分比协议,或皮尔逊相关系数)。例如,海根勒研究了家庭对治疗师的多重评分的重测相关性,以及治疗师和之前的评分之间的相关性。① 韦斯曼等人报告了 3 名专业人士根据治疗师录像对评分的组内相关系数。② 克拉克从青少年抑郁症治疗研究中获得了 14 个疗程的第二个评分者,并计算了忠实度评估的 kappa 系数。③

其二,通过实证检验数据的内部结构以及与预期结果的关系,例如通过验证性因素分析(CFA)、内部一致性系数(克隆巴赫 α 系数)或聚类分析等。例如,邦德(Bond)等人是通过内部一致性系数的方式来确定实施忠实度有效性的。④ 而海根勒等人通过验证性因子分析结果和内部一致性的结果来确保实施忠实度的有效性。⑤

其三,已知分组的方法,即检查不同类型的程序之间的忠实度分数的差异。例如,对"示范性"程序的前四分之一与传统计划之间的关系进行比较;⑥ACT 项目与传统案例管理之间关系的比较;⑦就业援助项目或俱乐部会所与传统职业康

---

① Henggeler, S. W., Schoenwald, S. K., Liao, J. G., Letourneau, E. J., & Edwards, D. L. Transporting efficacious treatments to field settings: The link between supervisory practices and therapist fidelity in MST programs [J]. *Journal of Clinical Child and Adolescent Psychology*, 2002,31(2): 155-167.
② Weisman, A., Nuechterlein, K. H., Goldstein, M. J., & Snyder, K. S. Controllability perceptions and reactions to symptoms of schizophrenia: A within-family comparison of relatives with high and low expressed emotion [J]. *Journal of Abnormal Psychology*, 2000,109(1): 167-171.
③ Clarke, G. Intervention fidelity in the psychosocial prevention and treatment of adolescent depression [J]. *Journal of Prevention and Intervention in the Community*, 1998,17(2): 19-33.
④ Bond, G. R., Evans, L., Salyers, M. P., Williams, J., & Kim, H. W. Measurement of fidelity in psychiatric rehabilitation [J]. *Mental Health Services Research*, 2000,2(2): 75-87.
⑤ Henggeler, S. W., Schoenwald, S. K., Liao, J. G., Letourneau, E. J., & Edwards, D. L. Transporting efficacious treatments to field settings: The link between supervisory practices and therapist fidelity in MST programs [J]. *Journal of Clinical Child and Adolescent Psychology*, 2002,31(2): 155-167.
⑥ Hernandez, M., Gomez, A., Lipien, L., Greenbaum, P. E., et al. Use of the system-of-care practice review in the national evaluation: Evaluating the fidelity of practice to system-of-care principles [J]. *Journal of Emotional and Behavioral Disorders*, 2001,9(1): 43-52.
⑦ Teague, G. B., Bond, G. R., & Drake, R. E. Program fidelity and Assertive Community Treatment: Development and use of a measure [J]. *American Journal of Orthopsychiatry*, 1998, 68(2): 216-232.

复模式之间的比较;①支持住房示范点与其他类似项目之间比较;②或与单一干预相对的多重干预条件的地点,以及参与者更多地与不那么密集的组比较。③

其四,趋同有效性,即检查有关方案及其操作的两个不同信息源之间的一致性。例如,布莱克利等人通过比较现场观察的记录和文件之间的方式来确定实施忠实度的有效性。④ 马西亚斯等人采用一种独特的方法,对俱乐部的研究和评估筛选调查(Clubhouse Research and Evaluation Screening Survey, CRESS)上符合俱乐部会所标准的自我评分进行了研究,并对现场广泛的认证程序的结果进行了比较,比较了认证机构和非认证机构的 CRESS 评分。⑤ 卢卡还研究了俱乐部忠诚指数得分与心理社会康复量表原则得分之间的相关性,以解决聚合效度问题。⑥

其五,审查忠实度举措与参与者预期结果之间的关系。这种方法的例子有:(1)就业援助项目的信誉度评分与客户就业结果相关;⑦(2)对 ACT 模式的忠实度与医院减少率显著相关;⑧(3)启智计划工作人员的调查结果与因精神健康问题转

---

① Lucca, A. M. A clubhouse fidelity index: Preliminary reliability and validity results [J]. *Mental Health Services Research*, 2000, 2(2): 89–94.
② Rog, D. J., & Randolph, F. L. A multi-site evaluation of supported housing: Lessons learned from cross-site collaboration [J]. In J. M. Herrell & R. B. Straw (Eds.), *Conducting multiple site evaluations in real-world settings. New Directions for Evaluation*, no. 94 [M]. San Francisco, CA: Jossey-Bass, 2002: 61–72.
③ Orwin, R. G. Assessing program fidelity in substance abuse health services research [J]. *Addiction*, 2000, 95(Suppl. 3): S309–S327.
④ Blakely, C. H., Mayer, J. P., Gottschalk, R. G., et al. The fidelity-adaptation debate: Implications for the implementation of public sector social programs [J]. *American Journal of Community Psychology*, 1987, 15(3): 253–268.
⑤ Macias, C., Propst, R., Rodican, C., & Boyd, J. Strategic planning for ICCD clubhouse implementation: Development of the Clubhouse Research and Evaluation Screening Survey (CRESS) [J]. *Mental Health Services Research*, 2001, 3(3): 155–167.
⑥ Lucca, A. M. A clubhouse fidelity index: Preliminary reliability and validity results [J]. *Mental Health Services Research*, 2000, 2(2): 89–94.
⑦ Becker, D. R., Smith, J., Tanzman, B., Drake, R. E., & Tremblay, T. Fidelity of supported employment programs and employment outcomes [J]. *Psychiatric Services*, 2001, 52(6): 834–836.
⑧ McGrew, J. H., Bond, G. R., Dietzen, L., & Salyers, M. Measuring the fidelity of implementation of a mental health program model [J]. *Journal of Consulting and Clinical Psychology*, 1994, 62(4): 670–678.

院和接受精神健康治疗的儿童的百分比有关;①(4)对以家庭为中心的治疗的忠实度评分与患者复发的关系进行研究。②

虽然研究者们总结了实施忠实度评估方法中最关键的三个问题:评估框架建构、评估数据收集方法和有效性的保证方法,并且这些方法也在实践中得到了有效应用,但是实施忠实度评估方法中仍然有三个问题值得关注。

第一个是时机问题,即如何在持续的基础上使用忠实度评估。一些研究者已经注意到,随着时间的推移,常规治疗或对照情况可能会变得与实验方案模式越来越一致。③ 这时候就需要考虑对实施忠实度评估重新进行设计、重新标定或重新校准,以允许更高的灵敏度。

第二个问题涉及使用用户结果测量来验证忠实度。如果忠实度被认为是检验方案模型有效性的关键中介变量或调节变量,那么这似乎有问题。也就是说,如果我们有一个按照预期方式运行的模型,它会为使用者产生预期的结果吗?例如,海根勒等人在普通临床实践中检验了重复多系统治疗的有效性,发现高依从性治疗的患者疗效更好。④ 如果一个忠实度度量恰当地模拟了一个有效的程序理论,也就是说,如果度量是有效和可靠的,并且适当实施的干预实际上可以产生预期的结果,那么结果可能会随着忠实度的不同而有所变化。这些积极关系的发现可以作为程序理论和忠实度测量的部分验证,所证明的有效性的强度是被评估的程序样本的大小和可变性的函数。然而,在大多数情况下,一个程序(方案)的样

---

① Friesen, B. J., Green, B. L., Kruzich, J. M., Simpson, J., et al. Guidance for program design: Addressing the mental health needs of young children and their families in early childhood education settings [EB/OL]. (2002 - 05 - 23)[2019 - 06 - 24]. http://www.rtc.pdx.edu/pgProjGuidance.php.
② Weisman, A., Nuechterlein, K. H., Goldstein, M. J., & Snyder, K. S. Controllability perceptions and reactions to symptoms of schizophrenia: A within-family comparison of relatives with high and low expressed emotion [J]. *Journal of Abnormal Psychology*, 2000,109(1): 167 - 171.
③ Teague, G. B., Drake, R. E., & Ackerson, T. H. Evaluating use of continuous treatment teams for persons with mental illness and substance abuse [J]. *Psychiatric Services*, 1995,46(7): 689 - 695.
④ Henggeler, S. W., Melton, G. B., Brondino, M. J., Scherer, D. G., & Hanley, J. H. Multisystemic therapy with violent and chronic juvenile offenders and their families: The role of treatment fidelity in successful dissemination [J]. *Journal of Consulting and Clinical Psychology*, 1997,65(5): 821 - 833.

本将不足以达到这些目的。因此,为了验证的目的,似乎应该将示范忠实度的测量与为相同人群服务的其他治疗方案进行比较,并测试其显著差异(单个程序的信息,但从不同的来源获得,如记录、客户或关键线人报告,网站访问认证目的)。

第三,当比较从不同程序单元中获得(例如,一个程序中的客户端,或单个程序中的多个记录)的忠实度评分数据时,存在一个分析水平的问题。大多数试图验证忠实度标准的分析都是通过简单地聚合程序(项目)中的单个数据,并在程序(项目)层级上进行分析,而忽略程序内的可变性来实现的。另一些人则在个体层面上进行分析,将程序层面的变量编码为与程序相关的所有单元的属性,忽略了个体单元并非独立的事实。这两种分析嵌套数据的方法都不是最合适的,但在过去由于分析资源有限,这可能是必要的。然而,随着目前统计软件和方法的普及,[1]这种情况已经不复存在。下一节将进一步讨论分析水平问题。

三、实施忠实度的功能

与传统的监测与评价研究非常关注评估结果有所不同的是,实施忠实度评估更加关注方案的实施过程。然而,一直以来,实施忠实度的监测与评估并没有引起研究者们的关注。之所以出现这种情况,其原因主要有三:假设未被检验,缺乏对实施忠实度的理解,以及缺乏关于收集和使用实施忠实度数据的实践指导。第一,研究者们认为有了方案,实施者们就会按照方案规划进行实施,这导致了研究者们忽视实施忠实度的研究。在实践中,实施者们认为只需要按照"纸上"的方案计划进行实施就好了;换言之,实施者们认为因为他们是完全按照方案指导来实施的,所以实施忠实度必然会高,实施忠实度是不会存在问题的。然而,这个假设并不一定正确,这需要进一步的检验。甚至很多时候这个假设是错误的。[2] 因为,很多时候虽然有方案,但是实施者们并不是完全按照方案来实施的。第二,实施者们不关注实施忠实度对方案有效性的影响。实施忠实度聚焦于关注规划方案

---

[1] Raudenbush, S., & Bryk, A. *Hierarchical linear models*: *Applications and data analysis methods*(2nd ed.)[M]. Thousand Oaks, CA: Sage, 2001.
[2] Ball, C. R., & Christ, T. J. Supporting valid decision making: Uses and misuses of assessment data within the context of RTI[J]. *Psychology in the Schools*, 2002,49(3): 231-244.

与实施方案之间的一致性,而在实践中,实施者们更多是从实施方案出发进行实施,而较少关注到规划方案的情况。第三,即使实施者们关心方案的实施,也理解实施忠实度对方案有效性的影响,但是很多时候,实施者们并不直接参与实施忠实度的评估,因为他们根本不了解该如何评估规划方案与实施方案之间的一致性。制约实施忠实度监测与评估的因素在各个研究领域中都是一样的。除了上述因素之外,制约实施忠实度的监测与评估的因素还包括:缺乏实施忠实度的常识,缺乏收集这些数据的程序指南,缺乏资源,以及缺乏收集这些数据的要求。[1],[2] 上述制约实施忠实度监测与评估的原因分析有利于为后续实施忠实度监测与评估研究提供经验和实践上的指导。但是需要指出的是,随着研究的深入,越来越多的研究者们关注到了实施忠实度研究的意义与功能。在一项干预被提出之后,需要关注的有四个方面的内容:(1)干预是否实施了?(2)干预被实施的程度如何?(3)干预实施的忠实度与结果之间的关系是什么样的?(4)所提出来的干预与以往的实践有什么明显的差别?[3] 其实这四个方面都与实施忠实度有关,前面三个问题直接与实施忠实度相关,第四个问题间接与实施忠实度相关,即干预措施必然会反映实施忠实度的情况。由此可见,实施忠实度评估研究确实非常必要。通过对既往研究的分析可以发现,实施忠实度的评估研究可以从这几个方面来进行整理归纳。

第一,实施忠实度评估有利于确保方案实施的内部效度。方案实施的内部效度是指实施过程是按照已有的构想来实施的情况,这主要体现在方案实施的效力上。对于一个方案而言,要提高内部效度主要有两种常规路径。其一,方案制定好之后进行局部的实验来提升实施忠实度。就课程领域而言,我国自2001年国家义务教育课程设置方案颁布之后,并不是所有地区一窝蜂地参与到方案实施中

---

[1] Cochrane, W. S., & Laux, J. M. A survey investigating school psychologists' measurement of treatment integrity in school-based interventions and their beliefs about its importance [J]. Psychology in the Schools, 2008, 45(6): 499-507.

[2] Hagermoser Sanetti, L. M., & DiGennaro Reed, F. D. Barriers to implementing treatment integrity procedures in school psychology research: Survey of treatment outcome researchers [J]. Assessment for Effective Intervention, 2012, 37(4): 195-202.

[3] Lynch, S. A model for fidelity of implementation in a study of a science curriculum unit: Evaluation based on program theory [Z]. Paper presented at the annual meeting of the National Association for research in Science Teaching, New Orleans, LA, 2007.

来,而是在局部地区先试验,经过试验之后再分析实施过程中有哪些需要注意的方面,据此提升方案在后续正式实施中的有效性,以确保方案的主要内容能够得到有效落实。其二,方案制定的时候需要借鉴之前方案实施过程中的有益经验,提升方案实施的有效性。同样地,以我国课程标准的实施为例。2017年我国颁布了普通高中各门学科的课程标准,然而在课程标准编制之前,专家组分别就之前普通高中课程标准实施中存在的问题提供相应的建议,然后在编制课程标准的时候,充分注意这些标准实施方面的问题,进而据此提出课程标准修订需要注意的内容。上述两种提升方案实施有效性的路径主要是针对方案正式实施之前开展的,而在方案实施过程中的实施忠实度监测与评估研究则是专门针对方案正式实施过程中开展的。实施忠实度评估能够及时有效地反映出方案实施过程中的各种情况,方案实施过程中如果出现与方案内涵和要义不一致的情况,及时提醒实施者,进而确保实施过程能够实现方案的目标。实施忠实度监测与评估在教育研究中之所以非常重要,主要是因为教育研究与纯科学的物理和化学实验不同。物理和化学实验研究可以通过控制一些变量来探查实验过程,如此,可以确保实验过程的高可重复性。然而,在教育研究中,教育政策或者方案实施过程的可重复性是非常低的,因此,实时的方案实施忠实度监测与评估研究的重要性就不言而喻了。也就是说,如果没有记录和/或测量一个项目对预期模式的遵守情况,就没有办法确定不成功的结果是反映了模型的失败还是未能按照预期模式实施。[①] 当然,在教育研究中,由于对实施忠实度的评估和监测与研究做得不够,常常会导致一些政策或者方案没有达到方案预期目标,甚至很多时候想去对这种现象进行归因分析的时候,由于没有相关的实施忠实度数据,归因常常会出现偏差甚至出现错误。在研究中存在一种不正确的观点,即方案实施等同于计划的执行,这就是所谓的第三类错误,也就是说可能会出现这种情况:"研究者们认为实施忠实度会很高,因为方案实施是按照计划来实施的。"然而,由于方案实施具有情境性,现实中方案实施与计划的执行并不完全相同。[②] 正如耶佟及其同事所指出的那样,当了解到一项干预的实施不准确的时候,这就表明数据没有产生效果,并且数据也

---

① Chen, H. *Theory-driven evaluations* [M]. Thousand Oaks, CA: Sage, 1990.
② Dobson, L. D. and Cook, T. J. Avoiding Type III error in program evaluation: results from a field experiment [J]. *Evaluation and Program Planning*, 1980, 3(4): 269-276.

变得没有意义。① 由上述分析可知,开展实施忠实度的监测与评估研究对确保方案内部效度至关重要。

第二,实施忠实度评估有利于对方案作出公平的评价。实施忠实度评估的出发点之一就是要打破传统方案评价中只关注基于实证方法获得的事实,而对价值问题却不予以关注的状况。事实是关于实际情况的客观描述,对应的是"事实如何"的问题,是基于特定变量描述的实际情况,背后的逻辑是基于实证基础来观察事实到底怎么样。基于事实的描述易于操作,有利于揭示事物之间的状况。② 但是,正如实施忠实度所强调的那样,其实在监测与评估中,价值观念是绕不过去的,因为方案监测与评估是在一定的社会背景下进行的,必然有其社会倾向性,同时政策评估者也具有自己的价值观念,这也会嵌入方案监测与评估之中。价值指向的是"要做什么"的问题,抑或是关于追求、实现所要做的事情的"最好手段是什么"等问题。③ 正如有学者所言,政策分析中需要关照和处理各种价值问题,即使是科学活动本身也关涉价值问题。基于此,实施忠实度兼顾了事实与价值,尤其是在系统视域下的实施忠实度监测与评估研究中,评估涉及的事实与价值更加明显,即实施忠实度不仅只是关注事实性的结果,还对实施过程中的忠实度非常关注,同时还关注到了实施忠实度是在一定的社会情境下产生的。正是基于这种思考,奥唐奈认为,一个方案实施之后,应从实施忠实度和实施成效两个方面进行检验,随之而来的检验结果会出现四种情况:(1)高忠实度的实施伴随着好的成效;(2)高忠实度的实施伴随差的成效;(3)低忠实度的实施伴随着好的成效;(4)低忠实度的实施伴随差的成效。④ 只有在高忠实度实施的前提下,研究者们才能依据

---

① Yeaton, W. H. and Sechrest, L. Critical dimensions in the choice and maintenance of successful treatments: strength, integrity and effectiveness [J]. *Journal of Consulting and Clinical Psychology*, 1981,49(2): 156-167.

② 陈玉龙. 基于事实与价值的公共政策评估研究——以农村税费改革政策为例[D]. 杭州:浙江大学博士学位论文,2015.

③ 陈玉龙. 基于事实与价值的公共政策评估研究——以农村税费改革政策为例[D]. 杭州:浙江大学博士学位论文,2015.

④ O'Donnell, C. L. *Fidelity of implementation to instructional strategies as a moderator of curriculum unit effectiveness in a large-scale middle school science quasi-experiment* [D]. Doctoral Dissertation. Washington, DC: The George Washington University, 2007. (UMI No. AAT 3276564)

实施成效对方案本身作出合理的评价,若方案被认为是低忠实度的实施,那么无论实施成效如何,研究者们都无法对方案作出公平的评价。奥唐奈甚至指出,只有在一种情况下,即高忠实度的实施伴随好的实施结果的情况下,才能够对方案作出比较合理的推广。由此可见,一个方案的评价应包括事实评估和价值评估两个方面,并且这两个方面在方案评估中是缺一不可、相互影响的。总而言之,实施忠实度的评估非常重要,它不仅是方案和方案结果的中间变量,而且对它进行评估后才能对方案的价值作出更公平的结论。

第三,实施忠实度监测与评估有利于揭示创新方案效果的原因。随着研究者们对创新的兴趣越来越浓厚,研究人员开始着手解决教育情境中的实施忠实度问题。[1] 在现行的基于标准的教育研究中,实施忠实度的研究显得越来越重要了。为了探究创新对于教育结果的影响,研究者们必须检验干预是不是按照计划实施的。如果在实施过程中没有收集实施忠实度的数据,那就很难确定干预对方案实施结果的影响。随着学生多样性的增加,在教育干预中监测与评估实施忠实度的重要性也越来越大,因为干预的影响可能会因学生群体的不同而不同,而总体结果可能会掩盖群体之间的差异结果。

实施忠实度评估提供了一种记录偏离预期模型的方法,进而揭示模型变化导致的差异。[2] 在一项元分析研究中发现,实施忠实度监测与评估有利于帮助产生有意义的方案结果。[3] 在临床实验研究中也发现,实施忠实度监测与评估能够确保在实验条件下产生与预期相关的结果。[4] 在社会情境中,方案通常被置于其中,如果能够持续监测和评估实施忠实度,便可以提示方案正在实施或者实施到了什

---

[1] O'Donnell, C. L. *Fidelity of implementation to instructional strategies as a moderator of curriculum unit effectiveness in a large-scale middle school science quasi-experiment* [D]. Doctoral Dissertation. Washington, DC: The George Washington University, 2007. (UMI No. AAT 3276564)

[2] Bond, G. R., Becker, D. R., Drake, R. E., & Vogler, K. M. A fidelity scale for the individual placement and support model of supported employment [J]. *Rehabilitation Counseling Bulletin*, 1997, 40(4): 265-284.

[3] Banks, S., McHugo, G. J., Williams, V., Drake, R. E., & Shinn, M. A prospective meta-analytic approach in a multi-site study of homelessness prevention [J]. *New Directions for Evaluation*, 2002, 94: 45-60.

[4] Mills, S. C., & Ragan, T. J. A tool for analyzing implementation fidelity of an Integrated Learning System (ILS). *Educational Technology Research and Development*, 2000, 48(4): 21-41.

么程度。① 在多个试验区同时进行的方案实施研究中,实施忠实度监测与评估有利于确保方案在多个试验区有一致的实施服务,或者至少是能够记录不同站点在实施方案过程中存在的差异,这对于在不同试验区产生的实施结果差异而言也是非常重要的。② 甚至在必要的时候,实施忠实度还可以为排除偏离实验目标太远的试验区的数据提供重要的证据支持。③ 也就是说,当使用有效的实施忠实度监测与评估的时候,实施忠实度确实是能够预测方案实施结果的。然而,研究者们发现,当实施忠实度的关键元素被排除在实施过程之外时,就会产生不理想甚至是与预期相矛盾的结果。④

在政策研究中,实施忠实度对解释政策效果具有重要的影响。昂劳(2001)在其研究中指出,对政策方案的实施忠实度进行监测与评估非常重要。⑤ 如果没有实施忠实度的监测与评估,那么在总结和归纳一个创新政策方案在实施过程中到底该如何实施的时候,可能无法提供较好的依据来指导方案究竟应该如何实施,很有可能会出现新政策还是采用传统方法来实施。因此,忠实度监测与评估可用于指导按计划实施方案模型,或用于监测方案以确保方案质量。⑥ 开展实施忠实度的研究有利于揭示方案实施中的效果。

第四,实施忠实度监测与评估研究有利于辅助方案制定者、实施者和评估者更好地理解方案,提升方案的实施质量。传统方案监测与评估的目标在于得出量化的评估结果,而对于结果的其他方面缺少关注。实施忠实度监测与评估聚焦于

---

① Bond, G. R., Williams, J., Evans, L., et al. *PN-44-psychiatric rehabilitation fidelity toolkit* [R]. Cambridge, MA: Human Services Research Institute, 2000.
② Paulson, R. I., Post, R. L., Herinckx, H. A., & Risser, P. Beyond components: Using fidelity scales to measure and assure choice in program implementation and quality assurance [J]. *Community Mental Health Journal*, 2002, 38(2): 119-128.
③ Teague, G. B., Drake, R. E., & Ackerson, T. H. Evaluating use of continuous treatment teams for persons with mental illness and substance abuse [J]. *Psychiatric Services*, 1995, 46(7): 689-695.
④ Bond, G. R., Evans, L., Salyers, M. P., Williams, J., & Kim, H. W. Measurement of fidelity in psychiatric rehabilitation [J]. *Mental Health Services Research*, 2000, 2(2): 75-87.
⑤ Unrau, Y. A. Using client exit interviews to illuminate outcomes in program logic models: A case example [J]. *Evaluation and Program Planning*, 2001, 24(4): 353-361.
⑥ Bond, G. R., Williams, J., Evans, L., et al. *PN-44-psychiatric rehabilitation fidelity toolkit* [R]. Cambridge, MA: Human Services Research Institute, 2000.

运用协商的结果来反思和指导政策制定和实施，以便让政策能够更好地与利益相关者、社会发展以及当前政治意识形态状况相符合。也就是说，这时候的方案评估结果不仅仅是方案评估的落脚点，而是方案适应社会的一个新的出发点。方案监测与评估的结果指向为方案制定、实施、调整提供了改进和完善的依据，促进现实生活中与方案有关的现实问题的解决。实施忠实度政策监测与评估结果均是指向现实政策问题的解决和完善，而不是一个简单的结果描述，这对于提高方案实施质量而言是非常重要的。

在实施忠实度监测与评估研究中主要涉及方案制定者、实施者和监测与评估者。实施忠实度的监测与评估对于完善方案而言，可以通过这三方主要利益相关者的影响而表征出来。对于方案制定者而言，方案并不是一蹴而就的，需要通过多方讨论和论证，同时也需要经过实验已确定方案是不是适合在当前情境下进行实施，在实验或者实施过程中，方案制定者可以通过对实施忠实度的分析，进而对方案作出合理的修正，提高方案的适应性。而对于方案实施者而言，可以通过实施忠实度的情况反馈，明确在实施过程中需要注意哪些方面的关键问题和节点，同时也能够为后续的实施总结相应的经验，以便方案实施者在实施过程中少走弯路，确保实施方向的正确性和实施路径的科学性。同时对于实施忠实度监测与评估人员而言，通过对实施忠实度的监测与评估有利于更加深入地理解实施忠实度的内涵，进而确保在修正实施忠实度监测与评估指标时能够更加具有针对性，从而提升实施忠实度监测与评估的质量。

由上述分析可知，实施忠实度监测与评估研究能够解决传统方案监测与评估过程中的很多问题，比如，对于确保内部效度、提升评估公平性、提升方案结果归因质量以及提升方案质量等方面都有重要的影响。因此，开展实施忠实度监测与评估研究就显得非常有必要了。

四、基于实施忠实度开展课程政策监测与评估的意义

课程政策监测与评估不仅仅是对课程政策效果、效率的评价，还是一个对其价值进行综合判断的行为，也是课程政策实施过程中的一个重要环节，其伴随着课程政策实践而产生。课程政策的过程问题是课程政策研究中的基本问题，过程

属性是课程政策最基本的规定性。对课程政策进行监测与评估的最终目的是为国家课程决策提供依据,为不同层面的课程政策主体的课程实践提供相应的行动指南。下面将通过对课程政策监测与评估的传统做法及其批判,提出课程政策监测与评估的"实施忠实度"视角的必要性。

(一) 实施忠实度评估促进课程政策监测与评估目标由关注结果走向聚焦解释

关于课程政策监测与评估研究的目标是什么,国内外有不少这样的研究。这能够为我们了解课程政策监测与评估提供重要的知识基础。课程政策主要聚焦于课程方案、课程标准以及教材政策上面,这三个方面均呈现出评价目标由关注结果走向聚焦解释。在课程方案的监测上,最经典的就是目标模式。该模式认为,课程评估的实质是判定课程与教学评估在多大程度上实际上实现了教育目标的过程。评价是判定个体行为实际发生变化程度的过程。[①] 一个恰当的评价应该至少包括两次:一次是在课程计划实施的早期进行;另一次则在后期进行,以便测量在这一阶段的变化。由此可见,这种评估方法聚焦于评估课程方案目标在教育教学过程中的实现程度。此时的课程方案评价还是聚焦在项目验证的阶段,并没有考虑到课程方案目标的合理性、课程方案对整个社会的影响及其反映出来的意识形态内容。后来 1973 年发表了《方案的评估:特别是回应性评价》(Program Evaluation: Particularly Responsive Evaluation)一文,该文首次提出了基于回应性评价的方案评估,该模式提出评估者要通过大量使用正规的评估方法或学校中所发生的事情的资料——除了目标是否实现的资料外,还包括其他资料,比如计划课程与实际课程之间的一致性,课程方案实施的影响因素等。虽然这种模式开始关注到方案实施的影响因素,但是,这种模式还是继承了泰勒关于评价就是确定目标实现程度的理解。因此,这种模式虽然开始关注目标模式的不足,同时也关注到相应的影响因素,但是并没有将课程方案放到更大的社会层面进行分析。

在课程标准的监测与评估上,1993 年,美国学者诺曼·韦伯(N. L. Webb, 1993)对课程标准与学生成就之间的一致性做了系列研究,在其研究中主要考察

---

① Tyler, R. W. *Basic principles of curriculum and instruction* [M]. Chicago, Illinois: The University of Chicago Press, 1949: 105-106.

知识和技能两大维度上课程标准与学业评价之间的一致性。为了能便于比较,韦伯主要从知识种类、知识深度、知识广度、知识分布平衡性等维度来建构分析框架,通过分析最后得出一致性的系数。另外,1999年,美国威斯康星大学麦迪逊分校教育研究中心的安迪·波特(A. Porter)在美国国家科学发展基金会(NSF)和威斯康星州合作项目的资助下,以韦伯模式为基础,研制学业评价与课程标准一致性水平分析方法,这种方法包括以下几个方面的内容:确定描述学习内容主题和认知要求的同一语言即"描述符"(descriptor);描述学习内容主题与认知要求在教学实施中的表现水平;最后就是进行一致性分析。其实在这一过程中也主要是聚焦于描述课程标准与学业成绩之间的一致性。在课程标准与学生成就之间的一致性分析中,还有一个成就分析模式比较有影响,该模式也是聚焦于一致性分析。但是随着研究的深入,课程标准与学习评价之间的一致性分析中出现了一些质性的描述,这些仅仅指向课程标准的适应性,而不是课程标准与评价之间的一致性。然而,随着人们认知水平的逐渐提升,人们逐渐认识到仅仅通过量化的一致性分析并不能完全说明课程标准对不同人群的适应性,也不能说明这种一致性分析是否符合当前社会的发展趋势。

教材及其相关政策是国家课程政策体系的重要构成部分,教材政策也是落实国家意志的重要路径,还是国家或者政府管理和规范教材的重要载体。然而,目前关于教材政策的监测与评估主要聚焦于回答教材质量如何的问题。比如,侯前伟和张增田开发的教科书通用评价系统 CIR-FS,[1]李西营、马志颖和申继亮开发的中学科学教科书中科学探究评价指标体系等。[2] 这些研究指向的均是教科书本身的质量问题,对于教科书在教育教学实践中的应用情况还缺乏关注,更鲜见有研究者将教材及其相关政策作为一个社会系统进行分析的。

然而,实施忠实度的监测与评估中,尤其是系统视域下的实施忠实度研究,非常关注将实施忠实度放到整个社会大背景中进行分析,并且分析调节实施忠实度对结果影响的变量。据此,实施忠实度视角下的课程政策监测与评估研究能够避

---

[1] 侯前伟,张增田.教科书通用评价系统 CIR-FS 的研制与评估[J].全球教育展望,2019,48(11):71—95.
[2] 李西营,马志颖,申继亮.中学科学教科书中科学探究评价指标体系的构建[J].课程·教材·教法,2019,39(10):124—130.

免之前课程政策监测与评估研究只关注结果的不足,而是在更加广阔的视域下开展课程政策的监测与评估研究,解释课程政策如何在系统中更好地实施,以促进社会系统的发展等,即促进课程政策监测与评估研究目标由关注政策结果走向解释。综上所述,在今后的研究中,需要更加关注课程政策监测与评估的解释性功能,而不仅仅是结果的呈现。

(二) 实施忠实度评估促进课程政策监测与评估证据来源走向科学化

有研究者曾指出,"课程研究的核心问题是我们的理念和愿望与我们试图运作它们之间存在的差距"[1],这种差距的缩小既需对课程政策设计加以关注,也需对课程政策实施加以分析。而以往的监测与评估研究更多的是关注课程政策的"应然"设计如基础性问题研究、课程政策价值研究、权力与利益关系研究及国别研究等,缺乏对课程政策的"实然"分析如实施研究,这导致课程政策监测与评估暴露出重理论轻实践、重(应然)价值轻(实然)事实等缺点。而实施本就作为课程政策关键落地,对其实施忠实度的研究能够体现并改进政策设计与实施差距,完善课程监测与评估研究缺失的一环并促进其走向科学化,这主要体现在课程政策监测与评估的评估主体(评估者)专业化、评估程序规范化及评估方法科学化。

第一,实施忠实度视角下关注课程政策监测与评估主体的专业化。课程监测与评估的主体大都来自教育行政部门,作为政策制定者,他们对课程政策具有极为敏感的政治考量,却缺少监测与评估的专业知识与专业技能。这导致他们在进行评估时,更多的是基于经验的认知改进而非专业的研究与应用。然而个体的经验具有局限性,基于个人经验与标准难以处理实施过程中纷繁复杂的现象,影响监测与评估的有效性与科学性。实施忠实度强调通过由专业人员来开展课程政策的监测与评估,这样可以更好地确保国家育人目标的落实。当然,这种专业人员并不是某一个人员或者群体,而应该是结合从事本领域理论和实践研究的人员代表,以确保课程政策监测与评估的专业性。

第二,实施忠实度关注课程政策监测与评估内容的完备性。课程政策监测与评估研究中缺乏对政策实施研究,已有的实施研究聚焦事实结果而非实施过程,

---

[1] Stenhouse, L. *An Introduction to Curriculum Research and Development* [M]. London: Heinemann Educational, 1975.

对课程政策实施的价值判断更是缺乏。价值（或基于价值基础的规范陈述）是关于"要做什么"的问题，或关于追求实现所要做的事情"最好（或最有效率）的手段是什么"之类基于经验基础上的问题①。政策评估的一个主要特征是"价值焦点"（value focus），这多体现在课程政策制定阶段，对于实施中的价值问题鲜有提及。事实（或实际情况的客观描述）是关于"事实如何"的问题，是实际情况在特殊变量映照下的客观揭示，追寻基于实证基础的"事实如何（实际产生了什么效果）"的问题。但在课程政策实施评估中，以实证方法获取的事实结果占据主导地位，结果的片面性难以代替完整的事实过程，对实施价值和实施事实过程的忽略影响课程政策监测与评估结果。而实施忠实度兼顾了事实与价值，尤其是在系统视域下的实施忠实度监测与评估研究中，评估涉及的事实与价值更加明显，且结合一定的社会情境下产生的实施忠实度，能促进课程政策监测与评估走向科学。

第三，实施忠实度视角下关注课程政策监测与评估方法的科学性。我国课程政策监测与评估制度强制性法规的缺失可能导致课程政策的监测与评估流于形式。保障性制度法规能加强评估工作的规范性，许多发达国家制定相关法律法规以明确教育政策评估的合法地位并对评估的职能机构、人员、预算及操作系统等具体内容进行规定，这有助于课程政策评估主体专业发展并提出建设性意见，保障课程政策评估科学性。此外，保障性制度能促进评估良好运行，如通过法律法规形式确保评估资金、资源按时按要求到位，对这些资源合理运用及有效管理进行规定，能避免课程政策监测与评估中资源短缺或浪费。课程政策评估实施通常是通过搜集各种公开的文献资料、访谈政策过程的当事人和相关利益者、观察课程过程等途径获得，该过程缺少实施细则，过程表现较为随机与随意，课程政策实施中的复杂问题难以被监测与评估。与目标导向的课程政策评估不同，实施忠实度评估关注政策方案实施如何及效果如何等问题，因此需要促进监测与评估的实施细则的落地及相关法律法规的制定。在专业政策分析实践中，以经济学为主导的分析评估方式占据主导地位，如经济计量学中的成本-收益分析、数学归纳法及多元回归分析等方法，政策分析学著名学者奎德、邓恩就频繁使用量化分析工具。

---

① 弗兰克·费西尔.政策辩论中的实用论述（上）[J].钱再见，译.北京：中国行政管理，2002(6)：41—43.

但仅使用量化方法只能对政策结果进行分析,具有局限性,难以全面把握政策实施过程中出现的问题和收获,而实施忠实度评估方法强调多元方法的整合,关注到质性方法也能结合量化方法,二者并驾齐驱能避免量化结果的片面,实现全面、科学的监测与评估。

(三) 实施忠实度评估促进课程政策监测与评估程序走向民主化

课程政策作为一种公共政策,反映的是公共意志、满足社会需要的公共理性和公意选择,是规范、引导社会公众和社群的行为准则或行动规范。公共政策以公众利益为根本,在政策制定与执行过程中,必然要反映民意,以争取民众广泛支持为立足点,即公共政策以民主为根本目标和内容。民主价值观在公共政策中主要体现为"公共性",具体可细分为"公众性""合法性"及"公开性"。"公众性"指的是公众具有对公众政策及其他重大公共事务的话语权、知情权、参与权和监督权,存在公众有效决策参与通道和决策选择机制;"合法性"指的是政策公众接受度要高,有实际作用,且必须从形式到内容都合法;"公开性"指的是在公共空间内公众依据特定标准或自我理性而非个人偏好对公共政策或事务的公共关注与公开讨论。公共政策中民主价值更多地体现在政策制定时的旁听措施、执行前后的听证举措等,有关公共政策监测与评估中如何实现其民主价值的研究及实现途径却较少。而实施忠实度评估主要通过促进课程政策监测与评估中的"公众性"和"公开性"以促进其民主化。

实施忠实度评估方法不再仅关注决策者,而是关注政策利益相关者的切身利益,关注公众参与课程政策监测与评估。美国公共行政学者罗森布鲁姆在《公共行政学:管理、政治、法律的途径》一书中分别从管理、政治和法律角度探讨公共政策评估目的。从政治角度出发,他提出代表性作为衡量标准之一,强调公众在公共政策过程中的参与;从法律角度出发,政策评估则强调平等保障、程序正义和相关公众的权益。与之公共参与观点一样,从政策过程评估的角度,斯图亚特·内格尔提出 Participation(公众参与度)、Predictive(可预见性)、Procedural Fairness(程序公正性)作为政策评估标准。① 因此,课程政策的监测与评估应确立一种公众立场,促使公众(尤其是政策利益相关者)参与评估体系,从而保障监测与评估

---

① 陈振明.政策科学——公共政策分析导论[M].北京:中国人民大学出版社,2003.

的公正与民主。

传统课程政策监测与评估的主体主要包括课程政策制定者(行政部门和立法机关)、课程政策执行者(各级教育行政部门、学校教师与学生)、课程政策研究机构(高校、专业机构)、社会团体或社会群体等,其中行政部门、立法机关及各级教育部门占据评估主导地位。而实施忠实度评估关注政策实施参与者,将其更多地纳入为评估主体,且对评估主体提出专业性的要求,使得第三方评估主体如高校或机构专业人员作为评估主体,打破了课程政策监测与评估中评估主体的垄断现象。且实施忠实度评估中处于弱势地位的利益相关者的介入,有助于理解和认识课程政策监测与评估中的问题,养成政策利益相关者的参与意识,促进其打破"黑箱"从而成为理性运作过程,有助于创设建立以逻辑化和理性化支撑的开放的公共讨论空间。

实施忠实度视角下,课程政策监测与评估主要通过信息公开和实施空间公开而得以实现。课程政策忠实度评估要求课程政策细则及实施框架等公开,这是政策利益相关者参与监测与评估的前提条件。在以往的评估中,信息失衡会使得实施成为"黑箱",从而导致即使公众参与评估,政策评估仍旧浮于表面,不能切中肯綮,无法发现真正的问题或提出建设性意见。评估主体(尤其是实施参与者)获得的信息量不足,将使政策实施参与者和政策执行者处于不平等的地位,直接影响政策评估的结果,不能促进其公正性与民主性。而忠实度评估的内容要求信息公开,有助于公众了解政策和政策评估标准,减少盲目参与的可能,激发利益相关者的参与热情,使得更多利益相关者参与课程监测与评估。另一方面,忠实度评估实际是开放实施空间这一"黑箱",补全原先除参与课程政策制定评估或政策实施后结果评估外的实施过程评估,使得公众能实现全过程参与政策评估。这种实施空间的公开,实质上是给公众提供过程监督权,能在过程中监督政策实施行为,及时由处于弱势地位的利益相关者提出意见,约束政策制定者作为评估主体时的自利行为,真实客观反映实施现状与问题,更好地表达公共意志和维护公共利益。

(四) 实施忠实度评估促进课程政策监测与评估结果归因由经验走向基于证据

实施忠实度视角下的课程政策监测与评估研究促进政策结果归因由经验走向基于证据。传统课程政策在结果归因时,大多是基于个人的经验作出一个大致判断,但是实施忠实度视角下的课程政策监测与评估研究强调结果判断基于证据。以实施忠实度与学生学业成绩关系的研究为例,有研究者分析了实施忠实度的差异如何影响底特律公立学校中主要是非裔美国学生的科学成就。多元回归分析结果显示,在前测和后测中,高忠实度班级的学生比低忠实度班级的学生取得了更高的成绩。此外,对第一单元的高投入程度对学生在后续单元的成绩有累积、持久的影响。还有研究也得出了类似的结论,在一项干预措施的实施忠实度的研究中,该干预措施包括针对教师和学生的课程材料,旨在促进基于项目的科学教师的专业发展。实施忠实度是通过5个因素来衡量的:(1)与课程的一致性;(2)科学内容的准确性;(3)内容的情境化;(4)意义的实践;(5)教室管理和课堂节奏。结果显示,在5个因素中,有4个与学生获得分数呈正相关,其中教室管理与教学节奏与学生成绩的相关性最强。上述例子说明,倘若课程在实践中很难被忠实地实施,即说明可行性较低,这给予了课程设计者重要的反馈。[①] 同时也表明,实施忠实度视角下的课程政策监测与评估研究走向了一条基于证据的新思路。

---

① Lee, O., Penfield, R., & Maerten-Rivera, J. Effects of fidelity of implementation on science achievement gains among English language learners [J]. *Journal of Research in Science Teaching*, 2009, 46(7): 836–859.

第四章
实施忠实度的发展历史与理论模型

一、实施忠实度的发展历史

对于实施忠实度的研究主要有两个重要起源：健康研究和传播研究。下文将对这两种起源展开论述。

（一）实施忠实度在健康研究领域的发展历史

在心理健康服务领域，测量方案忠实度逐渐变成了一个标准化的要求，[1]并且其他领域也在开展实施忠实度的相关研究，比如司法犯罪、教育和医学等。[2][3][4]尽管如此，关于实施忠实度的系统化理论和研究还没有出现。[5]

实施忠实度研究是一门年轻的学科，但是教育领域的相关研究已经受益于早期实施忠实度研究人员的努力。根据邦德等研究者的观点，实施忠实度的相关研究起源于 20 世纪 60 年代的精神病学研究，主要是出自对"厘清方法论和解释问

---

[1] Henggeler, S. W., Pickrel, S. G., & Brondino, M. J. Multisystemic treatment of substance-abusing and -dependent delinquents: Outcomes, treatment fidelity, and transportability [J]. *Mental Health Services Research*, 1999, 1(3): 171 – 184.

[2] Leithwood, K. A., & Montgomery, D. J. Evaluating program implementation [J]. *Evaluation Review*, 1980, 4(2): 193 – 214.

[3] Rezmovic, E. L. Assessing treatment implementation amid the slings and arrows of reality [J]. *Evaluation Review*, 1984, 8(2): 187 – 204.

[4] Schreier, M. A., & Rezmovic, E. L. Measuring the degree of program implementation: A methodological review [J]. *Evaluation Review*, 1983, 7(5): 599 – 633.

[5] Bond, G. R., Evans, L., Salyers, M. P., Williams, J., & Kim, H. W. Measurement of fidelity in psychiatric rehabilitation [J]. *Mental Health Services Research*, 2000, 2(2): 75 – 87.

题"的兴趣。① 早期的心理治疗研究很少甚至没有文献会涉及治疗模型如何按照期望的目的进行实施。正因如此,这就使得重复验证变得非常困难。为此,艾森克对在实施中确保心理治疗模型忠实度提出了质疑。② 研究表明,随着时间的推移,在实际中,方案实施者并没有按照预期意图来实施,而是修改了其中的组成部分以满足他们自己的需求。③ 邦德认为,实施忠实度的测量"加速了心理治疗研究的成熟,主要表现为:使标准化治疗成为可能,同时关注提供方法来记录不同的治疗方式之间的差异"。研究的重点逐渐转移到与研究问题相关的对方案模型的遵循程度上,比如治疗的完整性、治疗差异,最终形成了这样一种研究热潮,即什么样的实施因素最能够影响治疗效果。④

在心理治疗领域,已经证明更应该关注方案测评的重要性而不应聚焦于个人的研究领域。具体而言,对于一个方案而言,方案实施者是"创新的被动接受者,而不是新思想的主动修改者",因此,对于方案而言,应该将重心放在深度考察怎么样修改计划方案模型从而改善预期结果。⑤ 柏曼和麦克劳林的报告考察了联邦政府支持的教育方案是如何被实施的,同时指出了教育领域面临着与健康领域相同的实施问题。⑥ 这些研究都发现,没有一个教育方案的实施是不受其他因素影响的,同时也指出,方案实施的忠实度是存在缺陷的。⑦ 教育研究中充分考虑了健康领域中的经验和教训,并且通过后续研究来提升实施忠实度。霍尔和劳克斯通

---

① Bond, G. R., Evans, L., Salyers, M. P., Williams, J., & Kim, H. W. Measurement of fidelity in psychiatric rehabilitation [J]. *Mental Health Services Research*, 2000,2(2): 75-87.
② Eysenck, H. The effects of psychotherapy, an evaluation [J]. *Journal of Consulting Psychology*, 1952,16(5): 319-324.
③ Berman, P., & McLaughlin, M. W. Implementation of educational innovation [J]. *The Educational Forum*, 1976,40(3): 345-370.
④ Bond, G. R., Evans, L., Salyers, M. P., Williams, J., & Kim, H. W. Measurement of fidelity in psychiatric rehabilitation [J]. *Mental Health Services Research*, 2000,2(2): 75-87.
⑤ O'Donnell, C. L. Defining, conceptualizing, and measuring fidelity of implementation and its relationship to outcomes in K-12 curriculum intervention research [J]. *Review of Educational Research*, 2008,78(1): 33-84.
⑥ Berman, P., & McLaughlin, M. W. Implementation of educational innovation [J]. *The Educational Forum*, 1976,40(3): 345-370.
⑦ Dusenbury, L., Brannigan, R., Falco, M., & Hansen, W. B. A review of research on fidelity of implementation: Implications for drug abuse prevention in school settings [J]. *Health Education Research*, 2003,18(2): 237-256.

过挑战"使用教育创新是发生在治疗情境下而不是非治疗情境下"来促进实施忠实度研究的深入。① 他们的研究发现,实施忠实度可以有不同的"使用水平"或者实施质量,并且他们通过探索分析,谨慎地提出使用水平和预期结果之间可能存在联系的建议。

尽管在20世纪60年代至80年代,研究者们对开发工具来测量实施忠诚度越来越感兴趣,但是有研究表明,关于实施忠实度的研究并没有引起足够的重视。蒙克莱和普林茨的报告指出,在1980—1988年,有55%的心理治疗研究没有涉及忠实度测量。② 除此之外,戴恩和施耐德进行的一项开创性研究表明,1980—1994年间发表的162项行为、社会和学术干预方案研究中,只有39份报告了忠实度的相关信息。③

尽管在心理健康和教育领域实施忠实度的研究没有被系统地运用,但是研究者们的兴趣却是在日趋增长。最好的证明就是,公共和私人资助机构越来越重视教育研究中的实施忠实度,④同时,在开发实施忠实度模型或者实践方面取得了长足进展。⑤ 此外,研究者们也在持续改进忠实度的相关测量研究。

(二) 实施忠实度在传播学领域的发展历程

在传播学领域,实施忠实度研究也经历了与心理治疗研究领域相似的历程。其实,实施忠实度是创新扩散理论(Diffusion of innovation theory)中较少提及的内容之一。创新扩散理论提供了一种将想法付诸实践过程的方法论理论。⑥ 这一理论已经被运用于教育、心理学和公共卫生等领域。在创新扩散理论的早期研究主

---

① Hall, G. E., & Loucks, S. F. A developmental model for determining whether the treatment is actually implemented [J]. *American Educational Research Journal*, 1977,14(3):263-276.

② Moncher, F. J., & Prinz, R. J. Treatment fidelity in outcome studies [J]. *Clinical Psychology Review*, 1991,11(3):247-266.

③ Dane, A. V., & Schneider, B. H. Program integrity in primary and early secondary prevention: Are implementation effects out of control? [J] *Clinical Psychology Review*, 1998,18(1):23-45.

④ Hulleman, C. S., & Cordray, D. S. Moving from the lab to the field: The role of fidelity and achieved relative intervention strength [J]. *Journal of Research on Educational Effectiveness*, 2009,2(1):88-110.

⑤ Century, J., Cassata, A., Freeman, C., & Rudnick, M. *Measuring implementation, spread and sustainability of educational innovations: Innovating for coordinated collaborative research* [C]. Paper presented at the annual meeting of the American Educational Research Association, Vancouver, British Columbia, Canada, 2012.

⑥ Rogers, E. M. *Diffusion of innovations* [M]. New York: Free Press, 1995.

要聚焦于项目采用。在20世纪六七十年代,研究-发展-扩散(research-development-diffusion)理论模型被政策制定者们广泛使用。这一模型受到太空计划(space program)的影响,非常关注对示范项目进行严格的评价和检验。该模型的一个基本假设是顾客能够评估这些评估研究的结果,并且根据这些研究结果来决定在什么阶段创新。在这个模型中,顾客在很大程度上被认为是被动的,并且期望项目能够根据项目开发者的意图来实施。[1]

从20世纪70年代开始,创新扩散模型理论的假设受到了质疑。[2,3]这些学者认为,每个组织的各种特征对于方案是否能够被采纳以及方案是否能够被忠实地实施均具有非常重要的影响。

在早期的实施忠实度研究中,兰德公司的教育创新实施报告分析了支持教育创新的联邦方案。[4] 这份研究报告评估了美国全国范围内传播实施教育创新的情况,并且发现实践中不存在防教师的方案(teacher-proof programs,指外部专家清晰地界定方案所欲达到的目标,并使达到目标所需的方案材料精致化、步骤程序化和操作化,进而保证一线教师按照预设的材料和步骤实现作为方案设计者的外部专家的意图)或者"纯技术"的方案。这一研究的主要结论是:学校在实施课程项目时缺乏忠实度。

兰德报告(Rand report)观察到了创新教育项目的三种实施方式:其一,采纳,在不改变原有组织行为的前提下补充或者采纳项目(cooptation);其二,相互适应,即根据组织的变革方案同时作出适应性的变化(mutual adaptation);其三,不实施也不采用,即组织和项目都不发生变化(non-implementation and non-adoption)。

高质量的实施在实践中基本不存在。兰德报告中揭示了相互适应的方案比补充或者采纳计划更有效。只有在相互适应的情况下,组织行为才能够发生变化。

---

[1] Rogers, E. M. *Diffusion of innovations* [M]. New York: Free Press, 1995.
[2] Berman, P., & McLaughlin, M. W. Implementation of educational innovation [J]. *The Educational Forum*, 1976, 40(3): 345-370.
[3] Fullan, M., & Pomfret, A. Research on curriculum and instruction implementation [J]. *Review of Educational Research*, 1977, 47(2): 335-397.
[4] Berman, P., & McLaughlin, M. W. Implementation of educational innovation [J]. *The Educational Forum*, 1976, 40(3): 345-370.

批评者们提出的一些问题,增加了人们对兰德报告结论的质疑。比如,兰德报告中的方案研究更多是一种一般性的政策变化,而不是具体详细的课程。① 除此之外,布莱克利及其同事指出兰德报告中使用的工具指向的是相互适应或者再创造而不是忠实度;特别需要注意的是,用来测量实施的工具实际上被用来评估"项目达到其自身目标的程度,每一个项目是不一样的;它们实际上并没有真正评估忠实度成分"。② 最后,这些测量使用者的是自我报告,并且在全球都是这样。③ 尽管如此,对兰德报告的研究被认为是对创新传播中忠实度的第一次系统审视。

在与兰德报告研究相同的时间里,罗杰斯和他的同事指出实施者会重新使用或者变革创新以满足他们自己的需求和获取归属感。作为这个时代的一个研究结果,经典的研究-发展-扩散模型被修正为更为积极的扩散过程。④ 理论模型重构的结果是导致了公共政策传播方法的改变。比如,各种新的实践变得司空见惯;这些活动包括专门的会议,让潜在的利益相关者参与到方案实施中,指定专业人员支持特定领域的变革和对开发人员进行培训。这些活动旨在提高对新方案的认识和熟悉程度,进而提高实施的忠实度。

20世纪80年代后期,关于实施忠实度的观点被分为了两派:一种观点主张严格遵循程序方法和目的(the pro-fidelity camp);⑤另一种观点相对比较温和,支持在剧烈变革之外的创造和适应(the adaptation camp)。⑥ 立场更为温和的观点

---

① Datta, L. E. Damn the experts and full speed ahead: An examination of the study of federal programs supporting educational change, as evidence against directed development for local problem-solving [J]. *Evaluation Review*, 1981,5(1): 5-32.
② Blakely, C. H., Mayer, J. P., Gottschalk, R. G., Schmitt, N., Davidson, W., Roitman, D. B., & Emshoff, J. G. The fidelity-adaptation debate: Implications for the implementation of public sector social programs [J]. *American Journal of Community Psychology*, 1987,15(3): 253-268.
③ Fullan, M., & Pomfret, A. Research on curriculum and instruction implementation [J]. *Review of Educational Research*, 1977,47(2): 335-397.
④ Blakely, C. H., Mayer, J. P., Gottschalk, R. G., Schmitt, N., Davidson, W., Roitman, D. B., & Emshoff, J. G. The fidelity-adaptation debate: Implications for the implementation of public sector social programs [J]. *American Journal of Community Psychology*, 1987,15(3): 253-268.
⑤ Boruch, R. R., & Gomez, H. Sensitivity, bias, and theory in impact evaluation [J]. *Professional Psychology*, 1977,8(4): 411-433.
⑥ Hall, G. E., & Loucks, S. F. A developmental model for determining whether the treatment is actually implemented [J]. *American Educational Research Journal*, 1977,14: 263-276.

认为,需要站在个人需求的基础上修改方案,方案被采纳、实施、制度化,并产生积极的结果。①

以上对心理健康和传播学领域中实施忠实度的发展历程进行了回顾,需要指出的是,实施忠实度的理论模型研究主要经历了这几个过程。

二、要素视角下的实施忠实度

通过文献分析发现,加拿大学者戴恩和施耐德建构的课程实施监测的五维度路径(Five Dimensions Approach)模型既包括课程方案的监测,也有对课堂教学质量的评估。② 这一模型对于建构本土化的国家课程实施模型具有重要的参考价值。五维度路径模型最先由戴恩和施耐德归纳得出,后经珊特瑞(J. Century)、鲁德尼克(M. Rudnick)、弗里曼(C. Freeman)等学者进一步完善,③最终形成了评估课程实施忠实度的五维度模型。该模型的具体内容如下。

一是遵循程度(adherence),即特定活动或方法的实施与课程方案设计的一致性程度,通常是以话题覆盖度来衡量。

二是外显指标(exposure),往往以课程实施的次数、教学时间或频繁程度等为指标。具体而言,是指参与者接受的干预的量,换句话说,干预的频率和持续时间是否如其设计者所规定的那样充分。例如,可能不是干预的所有内容都得到了实施,或者实施的频率低于要求。覆盖面也可包括在这一要素之下,即是否所有应当参与或接受干预利益的人实际上都这样做。

三是课程传递的质量(quality of program delivery),是指课程方案实施质量的评估,即实施者对课程内容的教学与方案规定的接近程度,由于这一定义比较宽泛,后来被修订为教师教学质量,被定义为"教师、志愿者或工作人员交付方案的

---

① Berman, P., & McLaughlin, M. W. Implementation of educational innovation [J]. *The Educational Forum*, 1976,40(3): 345 - 370.
② Dane, A. V., & Schneider, B. H. Program integrity in primary and early secondary prevention: Are implementation effects out of control? [J]. *Clinical Psychology Review*, 1998,18(1): 23 - 45.
③ Century, J., Rudnick, M., & Freeman, C. A framework for measuring fidelity of implementation: A foundation for shared language and accumulation of knowledge [J]. *American Journal of Evaluation*, 2010,31(2): 199 - 218.

方式"。然而,交付质量可能是一个比这一句描述更模糊的因素。对此的评估可能需要使用一个基准(benchmark),在干预的设计者所规定的范围内或范围之外;这种忠实性的要素可能涉及使用"方案规定的技术……"提供干预,或应用程序外的基准,即"提供者在交付方案内容方面接近理论理想的程度"。如果存在这样一个明确的基准,那么,交付质量、依从性和剂量,都可以作为评估实施忠实度所要求的三个独立的方面。然而,它也可能被视为干预与实施干预的忠实性之间关系的调节者。这方面(调节关系)迄今为止没有相关文献。例如,干预可以交付但交付不恰当;反过来,干预所实现的忠实程度可能受到不利影响。

四是参与者响应度(participant responsiveness),即在某段时间内,参与者对课程方案的反应,这包括参与者的课程参与水平及其对课程的兴趣程度,主要通过学生报告来实现。测量参与者对干预的反应程度,或参与干预的程度。它涉及参与者或接受者对干预结果和相关性的判断。从这个意义上说,评价文献中所谓的"反应评价"可被认为是对干预的任何评价的重要组成部分。

五是课程分化(program differentiation),即对课程关键成分的分析,以确保包含有效成分,排除不必要甚至有害的成分。被定义为"确定不同组成部分或方案的独特特征",并确定"方案的哪些要素是必不可少的",没有这些要素,方案就不会产生预期的效果。[1] 尽管被文献视为实现忠实度的一个因素,但是课程分化实际上衡量的是不同于忠实度的东西。它关心的是确定那些对其成功至关重要的因素。这项工作是评价新干预措施的重要组成部分。它能够发现那些对结果产生影响的元素,以及某些元素是否多余。这种所谓的"基本"要素可以通过调查干预措施的设计者,或者通过"成分分析",评估干预措施对结果的影响,并确定哪些成分影响最大来发现。[2] 因此,将这一要素称为"确定一项干预措施的基本组成部分"更为有益。这一过程也可能对实施忠诚度产生影响;例如,如果这些重要组成部分是最难以实施的,那么这就可以解释为什么干预不够成功。

---

[1] Dusenbury, L., Brannigan, R., Falco, M., & Hansen, W. B. A review of research on fidelity of implementation: Implications for drug abuse prevention in school settings [J]. *Health Education Research*, 2003, 18(2): 237–256.

[2] Hermens, R., Hak, E., Hulscher, M., Braspenning, J., & Grol, R. Adherence to guidelines on cervical cancer screening in general practice: programme elements of successful implementation [J]. *British Journal of General Practice*, 2001, 51(472): 897–903.

后来该模型被杜森伯里及其同事运用于监测健康教育课程的实施情况。① 那么在评价一个方案实施忠实度的时候是不是需要检验5个维度呢？研究者们并没有给出一致的回答。戴恩和施耐德认为,实施忠实度的检验需要关注所有5个维度的内容,这样才能够更加全面。② 而其他研究者则指出,5个维度代表的是实施忠实度的不同方面,实施忠实度的监测中只需要关注部分维度就好了。③ 不管怎样,实施忠实度的最初理论研究就是出自五维理论模型。然而,随着实施忠实度研究的深入,五维理论模型不断被相关研究者修改和修正。

在实施忠实度五要素理论模型的基础上,林奇(Lynch)和奥唐奈将实施忠实度进一步划分为三种类型：结构(structure)、过程(process)和参与者的感知效果(self-perceived effects by participants)。④ 在其研究中,"结构"考察课程中主要成分的实施忠实度,并且"结构"可以进一步划分为三个方面的内容：遵循单元内容(adherence to the unit)、外显指标(exposure)和课程分化(program differentiation)三个维度。遵循单元内容是指教学内容的传授与课程文本内容的一致性程度;外显指标是指教授某一单元所花费的课时数和时间与单元设计者的要求之间的一致性程度;课程分化是指改革单元与传统单元的重要区分点在实施中的体现程度。由上述分析可知,"结构"与戴恩和施耐德五要素模型中的遵循程度、外显指标和课程分化的内容是一致的。"过程"是指教师所采用的教学方法和传递的课程理念与课程设计者要求的一致性程度。这与戴恩和施耐德五要素模型中的课程传递质量的理解是一致的,当然,这一维度还涉及有关情感方面的内容,即这一维度还关注教师在使用规定教学方法时所持的态度。但需要指出的是,情感方面

---

① Dusenbury, L., Brannigan, R., Falco, M., & Hansen, W. B. A review of research on fidelity of implementation: Implications for drug abuse prevention in school settings [J]. *Health Education Research*, 2003,18(2): 237-256.
② Dane, A. V., & Schneider, B. H. Program integrity in primary and early secondary prevention: Are implementation effects out of control? [J]. *Clinical Psychology Review*, 1998,18(1): 23-45.
③ Dusenbury, L., Brannigan, R., Falco, M., & Hansen, W. B. A review of research on fidelity of implementation: Implications for drug abuse prevention in school settings [J]. *Health Education Research*, 2003,18(2): 237-256.
④ Lynch, S. *A model for fidelity of implementation in a study of a science curriculum unit: Evaluation based on program theory* [Z]. Paper presented at the annual meeting of the National Association for research in Science Teaching, New Orleans, LA, 2007.

的考察是比较困难的,因为这种考察往往会受到研究者主观意识和倾向的影响。"参与者的感知效果"是指学生在活动中的参与性达到课程设计者意图的程度,这与戴恩和施耐德五要素模型中的"参与者响应度"是一致的。由上述分析可知,林奇和奥唐奈的实施忠实度研究框架并没有脱离戴恩施耐德的五要素框架模型。当然,我们也要看到,这一模型毕竟是五要素模型在教育研究领域的一种尝试;同时,这一理论模型将五要素模型进行了进一步的归纳,让后续研究者更能够理解五要素之间的关系。

后来林奇在上述框架的基础上开展了实施忠实度的进一步研究。并且他提出了实施忠实度两类指标的分析框架。该框架在林奇和奥唐奈实施忠实度三类型框架的基础上建构,即将原有框架中的"参与者感知效果"这一类内容删除,所形成的框架只包括"结构"和"过程"两类,"结构"指标主要关注课程内容实施的情况,"过程"关注课程实施的方式。并且林奇指出,在分析实施忠实度的时候,"结构"和"过程"两类指标缺一不可。在分析实施忠实度的过程中,"结构"比"过程"更容易进行分析,"结构"的指标相对更加容易获取;同时,过程性指标更加有利于区分实施忠实度的程度。并且,基于上述实施忠实度框架,林奇绘制了图4-1,以便后续研究者能够更好地理解实施忠实度的类型。

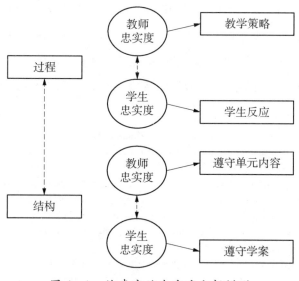

图4-1 林奇实施忠实度分析模型

在早期研究中,人们一般将课程、教师和学生的传递关系看作是线性的,即由教师接纳课程然后再传授给学生,这种传递扩大了教师的作用,将教师看作是课程信息传递的唯一通道,学生只有通过教师才能够获得信息。其实在现实教育教学实践中,三者之间的关系并非线性的,即学生可以通过教师获得课程信息,也可以通过直接使用课程服务自己的学习,学生也可以是课程信息的直接使用者。因此,在检验课程实施的过程中,教师和学生这两个主体需要被同等地关注。并且,当前框架中的"过程"与"结构"和之前的内容也有所区别。这里的"过程"包括教学策略(instructional strategies)和学生反应(student responsiveness)两个维度,其中教学策略是用来考察教师的忠实度,聚焦于教师的教学策略使用;学生反应关注学生的忠实度,聚焦于学生对单元活动的参与度。而"结构"指标包括遵守单元内容(adherence to the unit)和遵守学案(adherence to the worksheets)两个维度,其中遵守单元内容是指关注教师对具体单元内容的实施情况;遵守学案关注考察学生对学案的完成情况。这一模型将林奇和奥唐奈三类性模型中的"参与者的感知效果"纳入了"过程"指标体系之中,"教学策略"和"学生反应"与原来的"传递质量"和"参与者反应"基本相似。同时,本模型将原有模型中的"遵循度"解构为两个方面的内容。同时"体验"与"课程分化"没有出现在这一模型之中。需要指出的是,两种类型结果模型明确提出了学生角度看实施忠实度的问题,这是一种创新与进步,但是这两个维度并不是就消失了。同时对于实施忠实度而言,"体验"和"课程分化"这两个维度也是评估实施忠实度的重要指标。

随着研究的深入,不少研究者认为,实施忠实度五要素模型是一个比较全面的内容框架,但是在评估实施忠实度的时候并不是所有的内容都需要涉及,基于这种思考,就有不同学者提出了更为简单的实施忠实度理论模型。首先是李(Lee)和崔(Chue)在戴恩和施耐德五要素理论模型基础上建构的四要素理论模型,他们认为实施忠实度的考察只需要从这四个方面入手即可:外显指标、遵循程度、传递质量和参与者响应度。[①] 需要指出的是,由于李和崔的研究主要聚焦于探究校本课程的实施忠实度问题,因此,课程分化维度就没有纳入本框架之中。通

---

① Lee, Y., & Chue, S. The value of fidelity of implementation criteria to evaluate school-based science curriculum innovations [J]. *International Journal of Science Education*,2013,35(15):2508-2537.

过分析可以看出,虽然四要素的名称与戴恩和施耐德五要素模型中的外显指标、遵循程度、传递质量和参与者响应度是一样的,但是通过对具体内容的分析可以发现,李和崔对"传递质量"和"参与者响应度"两个维度的理解与之前是不完全一样的,具体表现为:"传递质量"并不是用来考察教师采用的教学方法和传递课程理念与课程设计者要求之间的一致性,而是根据芬斯特马赫(Fenstermacher)与查理森(Richardson)所提出的"好的教学"(good teaching)和"成功教学"(successful teaching)两个方面对教学质量进行的监测;[①]参与者响应度也不再关注学生参与性的考察,而是主要聚焦于关注学生的课程满意度的评估,评估是在课程结束后对学生进行访谈来实现的。上述两个维度本质内涵的修改,有着一定的理论基础,当然这也为后续的实施忠实度监测提供了一定的方向。

由上述分析可知,虽然研究者们对实施忠实度所包含的要素还存在一定的争议,但是,这些要素模型已经在课程研究中产生了重要的影响。最为典型的例子是叶鲁莎和莎拉[②]关于计划的学生事务方案与实施方案之间匹配程度的研究。该研究中以转学学生适应(Transfer Student Orientation,TSO)作为详细例子进行说明,转学学生适应是一个为期一天的项目,在秋季课程开始前的夏天进行,旨在帮助转学学生适应校园社区。大约有650名转学生参加为期一天(四天中选一天)的转学学生适应项目。学生转学适应方案是为了达到三个目标:增加学术要求知识(academic requirements knowledge,ARK),增加资源知识(resource knowledge,RK),提升社会适应(social acclimation,SA)。在一天中,学生参加与这些目标相一致的活动。值得注意的是,由于学生转学适应的范围很广,许多活动都是由迎新办公室以外的工作人员来完成的。

学生转学适应项目的三个目标均有相应的衡量标准,在这个项目实施前后会收集这三方面的数据。设计相匹配的前后测来评估三个目标的变化情况。该项目于2011年夏季开展,由441名转学学生完成相匹配的前后测的所有测试问卷。

---

① Fenstermacher, G. D., & Richardson, V. On making determinations of quality in teaching [J]. *Teachers College Record*, 2005,107(1): 186 - 213.
② Gerstner, J. J. & Sara, J. F. Measuring the implementation fidelity of student affairs programs: A critical component of the outcomes assessment cycle [J]. *Research & Practice in Assessment*, 2013, 8: 15 - 28.

上述这种评估是一种结果评估,从中获取哪些目标实现了,哪些目标没有实现的证据,但是仅仅使用这种结果评估,是无法对方案实施情况作出科学决策的。例如,这种结果评估无法了解达到的 ARK 目标情况是否比 RK 目标达成情况更好。与三个目标相关的规划方案是否按照计划进行了高质量的实施,如果有的目标评估结果比较差,是否意味着这个目标对应的方案没有被实施呢?但是这些都无法通过结果评估来实现,也就是说方案的实施过程还是一个"黑箱",这不利于研究者得出更加具有价值的结论。然而,这时候对方案的实施过程展开研究就显得尤为重要了。

在叶鲁莎和莎拉的研究中,他们设计了一份实施忠实度检查表,以此来评估实施忠实度五个成分(见图 4-2)。该检查表由方案目标列和方案功能列对应组成。在方案功能列旁边还需要列出该功能的计划持续时间。第三列记录每个方案功能的依从度("是"或"否")。最后一栏是质量等级(1=低到 5=高),这样对每一个方案的实施质量进行评估。这个检查表在收集数据的时候主要是采用两种方式:其一,由 3 名参与 TSO 方案设计的大学工作人员假扮学生对 TSO 目标进

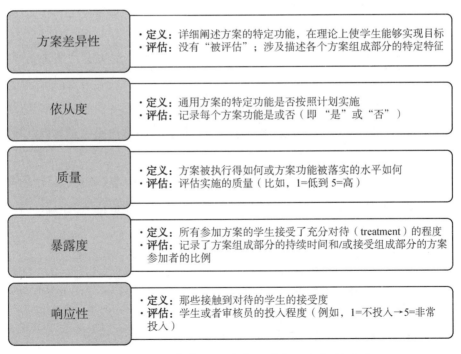

图 4-2 实施忠实度的要素及其定义和评估内容

行审核。在为期一天的项目中,这些人员对实施情况进行评分;其二,两个不同方案功能的实施者对自己的依从度、持续时间和质量进行评分。此外,该项目还会收集学生对 TSO 方案的回应性数据(主要在结果评估中)。

基于此,叶鲁莎和莎拉在研究中根据 TSO 的理解,详细描述了实施忠实度五个维度的具体定义以及评估方法。

(1) 方案差异性

方案差异性主要涉及方案的特定功能,即在理论上使学生能够实现目标。[1] 如前文所述,开发的 TSO 方案使学生能够达到忠实度检查表中每个目标。同时,方案差异性的行为为利益相关者提供了一个机会,使他们能够表达自己对方案成果和方案本身之间联系的理解。也就是说,这种差异化的过程极大地促进了对方案目标和方案的澄清与承诺。

如图 4-2 所示,实施忠实度的这一环节(与其他环节不同)并没有被"评估",然而,它是忠实度评估最基本的方面。也就是说,方案差异性以最具体的方式定义了方案,使人们能够评估这些功能是否实际发生(即"依从度"),并评估其质量(即"质量")。如果不能辨别特定的方案功能,就不可能进行忠实度评估。

(2) 依从度

实施忠实度的第二个组成部分是依从度,它涉及特定的方案功能是否被实施。在教育文献中,依从度通常被称为"学习的机会"。[2] 实践者需要确定学生是否有机会获得实现预期结果所需的技能和知识。虽然研究者们非常关注学习机会的重要性,[3] 但是很少有研究者关注这些学习机会是不是按照已有的方案计划来提供,即缺少对实施忠实度的评估。

对实施忠实度进行评估的方法主要有四种:现场方案的审核员、后续检查的方案实施录制视频、方案实施者和/或演示材料的评估。评估依从度的第一种方

---

[1] Swain, M. S., Finney, S. J., & Gerstner, J. J. A practical approach to assessing implementation fidelity [J]. Assessment Update, 2013,25(1): 5-7,13.

[2] Boscardin, C. K., Aguirre-Munoz, Z., Stoker, G., Kim, J., Kim, M., & Lee, J. Relationship between opportunity to learn and student performance on English and Algebra assessments [J]. Educational Assessment, 2005,10(4): 307-332.

[3] Suskie, L. Assessing student learning: A common sense guide (2nd ed.) [M]. San Francisco, CA: Jossey-Bass, 2009.

法,也是最客观、最有效的方法就是使用现场方案审核员。① 在 TSO 方案中采用了这种方法。审核员以参与者的身份参加方案(卧底),并指出特定的方案功能是否按计划实施(即在检查表上将学习机会记录为"是"或"否")。这种方法使审核员能够以"学生"的身份体验方案。我们不难发现这种方法可能会占用大量资源,尤其是一些长期方案。第二种方法是将方案过程录制下来,让人们通过观看录制视频来评价依从性。这种方法有助于让更多的评价者加入评价过程;然而,录制视频可能无法真实地反映实际的方案。另外,摄像机的存在可能会改变方案实施的动态。评估学习机会的另一个有用的方法是要求方案实施者指出特定方案功能的依从度情况。在 TSO 方案中也采用了这种方法。从实施者和审核者那里收集依从度数据,提供评估者间的可靠性数据(即审核者和实施者评价结果的一致性)。对评估者间的可靠性进行评价是很重要的,因为一些研究发现,相较于独立的观察者,自我评价显示出更高的依从度,②而其他研究则发现实施者的评价是准确的。③ 如果可以证明实施者和审核者提供的实施依从度数据相同,那么就不需要审核者了。最后,如果一个方案涉及信息材料(如讲义)的介绍和讨论,对这些材料的检查可以作为对依从度的辅助性评估。④ 虽然这不是一个理想的方法,但当方案审计或视频不可能实现时(例如,私人环境,缺乏时间),或者如果实施者不参与依从度评估,这就是唯一可能的评估方法。⑤

关于 TSO,审核人员和实施人员对依从度的评价是相同的。重要的是,审核

---

① Cochrane, W. S., & Laux, J. M. A survey investigating school psychologists' measurement of treatment integrity in school-based interventions and their beliefs about its importance [J]. *Psychology in the Schools*, 2008, 45: 499–507.

② O'Donnell, C. L. Defining, conceptualizing, and measuring fidelity of implementation and its relationship to outcomes in K–12 curriculum intervention research [J]. *Review of Educational Research*, 2008, 78(1): 33–84.

③ Hagermoser Sanetti, L. M., & Kratochwill, T. R. Treatment integrity assessment in the schools: An evaluation of the treatment integrity planning protocol [J]. *School Psychology Quarterly*, 2009, 24: 24–35.

④ Lane, K. L., Bocian, K. M., MacMillan, D. L., & Gresham, F. M. Treatment integrity: An essential-but often forgotten-component of school-based interventions [J]. *Preventing School Failure*, 2004, 48(3): 36–43.

⑤ Cochrane, W. S., & Laux, J. M. A survey investigating school psychologists' measurement of treatment integrity in school-based interventions and their beliefs about its importance [J]. *Psychology in the Schools*, 2008, 45: 499–507.

人员和实施人员都注意到了没有执行的特定的方案功能。这一结论非常有价值,因为它表明实施者愿意报告他们没有实施完全的方案功能,并且准确地报告了。此外,实施者还表示,简单提示对特定功能的依从度进行评价,可以额外提醒他们在方案中所要覆盖的内容。如前文所述,方案可能会无意中偏离预期的功能。要求项目方案实施者回顾方案功能清单,然后说明他们是否实施了这些功能,这就传达了按计划执行方案的重要性,可以防止方案实施出现偏差。此外,收集实施者依从度评价的过程数据可以减少重新培训实施者所需的时间。①

(3) 质量

实施忠实度的第三个组成部分即质量,是指评估方案功能被落实的水平。就TSO方案而言,质量是实施忠实度的一个必要组成部分。实施者可以提供所有特定的功能(即高依从度),但低质量会阻碍计划方案的充分实施。任何接触过方案信息的人员都可以证明评估实施质量的重要性。尽管研究者们强调开发高质量的以学生为中心的方案的重要性,同时也关注讲授人的讲授质量会影响方案的实施,②但这还只是一个狭义上的对"质量"的理解。因为,他们并没有讨论如何评估主讲人的有效性,也没有讨论如何将这些数据与结果评估结合起来,以呈现方案实施的变化。因此,对质量的评估应该包括主讲人有效性,但它的定义应该足够广泛,以适应没有主讲人的方案。虽然主讲人有效性与TSO方案不相关,但可以对实施方案功能(例如,锻炼制度)的质量进行评分(例如,练习完成得太快,没有太多努力,形式不佳),从而提供有关方案实施的有用信息。

与依从度类似,质量可以由审核员和/或实施者进行评分。以TSO为例,每一个在依从度方面得到"是"的特定方案功能都由审核员和实施者进行质量评分(例如,1=低到5=高)。如果一个具体的方案功能得到了实现,但没有得到很好的实施,则该方案的质量评价为低。例如,TSO有一个破冰活动,旨在增加学生对校园的归属感。如果破冰活动发生了(即依从度),但小组主持人没有以吸引人的

---

① Durlak, J. A., & DuPre, E. P. Implementation matters: A review of research on the influence of implementation on program outcomes and the factors affecting implementation [J]. *American Journal of Community Psychology*, 2008, 41: 327-350.
② Schuh, J. H., & Upcraft, M. L. *Assessment practice in student affairs: An applications manual* [M]. San Francisco, CA: Jossey-Bass, 2001.

方式呈现活动,那么学生接受了方案功能,但方案质量很差。

在 TSO 方面,审核者和实施者对大部分质量评价是一致的。虽然很多目标功能得到遵守,但质量却参差不齐。所幸的是,在 TSO 方案中许多目标功能获得了高质量的评级;当然,也有一些低评级。这些忠实度数据有助于解释一些不利的结果。

(4) 暴露度

实施忠实度的第四个组成部分是暴露度,它评估了所有参与方案的学生接受充分对待的程度。除了详细说明每个方案的特点,方案差异性还规定了方案组成部分的计划持续时间。就 TSO 方案而言,实践者打算让学生接受每个方案组成部分的"完整剂量",但这并不总是发生。如果计划的 50 分钟方案组成部分只得到 20 分钟的时间,那么学生就没有得到"充分对待"。因此,学生可能没有机会实现方案预期的目标。在 TSO 方案中,暴露度是通过审核人员记录每个方案组成部分的实际持续时间来评估的。所有的组成部分都在计划的时间内持续,提供了确认学生有机会接触到预设的、"全剂量"的方案。

除了评估方案的持续时间,还可以评估是否每个人都接触到了方案的各个方面。如果有一半的参与者"跳过"与目标一致的方案,就无需期待会出现积极的评估结果。因此,即使方案是在预定的时间内高质量地呈现了,如果将方案参与者和跳过方案的人的数据放在一起分析,方案可能会无效。

关于 TSO,叶鲁莎和莎拉制定了进一步评估暴露度的计划,询问学生是否参加了 TSO 的各个选修环节。这些参与率数据使得对参加和未参加选修部分的学生的结果数据进行单独分析成为可能。这种分析很重要,因为如果参加方案的选修部分对方案的结果有很大影响,那么在未来几年将该方案变成强制性成分是有益的。也就是说,暴露度数据可以帮助强调哪种方案组成部分的组合对实现结果是最有效的,这可以在未来实施方案时帮助分配资源。

(5) 参与者响应度

实施忠实度的最后一个组成部分是响应度,它涉及那些接触方案实施的人的接受度。如果学生没有参与 TSO 项目,那么实施者是否在预定的时间内高质量地提供所有计划方案中的功能并不重要。如果学生不参与,高质量的方案也不会对他们产生影响。因此,评估响应度,并不是假设方案是提供给完全认同的观众的,它可以帮助阐明为什么实施良好的方案可能与不良的评估结果相关联。

响应度可以通过要求学生自我报告他们在整个方案中的注意力水平来评估。另一种更直接的评估方法是由审核员或实施者对学生的响应度进行评分。这两种评估都有其缺陷。学生对他们的响应能力的自我报告可能会受到社会意愿的影响。另外,审核人员可能会因为听众们在低头看,误认为他们不专心,而实际上他们在做笔记。然而,这两种响应度的测量方法都可以提供评估过程中所缺乏的信息。这些结果也可以用来分别分析那些给予或不给予反应的人的结果数据。

关于 TSO 方案,学生们回答他们是否全天都在专心听课(1＝完全没有,2＝有点,3＝非常)。幸运的是,只有 1.1% 的学生回答"完全没有"。大部分学生对该评估项目的回答是"有点"或"非常"。同时,他们还发现响应度并没有调节结果评估分数的变化(即不存在显著的交互作用)。

(6) TSO 方案中对实施忠实度结果的运用

实施忠实度结果以多种方式被用于对 TSO 有效性推断。需要指出的是,在解释实施忠实度和成果评估结果,以及在利用这些结果改进今后的 TSO 时,TSO 方案主管和方案实施者是平等的伙伴。这种平等的伙伴关系在过去是不存在的,实施者参与忠实度评估促进了这种伙伴关系。

将实施忠实度结果与评估结果相结合,经过分析后发现,这两种结果并不是完全不相关的内容,而是相互联系的。当忠实度和成果评估结果相结合时,可能会出现四种情况。[①] 图 4-3 中呈现的所有四种情况都在 TSO 的评估中得到了证明,这提供了每一种情况的例子来模拟解释这些发现。重要的是,将实施忠实度和成果评估结果结合起来,为修改方案规划组成部分和资源分配提供了信息。

第一,高忠实度和有利结果。一些结果反映了高水平的实施忠实度和有利的成果评估结果(图 4-3 中的第 2 种情况)。例如,SA 目标有许多具体的方案特点,如大学迎新和同伴讨论小组,审核人员观察到并报告说所有的具体特点都以相当高质量的方式呈现。此外,成果评估结果显示,SA 结果评估从前测到后测有显著提高。因此,忠实度结果表明,成果评估结果的提高可能是 TSO 方案的一个功能。

[①] McIntyre, L. L., Gresham, F. M., DiGennaro, F. D., & Reed, D. D. Treatment integrity of school-based interventions with children in the Journal of Applied Behavior Analysis 1991 - 2005 [J]. *Journal of Applied Behavior Analysis*, 2007, 40(4): 659 - 672.

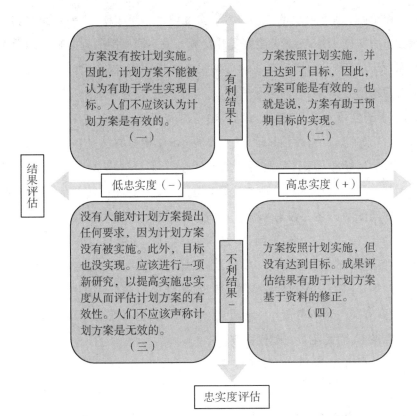

图4-3 将实施忠实度评估结果与成果评估结果配对后产生的四种情况

第二,低忠实度和不利结果。一些成果和忠实度评估结果符合情景3:成果评估结果不佳,忠实度评估显示方案没有按计划实施。因此,所获得的成果结果不能反映计划方案。例如,与RK目标相关的某个具体方案特征是解释如何以及在哪里转换学分。忠实度评估结果表明,这个具体的方案特征虽然得到了遵照,但传递(delivered给学生时)质量却极低。不足为奇的是,结果评估表明,学生不了解评估课程是否可以从其他院校转出的过程。通过对实施忠实度和成果评估结果的搭配,相关人员发现,表现不佳可能是由于方案实施不力,而在下一次转学指导之前,可以很容易地进行弥补。

第三,高忠实度和不利结果。一些结果反映了相当高的实施忠实度和较差的成果评估结果(情景4)。一个与RK目标相关的具体方案特征涉及解释在哪里以及如何支付学费。忠实度评估结果显示,这一信息是以高质量的方式呈现的;然而,学生在结果评估上表现不佳。因为忠实度评估结果表明,这种差劲的表现并不是因为方案实施不力,而是可能需要开发额外或不同类型的方案来帮助学生达到这个目标。简而言之,似乎现有的方案没有发挥作用,因此应该分配资源来替换或修改现有的方案。

第四,低忠实度和有利结果。最后,由低忠实度与良好的成果评估结果相配合的情况(情景1)。结果评估显示,学生在与 ARK 相关的测量上,从前测到后测有显著提高。从标准成果评估周期的角度来看,人们会得出这样的结论:与这一目标相对应的方案可能会有效地教授学生这些信息。然而,忠实度数据表明,与这一目标相匹配的方案并没有实施。因此,学生显然是在其他地方学习这些信息。幸运的是,在忠实度评估期间,审核人员注意到,该信息在另一个(尽管是计划外的)方案组成部分中被提及。如果没有忠实度信息,人们会错误地将有利的成果评估结果归因为该计划方案。考虑到在非计划的替代性方案中成功地呈现了这一信息,方案主管和实施者决定调整方案以反映这一变化(即,不再将资源花费在原始方案上,而是花费在替代性方案上)。

由上述分析可知,尽管大家都同意从这五个维度来考察,却出现了两种截然不同的观点:其一,认为五要素中的每一个成分都代表着实施忠实度的不同测量方法,也就是说,实施忠实度可以通过其中一个或者几个维度来测量;其二,也有学者认为所有这五个要素都应该得到测量,以此来获得一个更加全面、更加完整的画面过程,即实施忠实度应该包括这五个方面的内容。

三、过程取向视角下的实施忠实度

上述研究表明,当前关于实施忠实度的构成成分还存在诸多争议,但是,各种维度之间的关系远比这种概念范畴的讨论复杂。因此,有学者就提出了一个新的、第三种类型的实施忠实度概念框架,提倡测量所有这些要素,但又与之前的尝试有所区别,为了澄清实施忠实度的概念,也提倡澄清和解释各个要素的功能以及各个要素之间的关系。这一新框架还引入了另外两个维度:干预复杂度和促进战略。更广义意义上的"实施"的文献提示了干预复杂度对实施忠实度的潜在影响。尤其是有一项系统综述,聚焦于在组织中确定对创新扩散的促进因素和障碍因素。该研究发现,一个想法越复杂,其采用的障碍就越大。[1] 旨在评估特定干预的实施忠实度的研究指明了促进战略的角色。这些干预落实了优化忠实度水平的措施。这些战略包括提供手册、准则、培训、监测和反馈、能力建设和激励措施。[2,3]

表4-1展示了实施忠实度的所有元素。该表说明实施忠实度由三个主要方面的内容组成:遵循程度、调节变量和确定的必要成分。其中遵循程度包括内容细节、覆盖面、频率和持续时间;调节变量包括干预复杂度、促进策略、传递质量和参与者响应度;以及成分分析法确定的必要成分。

表4-1 实施忠实度的构成要素

遵循程度
● 内容细节
● 覆盖面
● 频率
● 持续时间
调节变量
● 干预复杂度
● 促进策略
● 传递质量
● 参与者响应度
确定的必要成分

---

[1] Greenhalgh, T., Robert, G., Bate P., Kyriakidou, O., Macfarlane, F., & Peacock, R. *How to spread good ideas-A systematic review of the literature on diffusion, dissemination and sustainability of innovations in health service delivery and organization* [R]. London: NHS Service Delivery Organisation, 2003.

[2] McGrew, J. H., & Griss, M. E. Concurrent and predictive validity of two scales to assess the fidelity of implementation of supported employment [J]. *Psychiatric Rehabilitation Journal*, 2005, 29(1): 41-47.

[3] Forgatch, M. S., Patterson, G. R., & DeGarmo, D. S. Evaluating fidelity: Predictive validity for a measure of competent adherence to the Oregon model of parent management training [J]. *Behavior Therapy*, 2005, 36(1): 3-13.

为了进一步清楚描述实施忠实度在从干预到结果的整个流程中的位置,研究者做了一个简单的系统分析图,具体如图4-4所示。

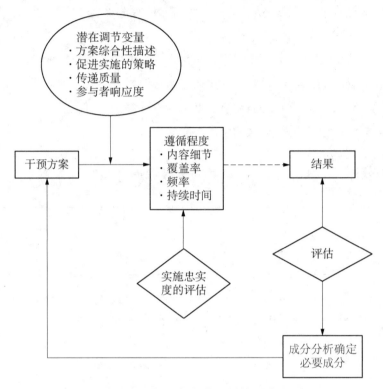

图4-4　实施忠实度的概念框架图

图4-4用概括性的框架描述了实施忠实度的主要构成元素以及它们之间的关系。实施忠实度的测量主要是遵循程度的测量,也就是说,那些负责实施干预措施的人实际遵守干预措施的程度,因为它是由其设计者设计的。遵循程度包括内容细节、频率、持续时间和覆盖率(即剂量)等亚类。干预的预期内容或频率的实现程度是实现干预的忠实程度。所达到的水平可能受到某些其他变量的正向或负向影响(例如,被缓和):干预的复杂性,促进策略,传递质量,参与者反应度。例如,参与者对干预越不热心,干预就越不可能得到适当和充分的实施。

图4-4中的虚线表明,干预方案和其结果之间的关系处于实施忠实度外部,但实施忠实度可以影响这种关系。最后,结果分析可以确定干预的关键组成部分,同时,如果干预要达到预期效果,这些必要成分就必须在实施中落实。这种评

估可以反过来确定高水平实施忠实度的最低要求,进而报告干预的内容,比如,干预必要成分的实施。下面将介绍实施忠实度的构成要素及其功能,并用例子加以说明。

(一) 遵循程度

遵循程度本质上是实现实施忠实度的底线测量标准。如果一个被实施的干预完全遵循其设计者规定的内容、频率、持续时间和覆盖范围,那么忠实度可以说是高的。测量实施忠实度,就要评估实施结果是否有效实现了设计者设计的干预意图。

干预的内容可以被视为其"有效成分",这些有效成分比如干预试图传递给接受者的药物、治疗、技能或知识。例如,继父家庭的婚姻和育儿培训方案是以13次课程为基础的,每一次课程都有培训过的教育工作者向父母提供具体材料。[①] 该方案有一些指定的成分,如技能的鼓励和纪律。带着忠实度来实施干预,其忠实度,即对模型的遵循程度水平,由受过训练的编码员使用会议录像带进行评估以确定实施的干预措施在内容上实际遵守规定模式的程度。在这项研究中使用的工具是忠实执行评级系统(FIMP)。由受过训练的工作人员对实施干预措施者的观察经常被用来评估忠实度。[②]

遵循程度的子类别涉及所提供干预的频率、持续时间或覆盖范围,即现有文献中更广泛地定义为"剂量"的内容。例如,一个预防暴力方案利用与工作人员的访谈和调查,以确定干预是否按照规定的时间和频率得到了执行,并发现仅仅一半左右的案例中实现了高执行率。[③] 同样,对有药物滥用问题的青少年住院治疗方案执行情况的评估要求工作人员记录青少年治疗方案所提供服务的小时数,并

---

① Forgatch, M. S., Patterson, G. R., DeGarmo, D. S. Evaluating fidelity: Predictive validity for a measure of competent adherence to the Oregon model of parent management training [J]. *Behavior Therapy*, 2005, 36(1): 3–13.

② Hahn, E. J., Noland, M. P., Rayens, M. K., & Christie, D. M. Efficacy of training and fidelity of implementation of the life skills training program [J]. *Journal of School Health*, 2002, 72(7): 282–287.

③ Elliott, D. S., & Mihalic, S. Issues in disseminating and replicating effective prevention programs [J]. *Prevention Science*, 2004, 5(1): 47–53.

将其与干预模式规定的小时数相比较,[1]发现实施忠实度相对较低,只有大约一半所要求的时间被花在干预预先设定的活动上。

由此,对干预的预定义成分的遵循程度是可以量化的:衡量干预的指定内容中有多少已经实施,频率有多高,时间有多长。然而,遵循程度可能并不要求实施干预措施的每一个组成部分。如果只有模式的"基本"部分得到实施,干预也可能得到成功和有意义的实施。然而,问题仍然是如何确定什么是"基本"的部分。这样做的一种可能方法是进行敏感性分析,即"成分分析",利用对同一干预措施的不同研究的实施忠实度数据和业绩结果,以确定哪些成分(如果有的话)或各组成部分组合是必不可少的,即,如果干预措施要想达到预期效果,就必须具备哪些要素或组合。然而,如果不知道干预的基本组成部分,那么就需要对整个干预措施保持忠实度。

确定好这些基本组成部分,也为确定对真实情境的适应性提供了空间。干预并不总是能在现实世界中得到充分实施的。真实情境可能要求它具有灵活性和适应性。一些干预措施的具体要求中允许当地进行调整。即使没有明确允许,也可以作出适当的调整,以提高干预措施在具体情境中的适用性。实际上,预先适应的观点意味着成功的干预措施是适应当地需要的干预措施。[2]然而,一些人认为,当地适应的理由可能被夸大了,至少在证据不一定支持的干预措施中是如此。[3]因此,中间立场是,只要忠实于干预的所谓"基本"要素,方案执行就可以灵活应对。缺乏这些因素将对干预措施实现其目标的能力产生非常不利的影响。的确,如果没有它们,就不能说干预措施实现了高水平的实施忠实度。

(二) 调节变量

对干预(或其必要成分)的高水平遵循程度、忠实度,是不容易实现的。几个

---

[1] Faw, L., Hogue, A., & Liddle, H. A. Multidimensional implementation evaluation of a residential treatment program for adolescent substance use [J]. America Journal of Evaluation, 2005,26(1):77-94.

[2] Blakely, C. H., Mayer, J. P., Gottschalk, R. G., Schmitt, N., Davidson, W. S., Roitman, D. B., & Emshoff, J. G. The fidelity-adaptation debate: Implications for the implementation of public sector social programs [J]. American journal of community psychology, 1987,15(3):253-268.

[3] Elliott, D. S., & Mihalic, S. Issues in disseminating and replicating effective prevention programs. Prevention Science, 2004,5(1):47-53.

因素可能会影响或缓和干预实施的忠实程度。影响这个关系的每一个潜在的调节变量现在依次被考虑。

1. 干预复杂性

干预的描述可以是简单的或复杂的，详细的或模糊的。现有研究表明，详细或具体的干预措施比那些模棱两可的更容易以高实施忠实度实施。例如，一项针对全科医生（GP）指南的研究发现，详细明确的建议被遵循的可能性几乎是模糊和不具体建议的 2 倍。① 一组研究人员对这些指南的特异性进行了评估，并通过全球定位系统的自我报告对其吸收情况进行了评估。同样地，与结构较差的干预措施相比，事先确定所有关键组成部分的精心计划其干预措施被发现会产生更高水平的忠实度。② 具体的描述有利于增强遵循程度。

也有证据表明，简单干预比复杂干预更容易达到高忠实度。③ 这可能是因为当模型简单时，"反应障碍"较少。④ 复杂的干预措施在执行过程中有更大的变化空间，因此更容易受到一个或多个组成部分未按应有方式执行的影响。这导致一些研究者呼吁改善复杂干预措施的记录和报告，以查明和解决执行中可能存在的异质性。⑤ 总体而言，研究表明，简单而具体的干预措施比过于复杂或模糊的干预措施更有可能实现高水平的实施忠实度。因此，干预措施表述的全面性和性质可能会影响方案在执行时成功地遵守其规定细节的程度。

---

① Grol, R., Dalhuijsen, J., Thomas, S., Rutten, G., & Mokkink, H. Attributes of clinical guidelines that influence use of guidelines in general practice: Observational study [J]. *British Medical Journal*, 1998,317(7162): 858 – 861.

② Dusenbury, L., Brannigan, R., Falco, M., & Hansen, W. B. A review of research on fidelity of implementation: Implications for drug abuse prevention in school settings [J]. *Health education research*, 2003,18(2): 237 – 256.

③ Dusenbury, L., Brannigan, R., Falco, M., & Hansen, W. B. A review of research on fidelity of implementation: Implications for drug abuse prevention in school settings [J]. *Health education research*, 2003,18(2): 237 – 256.

④ Greenhalgh, T., Robert, G., Bate P., Kyriakidou, O., Macfarlane, F., & Peacock, R. *How to spread good ideas-A systematic review of the literature on diffusion, dissemination and sustainability of innovations in health service delivery and organization* [R]. London: NHS Service Delivery Organisation, 2003.

⑤ Arai, L., Roen, K., Roberts, H., & Popay, J. It might work in Oklahoma but will it work in Oakhampton? Context and implementation in the effectiveness literature on domestic smoke detectors [J]. *Injury Prevention*, 2005,11(3): 148 – 151.

2. 促进策略

支持策略可以用来优化和标准化实施忠实度。也就是说,确保每个人都接受同样的培训和支持,目的是尽可能统一地提供干预措施。① 这类策略包括为干预者提供手册、准则、培训、监测和反馈。

一些评估执行过程的研究监测了正确实施干预措施的程度,然后将这些结果反馈给实施干预措施的人。一项测量髋部骨折妇女锻炼计划忠实度的研究中,干预措施的设计者直接观察,以监测干预的实际实施,然后向运动训练员提供反馈。② 通过这种方式,可以处理、纠正对方案所预期内容的偏离,实现了高忠实度。

因此,这些策略就像干预描述的本质一样,有可能缓和实施忠实度:通过监测、反馈和培训来帮助实现的越多,实施忠实度的潜在水平就越高。在复杂干预措施的情况下,这些策略在优化忠实度和标准化正在执行的内容方面的作用可以说更为重要,因为这些干预措施可能是多方面的,因此更容易受到其执行方面变化的影响。尽管一些研究者声称,提供某些促进策略对干预措施的实施有积极影响,但这些说法并不是实证研究的结果。③ 然而,尚未有研究测量这些策略对实施忠实度的调节作用。

更多的促进策略不一定意味着更好的执行。一个简单的干预可能需要很少的培训或指导,以实现高实施忠实度。相反,复杂的干预可能需要广泛的支持策略。因此,存在一个适当性的问题,这可能取决于促进策略和干预描述的复杂性之间的关系。下文将更全面地讨论这些潜在调节变量之间的关系。实证研究尚未表明,促进策略是否确实能够影响干预措施实施的好坏,但这当然应该被视为

---

① Bellg, A., Borrelli, B., Resnick, B., Hecht, J., Minicucci, D., Ory, M., Ogedegbe, G., Orwig, D., Ernst, D., & Czajkowski, S. Enhancing treatment fidelity in health behavior change studies: Best practices and recommendations from the NIH Behavior Change Consortium [J]. *Health Psychology*, 2004, 23: 443-451.

② Faw, L., Hogue, A., & Liddle, H. A. Multidimensional implementation evaluation of a residential treatment program for adolescent substance abuse [J]. *American journal of evaluation*, 2005, 26(1): 77-94.

③ Roen, K., Arai, L., Roberts, H., & Popay, J. Extending systematic reviews to include evidence on implementation: methodological work on a review of community-based initiatives to prevent injuries [J]. *Social Science & Medicine*, 2006, 63(4): 1060-1071.

执行忠实度的潜在调节因素。

3. 传递质量

传递质量显然是干预与其实施忠实度之间关系的潜在调节因素。它涉及的是干预措施是否以适当的方式来实现预期目标。如果干预的内容传递不良,那么这可能会影响到忠实实施的程度。在评估忠实度的研究中,提供广泛的培训、材料、支持给那些实施干预的人,就意味着默认了需要努力优化干预的传递质量。① 同样,质量保证或改进策略,可向措施提供者提供持续监测和反馈,以便更明确地承认传递质量的重要性及其对实施忠实度的潜在调节作用。②

一项关于家长培训方案执行情况的研究涉及在其执行情况评级系统(FIMP)中的教学质量。③ 这包括,由受过训练的观察员进行评估,以确定家长培训员是否根据干预的要求,同时采用口头和积极的教学策略。该量表规定"过分依赖语言教学会导致低分"。受过训练的观察员也被用来评估内容和过程的忠实度,包括由美国教师提供的生活技能培训计划的传递质量。④ 然而,这些研究并没有把传递质量作为实施忠实度的一个调节变量去分析,而是作为一个独立的忠实度方面。

4. 参与者响应度

如果参与者认为干预与他们无关,那么他们的不参与可能是干预失败或覆盖率低的主要原因,因此实施忠实度可能较低。有这样一种观点:一种新的干预措施的接受取决于它的接受者对干预的接受及其可接受性——这呼应了罗杰斯的创新扩散理论。⑤ 因此,在检查实施忠实度的任何过程中,参与者响应度可能是一

---

① Penuel W. R., & Means B. Implementation variation and fidelity in an inquiry science program: Analysis of GLOBE data reporting patterns [J]. *Journal of Research in Science Teaching*, 2004, 41(3): 294 – 315.
② O'Brien, R. A. Translating a research intervention into community practice: The nurse-family partnership [J]. *Journal of Primary Prevention*, 2005, 26(3): 241 – 257.
③ Forgatch, M. S., Patterson, G. R., DeGarmo, D. S. Evaluating fidelity: Predictive validity for a measure of competent adherence to the Oregon model of parent management training [J]. *Behavior Therapy*, 2005, 36(1): 3 – 13.
④ Hahn, E. J., Noland, M. P., Rayens, M. K., & Christie, D. M. Efficacy of training and fidelity of implementation of the life skills training program [J]. *Journal of School Health*, 2002, 72(7): 282 – 287.
⑤ Rogers, E. M. *Diffusion of innovation* [M]. 5th ed. New York, NY: Free Press, 2003.

个重要的调节变量。例如,已经发现,对社区老年人处方药物干预的实施忠实度很低,因为这些患者故意不遵守他们规定的治疗方案。① 这种故意不守约的原因包括药物令人不快的副作用,而且由于该疗法仅具有预防性或用药者的症状轻微,因此患者不太愿意依从。② 在一项以学校为基础的健康促进干预研究中,教师报告说,如果他们觉得学生没有反应、不感兴趣,他们就不实施干预的某些部分。③

事实上,这种实施忠实度调节变量所涵盖的参与者不仅包括接受干预的个人,还包括那些对此负责的人。例如,研究与学校药物滥用预防和健康促进方案有关的因素发现,教师对干预本身的信念,例如他们是否喜欢,以及他们自己接受的培训和支持,都与他们对干预的遵循程度有关。④ 换句话说,当那些负责提供干预的人对它充满热情时,实施忠实度更高。组织也可能更广泛地影响提供新干预措施者的反应。如果一个组织,例如由高级管理层代表,不致力于干预,那么个人的响应能力也可能受到影响。这是所有组织变革文献指出的一个关键方面。⑤

自我报告是评估所有参与者对干预响应的最常用手段。⑥ 这种评估可以涉及几个方面。它可以评估参与者在多大程度上完全接受一项干预措施所要求的责任。在多大程度上他们认为干预是有用的。⑦ 更广泛地说,介入的环境反应如何,

---

① Maidment, R., Livingston, G., & Katona, C. "Just keep taking the tablets": Adherence to antidepressant treatment in older people in primary care [J]. *International Journal of Geriatric Psychiatry*, 2002, 17(8): 752-757.

② Allen, H. Promoting compliance with antihypertensive medication [J]. *British Journal of Nursing*, 1998, 7(20): 1252-1258.

③ Martens, M., van Assema, P., Paulussen, T., Schaalma, H., & Brug, J. Krachtvoer: Process evaluation of a Dutch programme for lower vocational schools to promote healthful diet [J]. *Health Education Research*, 2006, 21(5): 695-704.

④ Ringwalt, C. L., Ennett, S., Johnson, R., Rohrbach, L. A., Simons-Rudolph, A., Vincus, A., & Thorne, J. Factors associated with fidelity to substance use prevention curriculum guides in the nation's middle schools [J]. *Health Education & Behavior*, 2003, 30(3): 375-391.

⑤ Bullock, R. J., & Batten, D. Its just a phase we are going through: A review and synthesis of OD phase analysis [J]. *Group and Organization Studies*, 1985, 10(4): 383-412.

⑥ McBride, N., Farringdon, F., & Midford, R. Implementing a school drug education programme: Reflections on fidelity [J]. *International Journal of Health Promotion and Education*, 2002, 40(2): 40-50.

⑦ Hitt, J. C., Robbins, A. S., Galbraith, J. S., Todd, J. D., Patel-Larson, A., McFarlane, J. R., Spikes, P., & Carey, J. W. Adaptation and implementation of an evidence-based prevention counselling intervention in Texas [J]. *AIDS Education and Prevention*, 2006, 18(SA): 108-118.

所谓的"治疗环境",可能不利于参与者的积极反应。在研究参与者响应度的这些维度的研究中,参与者使用日志和日历来记录和报告他们对正在实施的干预措施的反应。参与者的反应甚至可能超越对实际行动的态度,例如,衡量一个行动是否成功。"治疗已被……理解……并且个人执行相关的治疗……技能和战略"。① 从这个意义上说,"颁布(enactment)"可被视为参与者响应度的一个潜在要素。②

(三) 调节变量之间的关系

这些调节变量不一定是独立的元素,即可能两个或更多的调节变量之间存在着关系。一个明显的例子是,提供关于如何实施干预措施的培训和指南可能会对干预措施的实际执行质量产生直接影响(而这又可能影响干预的实施忠实度)。如果所提供的培训数量很少,那么培训的质量就可能很差。促进策略也可能影响参与者响应度:提供激励可以使提供者和参与者对新的干预更加顺从或响应。传递质量可能以同样的方式发挥作用:传递良好的干预可能会使参与者更有热情并致力于此。因此,一个调节变量可能会预测另一个调节变量。

然而,如前文所述,这些关系不是简单的相关关系(大量促进策略可以产生高质量传递)或者简单的陈述(少量激励引起较低的参与者响应度)所能描述的。一个原因是干预复杂性的调节作用:为实现高质量传递或参与者响应度,一个简单的干预可能不需要太多的培训或指导,少量的训练就足够了。换句话说,当一个因素的影响取决于另一个因素的水平时,调节变量之间可能存在交互效应。参与者也可能因为其他因素而对新的干预措施充满热情,而不管激励措施或其他策略。

因此,这些调节变量的互动可能会进一步影响干预和实施忠实度之间的关系。

---

① Resnick, B., Inguito, P., Orwig, D., Yahiro, J., Hawkes, W., Werner, M., Zimmerman, S., & Magaziner, J. Treatment fidelity in behavior change research: A case example [J]. *Nursing Research*, 2005, 54(2): 139–143.

② Bellg, A., Borrelli, B., Resnick, B., Hecht, J., Minicucci, D., Ory, M., Ogedegbe, G., Orwig, D., Ernst, D., & Czajkowski, S. Enhancing treatment fidelity in health behavior change studies: Best practices and recommendations from the NIH Behavior Change Consortium [J]. *Health Psychology*, 2004, 23: 443–451.

(四) 测量

我们的框架的启示是,任何评估必须衡量上述影响实施忠实度的所有因素,如干预复杂度和促进策略的充分性。它还需要衡量参与者对拟实施干预措施、实施的干预措施的反应或接受程度。除了少数测量传递质量或参与者响应度的研究[1]之外,大多数实施忠实度的研究仅仅关注于几乎完全由遵循程度所决定的忠实度得分。[2] 此外,该研究很少报告高实施忠实度。[3] 它实际上往往达不到理想,有时甚至很差,但只有通过衡量上文所述的调节变量,才可能理解对执行率低或不充分的潜在解释。只有查明和控制执行工作可能遇到的障碍,才能解决这些问题,并实现更高的执行率。

实现高实施忠实度是成功复制原始研究中干预措施的最佳途径之一。成功的循证实践受到许多因素的制约,[4]实现忠实度就是其中之一。本书提供了一个迄今为止最完整的实施忠实度概念框架,并解释了为什么要测量实施忠实度以及怎样测量。该框架是多方面(many-faceted)的,包括干预及其实施。遵循程度与干预的内容(干预内容——其"活性成分"——是否经常被参与者所接受)和剂量(持续了应有的时间)有关。然而,充分遵循的程度(即高实施忠实度)可以被传递过程的因素影响或者调节,如促进策略、传递质量和参与者响应度。

这种概念化为研究人员提供了一个潜在的实施研究框架。根据这一框架监测实施忠实度,可以更好地评估干预措施对结果的实际影响。由此产生的研究结果的可信性和效用也将相应提高。它还提供了循证实践者在实施研究中描述干预措施时的过程和因素的指南。然而,在这一主题上还需要更多的研究。需要进行实证研究,以测试框架本身,并澄清这里包含的组件的调节影响。

---

[1] Naylor, P. J., Macdonald, H. M., Zebedee, J. A., Reed, K. E., & McKay, H. A. Lessons learned from Action Schools! BC — an 'active school' model to promote physical activity in elementary schools [J]. *Journal of Science and Medicine in Sport*, 2006, 9(5): 413–423.

[2] Herzog, S., & Wright, P. Addressing the fidelity of personal and social responsibility model implementation [J]. *Research Quarterly for Exercise and Sport*, 2005(1): A76.

[3] Rinaldi, M., Mcneil, K., Firn, M., Koletsi, M., Perkins, R., & Singh, S. P. What are the benefits of evidence-based supported employment for patients with first-episode psychosis? [J]. *Psychiatric Bulletin*, 2004, 28(8): 281–284.

[4] Nutley, S., Homel, P. Delivering evidence-based policy and practice: Lessons from the implementation of the UK Crime Reduction Programme [J]. *Evidence & Policy: A Journal of Research, Debate and Practice*, 2006, 2(1): 5–26.

四、"系统视域"下的实施忠实度模型

上述分析框架从系统上阐述了实施忠实度及其在整个干预-结果落实过程中的功能。这对系统研究实施忠实度具有重要的影响,然而我们也可以看到,过程论视角下的实施忠实度框架还是停留在理想层面,没法完全与现实实践中的实施忠实度建立联系。同时也可以看到,过程论视角下的实施忠实度没有具体说明应如何收集关于遵循度情况及其要素或任何调节变量的数据,只是指出了过去如何收集某些要素的数据。例如,参与者的自我报告和文档审查。当然,过程论视角下的实施忠实度也提出可以进行评估以衡量干预规定的内容传递了多少,频率如何和时间长短等,并拒绝了使用忠实度"分数"的想法,但它却使用"高忠实度"或"低忠实度"来描述量化实施。但是,正如从利用该框架的实证研究中所看到的那样,这种术语可能并不是特别有用。基于上述分析可以看出,简单系统理论存在着一定程度的机械化的特征,因此,如何建构基于真实情境的实施忠实度研究框架就显得非常有必要了。

为了解决上述问题,卡罗尔(Carroll)从文献分析的角度对其展开了分析,并且基于已有文献的分析建构了真实情境下的实施忠实度理论模型。在其文献分析中,卡罗尔对文献要求作出了明确的规定:其一,必须是实证研究;其二,必须在文章某一个部分引用了过程论框架。只有这样才能够更加明确看到每一个实施忠实度因素的作用,并且看到不同因素之间的关系,同时还能够了解其他研究者是如何修改这一框架的,以此为基础,形成一个全新的,更加具有情境化的实施忠实度分析框架。卡罗尔最终选用20篇论文作为分析对象。

(一)遵循程度的实证依据

在我们的样本中,除了一项研究外,所有的研究都对遵循情况进行了一些评估,可以说这是衡量实施忠实度的关键指标。只有一项研究没有这样做;[①]这项研究只注重分析对潜在调节变量的分析与评估。

---

① McMahon, S., Muula, A., & De Allegri, M. 'I wanted a skeleton ... they brought a prince': A qualitative investigation of factors mediating the implementation of a performance based incentive program in Malawi [J]. *SSM-Population Health*, 2018, 5: 64-72.

有些研究中将"覆盖范围"作为实施忠实度的重要组成部分，[1]或者有些研究中称之为"剂量"，尽管剂量记录了参加特定方案实施的符合资格要求的人数比例，[2]但是一般来说，实施忠实度框架下的遵循程度要素所包含的内容还是非常稳定的。在所筛选的20篇文献中，很多研究通过对简单系统辩论视角下的实施忠实度框架的每个要素进行独立的评估，即对内容细节、剂量/频率、覆盖面范围和持续时间。[3],[4]当然，也不是所有的过程评估都涉及这几个方面的内容，有些研究中省略了遵循程度的一个或者多个元素，[5]也有研究者将所有这些要素归纳为一个单一的"遵循程度"来进行评估，[6]还有研究者在评估实施忠实度的时候使用了"遵循程度"的一个或者多个因素，比如，内容细节、剂量和持续时间，[7]覆盖率和剂量[8]或者单独的覆盖率。[9]很多研究中都提到了实施忠实度的评估应该包括遵循

---

[1] Sekhobo, J., Peck, S., Byun, Y., Allsopp, M., Holbrook, M., et al. Use of a mixed-method approach to evaluate the implementation of retention promotion strategies in the New York State WIC program [J]. *Evaluation and Program Planning*, 2017, 63: 7-17.

[2] Hanbury, A., Farley, K., Thompson, C., & Wilson, P. Assessment of fidelity in an educational workshop designed to increase the uptake of a primary care alcohol screening recommendation [J]. *Journal of Evaluation in Clinical Practice*, 2015, 21(5): 873-878.

[3] Hasson, H., Blomberg, S., & Dunér, A. Fidelity and moderating factors in complex interventions: A case study of a continuum of care program for frail elderly people in health and social care [J]. *Implementation Science*, 2012, 7(1): 23.

[4] Muntinga, M., Van Leeuwen, K., Schellevis, F., Nijpels, G., & Jansen, A. From concept to content: Assessing the implementation fidelity of a chronic care model for frail, older people who live at home [J]. *BMC Health Services Research*, 2015, 15(1): 18.

[5] Ahtola, A., Haataja, A., Antti, K., Poskiparta, E., & Salmivalli, C. Implementation of anti-bullying lessons in primary classrooms: How important is head teacher support? [J]. *Educational Research*, 2013, 55(4): 376-392.

[6] Beckett, K., Goodenough, T., Deave, T., Jaeckle, S., McDaid, L., et al. Implementing an Injury Prevention Briefing to aid delivery of key fire safety messages in UK children's centres: Qualitative study nested within a multi-centre randomised controlled trial [J]. *BMC Public Health*, 2014, 14(1): 1256.

[7] Gautier, L., Pirkle, C., Furgal, C., & Lucas, M. Assessment of the implementation fidelity of the Arctic Char Distribution Project in Nunavik, Quebec [J]. *BMJ Global Health*, 2016, 1(3): e000093.

[8] Sekhobo, J., Peck, S., Byun, Y., Allsopp, M., Holbrook, M., et al. Use of a mixed-method approach to evaluate the implementation of retention promotion strategies in the New York State WIC program [J]. *Evaluation and Program Planning*, 2017, 63: 7-17.

[9] Hanbury, A., Farley, K., Thompson, C., & Wilson, P. Assessment of fidelity in an（转下页）

程度,并且在很多地方倡导这一观点。① 如果要排除遵循程度,那就需要在确定复杂干预的基本成分或者"有效成分"之后,②才能够认为在实施忠实度的评估中可以不对遵循程度的某一个方面(比如,频率)展开评估,因为众所周知的原因,这方面的内容对结果不会产生决定性的影响。

由上述分析可知,在这些实证研究中,遵循程度的评估内容并没有取得一致的意见。还有一项研究主张扩充遵循程度的构成要素,即在原有的遵循程度构成要素的基础上增加"时效性",即"干预是否在正确的时间进行"。③ 换言之,时效性是指在最佳的时间进行方案的传递,而不仅仅是在可行的情况下进行传递。这是实施忠实度的一个新的要素。有时候,时效性可以与频率整合在一起,有时候也可以单独作为一个要素;也就是说,当一项干预频繁地实施的时候恰恰应该考虑实施的时效性,如此,频率和时效性就能结合在一起了。当然,在有些研究中,时效性一直是作为一个单独的遵循程度的隐性构成要素存在的。④

毋庸置疑,遵循程度的标准总是针对具体的方案来评估的。因此,对于不同的干预,遵循程度的每一个要素都是不同的。还应说明的是,任何复杂的干预都有多个组成部分。因此,本研究中,由于干预不同,概念框架仅仅提供了评估遵循程度的结构和子类别;每个单独的研究都必须将具体干预的细节呈现在框架中。这些要素是每个具体的干预所需要的,因此,不同的研究其构成要素也会有差异。

卡罗尔在其分析中发现,遵循程度的频率数据收集方法主要是"记录审查

(接上页)educational workshop designed to increase the uptake of a primary care alcohol screening recommendation [J]. *Journal of Evaluation in Clinical Practice*, 2015, 21(5): 873-878.

① Kilbourne, A., Neumann, M., Pincus, H. A., Bauer, M., & Stall, R. Implementing evidence-based interventions in health care: Application of the replicating effective programs framework [J]. *Implementation Science*, 2007, 2(1): 42.

② Hasson, H., Blomberg, S., & Dunér, A. Fidelity and moderating factors in complex interventions: A case study of a continuum of care program for frail elderly people in health and social care [J]. *Implementation Science*, 2012, 7(1): 23.

③ von Thiele Schwarz, U., Hasson, H., & Lindfors, P. Applying a fidelity framework to understand adaptations in an occupational health intervention [J]. *Work*, 2015, 51(2): 195-203.

④ Patel, M., Westreich, D., Yotebieng, M., Nana, M., Eron, J., et al. The impact of implementation fidelity on mortality under a CD4-stratified timing strategy for antiretroviral therapy in patients with tuberculosis [J]. *American Journal of Epidemiology*, 2015, 181(9): 714-722.

(record review)",而这种方法的主要分析对象为文本,也就是说,分析频率的主要对象是文本。通过分析发现,在筛选出来的20个原始研究中,16个涉及运用"记录审查"的方法来开展频率的分析,其他研究则使用焦点小组和访谈、[①]结构化访谈、[②]观察和调查。[③,④]为了进一步了解不同研究方法在遵循程度研究上的优缺点,以便为后续研究提供参考,本研究将对这些内容展开相应分析。需要指出的是,在卡罗尔筛选的文献中,每一个实证研究的数据收集方法都不完全一样。

在上述专业报告中,用于发现评估结果的概念框架缺乏普遍的一致性。在卡罗尔的简单实施忠实度框架中,其使用了"高忠实度"和"低忠实度"的分类,但是只在少数实证研究中使用了这一表述。几乎可以肯定的是,创建这种评分等级或者分类系统(也被称为"标准化分析法")很难客观地对实施忠实度展开分析。[⑤] 比如,到底是75%还是80%的覆盖率可以被视为"高"水平的实施忠实度?这种比例与结果之间是什么关系?另外,60%的实施忠实度会产生有意义的结果,那么这种程度是不是应该被认为"高"水平的实施忠实度呢?

评估过程的价值在于了解复杂干预在传递时候发生的情况。例如,确定实际传递的内容(包括频率和持续时间,如果相关)与应该传递的内容之间的差距。如果预期结果没有实现,了解此类差距的存在、规模和实施忠实度的"不足",有助于研究人员和政府机构就如何实现预期结果作出决策。因此,对遵循情况的评价应

[①] Aridi, J., Chapman, S., Wagah, M., & Negin, J. A comparative study of an NGO-sponsored CHW programme versus a ministry of health sponsored CHW programme in rural Kenya: A process evaluation [J]. *Human Resources for Health*, 2014, 12(1): 64.

[②] Gautier, L., Pirkle, C., Furgal, C., & Lucas, M. Assessment of the implementation fidelity of the Arctic Char Distribution Project in Nunavik, Quebec [J]. *BMJ Global Health*, 2016, 1(3): e000093.

[③] Hanbury, A., Farley, K., Thompson, C., & Wilson, P. Assessment of fidelity in an educational workshop designed to increase the uptake of a primary care alcohol screening recommendation [J]. *Journal of Evaluation in Clinical Practice*, 2015, 21(5): 873–878.

[④] Heilemann, C., Best, W., Johnson, F., Beckley, F., Edwards, S., et al. Investigating treatment fidelity in a conversation-based aphasia therapy [J]. *Aphasie und verwandte Gebiete*, 2014, 37(2): 14–26.

[⑤] Hasson, H., Blomberg, S., & Dunér, A. Fidelity and moderating factors in complex interventions: A case study of a continuum of care program for frail elderly people in health and social care [J]. *Implementation Science*, 2012, 7(1): 23.

被视为确保预期结果的重要而有益的信息来源,而不是用那种绝对标准化的方法来衡量复杂干预的成败。

最后,在卡罗尔的过程论视角下的实施忠实度框架中也认识到了这一点,并且在相关的文献中也被其他研究者广泛倡导。在实践中,干预并不总是完全按照方案的计划来进行的,必须适当对其进行调整。① 这种适应和调整可以是故意的,也可以是偶然的。② 在卡罗尔的研究样本中,有 3 项研究的干预增加了其他要素,这是一种局部的适应,以此来回应单位和组织的决策。③,④,⑤ 其他的研究之间的差异在于有些研究强调了情境的重要性以及适应当地真实环境的需要。在过程论视角下的实施忠实度框架指出,只要干预的基本或者关键组成部分能够得到实现,这种调整便是可以的,甚至是必要的,这就是有些研究者提出来的"忠实度-适应"之间的平衡。⑥

正如柯科在其研究中提到的那样,适应是一个复杂的多阶段过程,而且缺乏相应的评估方法。⑦ 因此,缺乏适应相关的实证研究并不令人感到意外。当然,需要指出的是,柯科的研究中提出一个具有借鉴意义的适应性分析框架,这可以用来研究人员和实施科学家的适应过程。柯科强调:

---

① Carroll, C., Patterson, M., Wood, S., Booth, A., Rick, J., & Balain, S. A conceptual framework for implementation fidelity [J]. *Implementation Science*, 2007,2(1): 40.
② Perez, D., Van der Stuyft, P., del Carmen Zabala, M., Castro, M., & Lefevre, P. A modified theoretical framework to assess implementation fidelity of adaptive public health interventions [J]. *Implementation Science*, 2015,11(1): 91.
③ Hasson, H., Blomberg, S., & Dunér, A. Fidelity and moderating factors in complex interventions: A case study of a continuum of care program for frail elderly people in health and social care [J]. *Implementation Science*, 2012,7(1): 23.
④ McMahon, S., Muula, A., & De Allegri, M. 'I wanted a skeleton... they brought a prince': A qualitative investigation of factors mediating the implementation of a performance based incentive program in Malawi [J]. *SSM-Population Health*, 2018,5: 64-72.
⑤ von Thiele Schwarz, U., Hasson, H., & Lindfors, P. Applying a fidelity framework to understand adaptations in an occupational health intervention [J]. *Work*, 2015,51(2): 195-203.
⑥ Perez, D., Van der Stuyft, P., del Carmen Zabala, M., Castro, M., & Lefevre, P. A modified theoretical framework to assess implementation fidelity of adaptive public health interventions [J]. *Implementation Science*, 2015,11(1): 91.
⑦ Kirk, M. A. "Adaptation," Chapters [Z]. In Per Nilsen & Sarah A. Birken (ed.), *Handbook on Implementation Science* [M]. Edward Elgar Publishing, 2020: 317-332.

● 需要考虑哪些内容应该适应和哪些不应该适应(该问题涉及干预的"基本"或"核心"组成部分,通过考虑其"形式"和"功能"得到信息),并应考虑到其他任何的负面影响。

● 需要明确为什么一个适应正在进行或已经完成。

● 需要准确定位作出了哪些适应,这些适应是由谁开展的,以及这些调整如何与干预的"核心"部分相关。

● 最后,需要工具和指导来理解预先规定和分类的适应如何以及为什么会对实施和/或干预结果产生影响。这包括需要发现适应是否对其他实施和干预结果产生了积极和/或消极的"连锁反应"。

正如柯科所指出的那样,这项工作是在实证研究开始评估忠实性实施结果之前必须迈出的第一步。

因此,本章所包含的研究样本表明,概念框架已被证明是有用的,可作为指导实证研究中遵循程度评估的框架。在这些研究中用于评估遵循程度及其要素的数据收集方法通常是传统的,这看起来好像比较容易实现。

只有在对这些评估结果进行分类时,过程论视角下的实施忠实度框架提供的指导是比较有限的。在卡罗尔选择的样本中,对于如何对实施忠实度进行报告和分类并没有形成比较一致的意见,正如前面所提到的那样,基于标准化的实施忠实度分类和阈值设置都存在着明显缺陷。因此,卡罗尔提出真实情境下对实施忠实度的判断和报告没有提出任何限制,只要发现了任何"忠实度不足",那么这个过程就完成了。考虑到所有复杂的干预都是独特的,而且这些问题很可能针对每一种干预,因此,相关研究人员和提供者仍需利用这些信息。

(二) 调节变量的实证依据

过程论视角下的实施忠实度框架定义了调节变量的四种主要类型:干预复杂性、传递质量、参与者响应度以及促进策略。卡罗尔以此为依据,分析了20篇文章发现,每一项实证研究都对遵循程度或者其构成要素进行了过程评估,当然也至少对其中一个调节变量进行了评估。其文献分析发现,20项实证研究中有5项对调节变量的所有方面进行了评估;[1],[2],[3],[4],[5]有 1 项研究评估了 4 个调节变量但是没有对遵循程度进行考察。[6] 有 7 项实证研究评估了参与者响应度,6 项实证研究报告了传递质量,7 项实证研究报告了促进策略的过程。干预复杂性是综合性研究中最少被评估的一个调节变量。同时,这些实证研究表明,研究人员更加倾向于使用定性数据而不是使用量化数据来理解这些调节变量。

(三) 过程论视角下实施忠实度框架没有提到的调节变量的实证依据

除了"时效性"之外,[7]卡罗尔筛选出来的 20 篇文献中并没有试图增加遵循程度及其要素,如过程论视角下实施忠实度框架中提到的那样,调节变量主要是:内容细节、覆盖范围、频率/剂量和持续时间。与遵循程度一样,有些研究者也对实施忠实度的调节变量进行了重命名。比如,戈蒂埃及其同事将"参与者响应度"(participant responsiveness)修改成了"拥抱关系(embracing relatedness),因为修改过后更易于被当地人理解。[8] 在这些研究中,研究者们倾向于使用这些新名称

---

[1] Aridi, J., Chapman, S., Wagah, M., & Negin, J. A comparative study of an NGO-sponsored CHW programme versus a ministry of health sponsored CHW programme in rural Kenya: A process evaluation [J]. *Human Resources for Health*, 2014,12(1): 64.

[2] Beckett, K., Goodenough, T., Deave, T., Jaeckle, S., McDaid, L., et al. Implementing an Injury Prevention Briefing to aid delivery of key fire safety messages in UK children's centres: Qualitative study nested within a multi-centre randomised controlled trial [J]. *BMC Public Health*, 2014,14(1): 1256.

[3] Gautier, L., Pirkle, C., Furgal, C., & Lucas, M. Assessment of the implementation fidelity of the Arctic Char Distribution Project in Nunavik, Quebec [J]. *BMJ Global Health*, 2016,1(3): e000093.

[4] Hasson, H., Blomberg, S., & Dunér, A. Fidelity and moderating factors in complex interventions: A case study of a continuum of care program for frail elderly people in health and social care [J]. *Implementation Science*, 2012,7(1): 23.

[5] Huebner, R., Posze, L., Willauer, T., & Hall, M. Sobriety treatment and recovery teams: Implementation fidelity and related outcomes [J]. *Substance Use and Misuse*, 2015,50(10): 1341 - 1350.

[6] McMahon, S., Muula, A., & De Allegri, M. 'I wanted a skeleton... they brought a prince': A qualitative investigation of factors mediating the implementation of a performance based incentive program in Malawi [J]. *SSM-Population Health*, 2018,5: 64 - 72.

[7] von Thiele Schwarz, U., Hasson, H., & Lindfors, P. Applying a fidelity framework to understand adaptations in an occupational health intervention [J]. *Work*, 2015,51(2): 195 - 203.

[8] Gautier, L., Pirkle, C., Furgal, C., & Lucas, M. Assessment of the implementation fidelity of the Arctic Char Distribution Project in Nunavik, Quebec [J]. *BMJ Global Health*, 2016,1(3): e000093.

来代替过程论视角下的调节变量名称。

然而,也有研究者提出了一些新的调节变量,其中最有名的就是汉森等人(2012)对过程论视角下的调节变量框架进行的修改。① 在他们的研究框架中,新增了两个调节变量:情境和拓展信息(recruitment)。汉森等人将情境定义为"周围的社会系统,如组织和团体的结构和文化,以及历史和同期事件",并在他们的研究中明确了"情境"包括以下这些要素:财政资源、存在的相关的并行项目、受访工作人员的以往经验,以及员工流动等组织变革因素。确实,"情境"是一个永远存在的因素,绝不能被忽视。在他们的研究中,这些因素中的一些似乎影响了忠实度,但有些没有。招募,这一因素最初由斯特克勒等人确认,被定义为涵盖"潜在参与者没有参与的原因、不太可能参与的群体以及招募潜在参与者程序的一致性等方面"。②

真实情境中的实施忠实度是非常复杂的,因此,对上述调节内容进行补充是非常必要的。尤其重要的是,将情境作为调节变量纳入分析框架意义非常重大,其实自2014年起研究者们便逐渐认识到情境作为调节变量的重要意义,③,④ 当然,关于拓展信息纳入调节变量的还比较少。⑤ 事实上,目前仍然不清楚拓展信息与覆盖范围有什么实质上的区别,这可以解释为什么在后续的实证研究中,几乎没有学者将其纳入实施忠实度分析框架之中。根据汉森等人(2012)的理解,⑥后

---

① Hasson, H., Blomberg, S., & Dunér, A. Fidelity and moderating factors in complex interventions: A case study of a continuum of care program for frail elderly people in health and social care [J]. *Implementation Science*, 2012,7(1): 23.

② Steckler, A., Linnan, L., & Israel, B. *Process evaluation for public health interventions and research* [M]. San Francisco, CA: Jossey-Bass, 2002.

③ Helmond, P., Overbeek, G., & Brugman, D. A multiaspect program integrity assessment of the cognitive-behavioral program EQUIP for incarcerated offenders [J]. *International Journal of Offender Therapy and Comparative Criminology*, 2014,58(10): 1186 - 1204.

④ Willeboordse, F., Schellevis, F., Meulendijk, M., Hugtenburg, J., & Elders, P. Implementation fidelity of a clinical medication review intervention: Process evaluation [J]. *International Journal of Clinical Pharmacy*, 2018,40(3): 550 - 565.

⑤ McMahon, S., Muula, A., & De Allegri, M. 'I wanted a skeleton … they brought a prince': A qualitative investigation of factors mediating the implementation of a performance based incentive program in Malawi [J]. *SSM-Population Health*, 2018,5: 64 - 72.

⑥ Hasson, H., Blomberg, S., & Dunér, A. Fidelity and moderating factors in complex interventions: A case study of a continuum of care program for frail elderly people in health and social care [J]. *Implementation Science*, 2012,7(1): 23.

续众多实证研究均考虑了如下因素：资源和资金的可用性；员工的可用性和流动性；以及组织变革的程度。这可以通过卡罗尔所筛选的20项实证研究得到进一步的验证。

阿图尔提出使用两水平模型来区分个人和组织传递或者接受干预，并且找到实施的多重本质属性。[1] 实施的多重属性也得到相关研究的验证。[2] 正因为实施具有多重属性，也就是说，任何实施忠实度的构成要素都是需要在一定的情境下发挥作用。因此，情境因素就更加需要纳入实施忠实度的分析框架之中。

综合上述分析，具体而言，情境因素应该包括这几类内容：组织能力（工作人员更替、基础设施、组织变革，以及可能的筹资）；以及组织支持（领导对干预的实施、资金的可用性的责任心），当然，这其中包括克莱恩和索拉提出的"组织氛围"概念。[3] 文化也可能作为情境的构成要素而存在，与组织分离。与组织一样，文化是实施忠实度和结果的一个重要调节变量，但它存在于干预及其参与者的微观领域之外。个人存在于组织和社会系统中，通过将情境定位在这种系统层面上，可以区分组织或文化方面的首要因素和在个人层面上起作用的因素。这些情境调节变量可能还有另一个共同点：影响的方向大多是单向的；也就是说，情境可以影响促进策略、传递质量和个人响应度，以及遵循程度，但情境本身不太可能受到其他调节变量的影响。这种观点是令人信服的，并且得到了卡罗尔筛选的实证研究的支持。

时间也是一个重要的调节变量；因为忠实度的某些调节变量可能会随着时间的推移而增加或减少，例如参与者响应度不是任何时候都不变的，由此实施和干预的结果也可能会发生类似的改变。这一调节因素的实证依据是明确的；可以从以下事实得出推论：许多纵向研究已经注意到遵循程度水平如何随时间而变

---

[1] Ahtola, A., Haataja, A., Antti, K., Poskiparta, E., & Salmivalli, C. Implementation of anti-bullying lessons in primary classrooms: How important is head teacher support? [J]. *Educational Research*, 2013, 55(4): 376-392.

[2] von Thiele Schwarz, U., Hasson, H., & Lindfors, P. Applying a fidelity framework to understand adaptations in an occupational health intervention [J]. *Work*, 2015, 51(2): 195-203.

[3] Klein, K., & Sorra, J. The challenge of innovation implementation [J]. *Academy of Management Review*, 1996, 21(4): 1055-1080.

化。①·②因此,时间显然是实施忠实度的调节变量,任何新的框架都应该包括时间。另一个在个人层面上新的调节变量,可能是"参与者能力";也就是说,参与者对干预作出反应的基本能力,不管情境或干预的组成部分如何,这都会影响干预的实施。

(四)调节变量对实施忠实度的影响

卡罗尔筛选出的 20 个实证研究样本中均提到了干预复杂性、促进策略、传递质量和参与者响应度这 4 个调节变量,其中至少有一个会对遵循程度产生调节作用。众多实证研究均表明这 4 个调节变量对遵循程度有着非常重要的调节作用,其中尤其是促进策略的作用。③·④因此,从这些实证研究中可以发现,所提出的这些调节变量确实能够影响实施忠实度水平,当然这种影响可能是显性的,也可能是隐性的。除了上述 4 个调节变量的影响之外,还有研究表明,"情境"因素也能够对其他调节变量产生影响,同时也能够对实施忠实度和干预结果产生重要的影响。⑤·⑥当然,除了上述因素之外,时间也是一个重要的调节变量,并且现有研究表明,随着时间的推移,某些调节变量会发生变化,比如参与者的反应能力,这种改善又会影响实施忠实度和事实结果。⑦

---

① Huebner, R., Posze, L., Willauer, T., & Hall, M. Sobriety treatment and recovery teams: Implementation fidelity and related outcomes [J]. *Substance Use and Misuse*, 2015, 50(10): 1341-1350.
② Muntinga, M., Van Leeuwen, K., Schellevis, F., Nijpels, G., & Jansen, A. From concept to content: Assessing the implementation fidelity of a chronic care model for frail, older people who live at home [J]. *BMC Health Services Research*, 2015, 15(1): 18.
③ Beckett, K., Goodenough, T., Deave, T., Jaeckle, S., McDaid, L., et al. Implementing an Injury Prevention Briefing to aid delivery of key fire safety messages in UK children's centres: Qualitative study nested within a multi-centre randomised controlled trial [J]. *BMC Public Health*, 2014, 14(1): 1256.
④ McMahon, S., Muula, A., & De Allegri, M. 'I wanted a skeleton... they brought a prince': A qualitative investigation of factors mediating the implementation of a performance based incentive program in Malawi [J]. *SSM-Population Health*, 2018, 5: 64-72.
⑤ Augustsson, H., von Thiele Schwarz, U., Stenfors-Hayes, Y., & Hasson, H. Investigating variations in implementation fidelity of an organizational-level occupational health intervention [J]. *International Journal of Behavioral Medicine*, 2015, 22(3): 345-355.
⑥ Huebner, R., Posze, L., Willauer, T., & Hall, M. Sobriety treatment and recovery teams: Implementation fidelity and related outcomes [J]. *Substance Use and Misuse*, 2015, 50(10): 1341-1350.
⑦ McMahon, S., Muula, A., & De Allegri, M. 'I wanted a skeleton... they brought a prince': A qualitative investigation of factors mediating the implementation of a performance based incentive program in Malawi [J]. *SSM-Population Health*, 2018, 5: 64-72.

最后,需要指出的是,这些调节变量中的一些因素也可能是干预的一部分,而不是单独的调节变量。干预的传递通常是干预内容和描述中必然会涉及的内容。干预的复杂性、促进战略和传递质量亦是如此。干预本身就会包括或者考虑很多调节变量中的因素。

这些发现一直在强调为什么在评估过程中,这些调节变量如此重要;因为它们常常是理解实施过程中所发生事情的关键。因此,进行此类评估的原因不仅是为了按照最初的建议来确保忠实度,更是通过减少或控制已确定的实现忠实度过程中遇到的障碍来提高实施忠实度,[1]同时也是为了更全面地了解过程,以便干预能够最好地适应情境。[2]

(五) 调节变量之间的关系

其实对于研究者而言,最困难的就是如何理解调节变量之间的关系。卡罗尔筛选的20个原始研究中,每一个独立研究都将单独的潜在调节变量对实施忠实度的影响完全独立。例如,促进策略或干预复杂性对参与者响应度的直接影响的例子很少。[3] 在这些实证研究中,众多实证依据一致表明,情境这一调节变量对其他调节变量具有重要的影响,比如,奥古特森及其同事[4]和戈蒂埃等人[5]的研究指出,与财务和其他资源的可利用性相较而言,情境对参与者响应度和/或传递质量的影响更明显。然而,到目前为止,大多数调节变量的独立性或调节变量之间的相互关系的性质和程度仍然不清楚。上述问题由汉森等人提出,虽然这项研究为

---

[1] Carroll, C., Patterson, M., Wood, S., Booth, A., Rick, J., & Balain, S. A conceptual framework for implementation fidelity [J]. *Implementation Science*, 2007, 2(1): 40.

[2] Perez, D., Van der Stuyft, P., del Carmen Zabala, M., Castro, M., & Lefevre, P. A modified theoretical framework to assess implementation fidelity of adaptive public health interventions [J]. *Implementation Science*, 2015, 11(1): 91.

[3] Kladouchou, V., Papathanasiou, I., Efstratiadou, E., Christaki, V., & Hilari, K. Treatment integrity of elaborated semantic feature analysis aphasia therapy delivered in individual and group settings [J]. *International Journal of Language and Communication Disorders*, 2017, 52(6): 733–749.

[4] Augustsson, H., von Thiele Schwarz, U., Stenfors-Hayes, Y., & Hasson, H. Investigating variations in implementation fidelity of an organizational-level occupational health intervention [J]. *International Journal of Behavioral Medicine*, 2015, 22(3): 345–355.

[5] Gautier, L., Pirkle, C., Furgal, C., & Lucas, M. Assessment of the implementation fidelity of the Arctic Char Distribution Project in Nunavik, Quebec [J]. *BMJ Global Health*, 2016, 1(3): e000093.

研究者总结了现有关于调节变量的相关经验性工作,但仍然没有对这些问题作出明确解答。①

(六) 一个全新的框架模型

尽管实证研究存在局限性,但是这些研究为建立一个新的、更加符合实际情况的实施忠实度概念框架提供了重要的证据和基础。正是基于这些分析,卡罗尔建立了一个新的实施忠实度理论模型(如图4-5所示)。与图4-4的过程论视角下的实施忠实度分析框架相比较,本框架有了更深入、更多和更详细的内容,而且框架也更加清晰了。本框架的主要变化在于:对干预的理解(包括干预的形式和功能,以及干预的实施,包括先前确定的调节变量)的深化;以及纳入了包括时间、组织(能力和支持)和文化情境这些关键调节变量。这一框架代表了在实施忠实度和过程评估领域的一个新的研究时期的到来。这也是对过程论视角下的实施忠实度框架和汉森提出的实施忠实度框架的进一步修正和深化。②、③使用这一实施忠实度框架,研究者们可以更加自信地开展相关实证研究了。

在之前的研究中,研究者们均提出使用多种来源的数据对实施忠实度开展三角互证的研究是非常必要的。同时,就开展实施忠实度的相关研究而言,研究者们也提出,以观察分析的方法来验证自我报告和文本是评估实施忠实度的最有效和可靠的方法,并且被认为对诸如传递质量等调节变量至关重要。④、⑤、⑥当然,在

---

① Hasson, H., Blomberg, S., & Dunér, A. Fidelity and moderating factors in complex interventions: A case study of a continuum of care program for frail elderly people in health and social care [J]. *Implementation Science*, 2012, 7(1): 23.

② Carroll, C., Patterson, M., Wood, S., Booth, A., Rick, J., & Balain, S. A conceptual framework for implementation fidelity [J]. *Implementation Science*, 2007, 2(1): 40.

③ Hasson, H., Blomberg, S., & Dunér, A. Fidelity and moderating factors in complex interventions: A case study of a continuum of care program for frail elderly people in health and social care [J]. *Implementation Science*, 2012, 7(1): 23.

④ Augustsson, H., von Thiele Schwarz, U., Stenfors-Hayes, Y., & Hasson, H. Investigating variations in implementation fidelity of an organizational-level occupational health intervention [J]. *International Journal of Behavioral Medicine*, 2015, 22(3): 345-355.

⑤ Heilemann, C., Best, W., Johnson, F., Beckley, F., Edwards, S., et al. Investigating treatment fidelity in a conversation-based aphasia therapy [J]. *Aphasie und verwandte Gebiete*, 2014, 37(2): 14-26.

⑥ McMahon, S., Muula, A., & De Allegri, M. 'I wanted a skeleton... they brought a prince': A qualitative investigation of factors mediating the implementation of a performance based incentive program in Malawi [J]. *SSM-Population Health*, 2018, 5: 64-72.

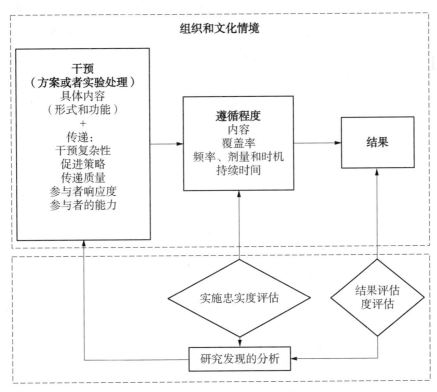

图4-5 系统视域下的实施忠实度模型

实施忠实度的研究中还应该收集一些纵向数据,以便了解变量之间的关系并探索这些变量随时间的变化情况。[①][②][③]自我报告数据(无论是定量的还是定性的)的明显问题在于这种方法容易受到被调查者本身偏好的影响,进而影响对实施忠实度的评估。相比之下,很少有人提到应该收集谁的数据(数据只来自那些提供和接受干预的人)。因此,正如很多实证研究所发现的那样,建议必须使用多种数据

---

① Hasson, H., Blomberg, S., & Dunér, A. Fidelity and moderating factors in complex interventions: A case study of a continuum of care program for frail elderly people in health and social care [J]. *Implementation Science*, 2012, 7(1): 23.
② Huebner, R., Posze, L., Willauer, T., & Hall, M. Sobriety treatment and recovery teams: Implementation fidelity and related outcomes [J]. *Substance Use and Misuse*, 2015, 50(10): 1341-1350.
③ Muntinga, M., Van Leeuwen, K., Schellevis, F., Nijpels, G., & Jansen, A. From concept to content: Assessing the implementation fidelity of a chronic care model for frail, older people who live at home [J]. *BMC Health Services Research*, 2015, 15(1): 18.

源,这些数据源来自一个以上的利益相关者群体,并对这些数据进行三角验证。

然而,正如许多研究指出的那样,如此广泛和详细的过程评估非常耗时,并且需要资金和资源。① 同时,还有研究者指出,在研究和实践中提供策略来支持政策或者干预措施的实施也是一项需要花费大量时间和资源的事情。② 虽然自我报告和记录审查(record review)可能代表所收集证据的可信度相对较弱,同时也容易受到个人偏见的影响,③但这些看似简单的数据收集方法却代表着廉价和简单。④ 相比之下,观察作为一种数据收集的补充方法既费时又昂贵,这一方法至少须由两名评分员进行和分析,从而突出评分或解释的差异。⑤ 问题在于:方法论上薄弱的过程评估是不是要比完全没有过程评估要好呢?这是一种指导思想,但是目前还没有有效的工具来批判性地评估过程评价。⑥ 但是,在一些研究中确实越来越重视观察研究者报告实施过程中的一些细节了。⑦ 当然,有些研究指出,缺乏对如何准确判断实施忠实度和调节变量的影响进行指导是令人惋惜的。⑧

通过对上述三种实施忠实度模型的分析可以发现,要素主义主要是聚焦于实

---

① Ang, K., Hepgul, N., Gao, W., & Higginson, I. Strategies used in improving and assessing the level of reporting of implementation fidelity in randomised controlled trials of palliative care complex interventions: A systematic review [J]. *Palliative Medicine*, 2018,32(2): 500-516.
② Ang, K., Hepgul, N., Gao, W., & Higginson, I. Strategies used in improving and assessing the level of reporting of implementation fidelity in randomised controlled trials of palliative care complex interventions: A systematic review [J]. *Palliative Medicine*, 2018,32(2): 500-516.
③ Ahtola, A., Haataja, A., Antti, K., Poskiparta, E., & Salmivalli, C. Implementation of antibullying lessons in primary classrooms: How important is head teacher support? [J]. *Educational Research*, 2013,55(4): 376-392.
④ Huebner, R., Posze, L., Willauer, T., & Hall, M. Sobriety treatment and recovery teams: Implementation fidelity and related outcomes [J]. *Substance Use and Misuse*, 2015,50(10): 1341-1350.
⑤ Kladouchou, V., Papathanasiou, I., Efstratiadou, E., Christaki, V., & Hilari, K. Treatment integrity of elaborated semantic feature analysis aphasia therapy delivered in individual and group settings [J]. *International Journal of Language and Communication Disorders*, 2017,52(6): 733-749.
⑥ Moore, G. Process evaluation of complex interventions: Medical research council guidance [J]. *British Medical Journal*, 2015,350: h2158.
⑦ Ang, K., Hepgul, N., Gao, W., & Higginson, I. Strategies used in improving and assessing the level of reporting of implementation fidelity in randomised controlled trials of palliative care complex interventions: A systematic review [J]. *Palliative Medicine*, 2018,32(2): 500-516.
⑧ Hanbury, A., Farley, K., Thompson, C., & Wilson, P. Assessment of fidelity in an educational workshop designed to increase the uptake of a primary care alcohol screening recommendation [J]. *Journal of Evaluation in Clinical Practice*, 2015,21(5): 873-878.

施忠实度本身的构成要素来进行研究的,并且随着研究深入,要素也在不断丰富;要素主义为后面的过程取向和系统视角提供了实施忠实度本质构成要素的分析框架,为实施忠实度的深入研究提供了重要的基础。过程取向下的实施忠实度分析框架则在要素取向的基础上进一步将要素分解到了各个实施过程之中,将实施忠实度视为一个发展形成的过程,并且这个过程受到多种调节变量的影响。这种视角为实施忠实度的研究提供了过程路径上的支撑。随着实施忠实度研究的深入,系统视角下则将实施忠实度看作是整个系统的一个组成部分,这个系统受到多种前因变量的影响,并且这种影响是受到多种调节变量的影响的;实施忠实度能够作用于学生学习结果,这种影响也会受到多种因素的影响。这种视角将实施忠实度视为一个系统,其形成和发挥作用都是在这个系统中发生的。而课程政策实施也是一个系统,并不是一个独立的过程或者要素。因此,综合上述分析可知,系统实施忠实度分析框架是一种更具有优势,也更符合课程政策实施状况的分析框架,鉴于此,本书将以此为分析框架,开展课程政策监测与评估研究。

第五章
系统实施忠实度视角下课程政策评估理论模型和指标体系建构

一、系统实施忠实度视角下课程政策监测与评估理论模型

理论模型的建构是开展相关实证分析的基础,因此,建构系统实施忠实度视角下的课程政策监测与评估理论模型就显得尤为重要了。根据前文的文献综述发现,实施忠实度评估框架的建构通常有三种主要方法,本书中的系统实施忠实度视角下的课程政策监测与评估理论框架主要采用第一种方法来建构,即在已被证明有效或者可接受的理论模型的基础上来建构系统实施忠实度视角下的课程政策监测与评估理论模型。对于一个理论模型而言,主要会涉及这几个方面的内容:内涵、组成要素和结构。内涵聚焦于上位的理论理解,组成要素是核心构建,结构是对构成要素内部关系的进一步明确。

(一)系统实施忠实度视角下的课程政策监测与评估内涵理解

系统实施忠实度是指方案在组织和文化情境下在一定时间内遵循原有方案实施的程度。系统实施忠实度除了关注忠实度的一般内容之外,还强调其对作为系统的实施忠实度的功能及其影响因素的分析。具体而言,实施忠实度监测与评估研究具有如下关注重点。

其一,关注对方案的遵循程度。与要素视角下和过程视域下的实施忠实度一样,系统视域下的实施忠实度也非常关注对方案的遵循程度。但是与要素视域下对遵循程度的理解是存在差异的,要素视角下的遵循程度主要强调的是特定活动或方法的实施与方案设计的一致性程度,通常是以话题覆盖度来衡量;而在系统实施忠实度的视角下则认为遵循程度应该包括内容细节、覆盖率、频率和持续时

间等内容。① 由此可见,系统实施忠实度对遵循程度的理解要比要素视角下的遵循程度更加广泛。需要指出的是,在系统实施忠实度的视角下,遵循程度是连接方案与方案结果的重要中介因素,也就是说只有好的方案和实施忠实度才能够产生好的结果。同时,遵循程度在一定的组织和文化情境中产生,因此,遵循程度必然会受到情境的影响。在任何时候,遵循程度的监测与评估都是实施忠实度评估的核心内容。

其二,关注方案本身特征对实施忠实度的影响。在要素和过程取向下的实施忠实度研究中,对方案本身有所提及,但是这并没有引起研究者们的重点关注;而在系统实施忠实度的分析框架中,特别关注方案本身的形式和功能。也就是说,判断系统实施忠实度视角下对方案本身是否适合组织文化情境是评估实施忠实度的前提工作,如果方案本身并不适合当时的社会情境,那么在这种情境下谈实施忠实度就会显得有点多此一举。当然,方案本身的形式和功能也是实施忠实度考察的重点内容,方案的形式是方案本质内容的外在表征式,即一个方案以什么形式呈现出来更容易实施,更容易取得好的实施结果。方案的功能直接指向方案的出发点,这要求方案的功能直接指向现实问题的解决。因此,方案本身的特征是系统实施忠实度首先需要考虑的问题,只有把这个问题搞清楚了,才能够去考虑遵循程度和方案结果。

其三,关注情境因素对实施忠实度的影响。与要素视角下的实施忠实度只关注实施忠实度的要素、过程取向下的实施忠实度只关注实施忠实度的过程有所不同,系统视角下的实施忠实度非常关注实施忠实度的情境因素,即在组织和文化情境中考察实施忠实度的问题。如上文所述,建构主义认为知识是人在情境中与各种要素进行互动建构的过程和结果。实施忠实度本身就是社会建构的产物,必然会与情境紧密相关;同时,由于实施忠实度的评估者本身就参与社会的建构,并且每个评估者本身的倾向也不完全一样,因此这就会导致他们对实施忠实度各要素的关注程度也不完全一样。需要指出的是,关注情境因素对实施忠实度产生影响的另外一个重要原因在于,方案的实施是一个非常复杂的过程,在这个过程中

---

① Nilsen, P., & Birken, S. A. *Handbook on Implementation Science* [M]. Edward Elgar Publishing, 2020: 312.

情境因素的影响必然是不可忽视的,尤其是复杂情境因素会对实施忠实度产生重要而深远的影响。因此,在系统视角下实施忠实度研究非常关注情境因素的影响,只有考虑到了真实的复杂情境因素,才能够更好地为实施忠实度的改善提供针对性的建议。

其四,关注遵循程度对方案结果的影响。要素取向视角下的实施忠实度研究将实施忠实度与方案结果作为两种并列的结果,而在过程取向和系统视角下的实施忠实度研究中,将遵循程度作为影响方案结果的重要因素。遵循程度作为考察方案处理与方案设计者预期之间一致性程度的表征形式,它是整个方案实施过程质量的重要体现,而就过程与结果的关系而言,过程是结果的前提和基础,不存在没有过程的结果,过程的质量能够为结果的出现做好积累,结果是过程变化的趋势。正因为如此,对于方案而言,实施忠实度对方案结果的影响是必然的。并且从方案设计者的预期到方案遵循程度再到方案结果形成了一个完整的方案过程。当然,需要指出的是,方案遵循程度对方案实施结果的影响也会受到周围环境的影响,并不是说在任何时候方案遵循程度对方案结果的影响都是一样的。

其五,关注方案遵循程度和方案结果评估对干预处理的影响。与要素视角和过程视角不同的是,系统视域下的实施忠实度研究并不是一个点状或者线性的,而是一个循环的系统,也就是说,系统视域下的实施忠实度研究不仅仅只关注干预对遵循程度的影响,遵循程度对方案结果的影响,它还注重对遵循程度和方案结果进行分析,然后根据分析结果促进干预的进一步完善。需要指出的是,这种分析能够为方案实施提供最好的时机建议。进而为方案在后续干预措施的完善中提供重要的证据,这也是一种循环实施,是提高整体方案对组织文化情境适应性的重要举措。

上述五个方面是系统视域下实施忠实度评估的关注重点,这些分析能够为系统实施忠实度视域下的课程政策监测与评估研究提供重要的理解基础。为了更好地理解上述概念,这里主要对课程政策监测与评估的重要关注点进行分析。通过文献整理可以发现,课程政策的监测与评估研究中需要着重关注以下几个方面的内容。

第一,课程政策的内容载体聚焦于课程方案、课程标准和教科书。课程政策主要是指与课程行动纲领和准则相关的内容,而在课程政策实践中,这些课程行动纲领和准则是通过课程方案、课程标准和教科书等形式来实现的。从政策制定和实施主体的隶属关系来看,政策可以划分为中央政策、地方政策和基层政策。对于课程政策而言,也有中央的国家课程政策、地方的课程政策以及学校的课程政策。就课程方案政策而言,国家有国家层面的课程设置方案,地方有地方的课程实施方案,学校有学校的课程规划方案。课程标准和教科书也是如此,国家层面有国家的政策、地方有地方的落实政策、学校有学校的使用政策。这些不同层级的政策构成了整个课程政策的全部内容,但是这些内容均是围绕课程方案、课程标准以及教科书展开的。

第二,课程政策的过程要素包括课程行动纲领和准则的设计、实施和结果等。课程政策并不仅仅是一个固定不变的政策文本,它应该包括课程政策的制定、实施和结果等内容。传统的课程政策大多聚集在政策的制定及其文本,这也导致很多时候课程政策的监测与评估多聚焦于课程方案文本质量的评估、课程标准本身质量的评估以及教科书本身质量的评估,或者是对课程方案、课程标准和教科书实施之后的效果评估,而对课程政策过程并没有研究者给予过多关注。正因如此,这里对课程政策进行进一步澄清,以避免一些误解。当然,对于课程政策实施过程而言,它包括的内容也是比较广泛的,那么聚焦什么视角来分析政策实施过程呢?这是后续研究中需要进一步注意的问题。

第三,课程政策监测与评估聚焦日常数据的整理与分析。在课程政策的监测与评估研究中应该收集哪些证据来评估课程政策也是需要明确的问题之一。如前文所述,评估可能是一次性的,但是对监测而言,其数据收集应该具有连续性,当然这个连续可以是固定间隔的监测,也可以是日常数据收集的不定时间间隔的监测。由此可见,不管评估还是监测均涉及数据的收集问题。由于课程政策对课程实践的指导具有非常重要的影响,比如,国家义务教育课程设置方案就与学校的课程安排、学科教师的课时分配密切相关,因此如果信息收集不及时就会导致学校教学无法开展。正是因为课程政策的这种特征,要求在对课程政策进行监测与评估时需要收集一些日常真实的信息,以便课程政策能够及时调整,确保政策与实践的有效互动。

由上述分析可知,系统实施忠实度关注遵循程度、干预措施本身、情境因素、方案结果以及评估结果的分析等内容。而课程政策监测与评估研究在内容上关注课程方案、课程标准和教科书等,在过程上关注政策的制定、实施与结果,在数据收集上则关注日常真实数据的收集。结合上述分析,本研究总结归纳出系统实施忠实度视角下的课程政策监测与评估研究须主要关注以下内容:

其一,聚焦于课程方案、课程标准和教科书等政策遵循程度的研究;

其二,关注课程方案、课程标准和教科书等政策实施措施对遵循程度的影响;

其三,特别关注组织文化情境因素对遵循程度的影响;

其四,关注政策实施遵循程度对政策结果的影响;

其五,考察实施遵循程度和政策结果对政策实施措施的反馈功能;

其六,关注在日常工作中收集课程方案、课程标准和教科书政策实施的相关信息。

综上所述,系统实施忠实度视角下的课程政策监测与评估研究是从系统层面开展针对课程方案、课程标准和教科书政策的实施遵循程度的形成和功能相关日常信息的收集和分析的过程,它主要对课程方案、课程标准和教科书政策的实施遵循程度的特征、形式和功能进行系统分析。

(二) 系统实施忠实度视角下课程政策监测与评估的要素

系统实施忠实度视角下的课程政策监测与评估内涵分析为进一步分析其构成要素奠定了基础。结合上述理解,课程政策监测与评估的构成要素应该包括如下内容。

要素一:政策具体内容及其实施。

这里的政策内容与实施和系统实施忠实度中的干预是一个相类似的概念,在实验中实验处理就是干预,这与在政策中的政策实施是相似的。系统实施忠实度视角下的干预包括干预的形式与功能,还纳入了传递的一些内容,比如,干预的复杂性、促进策略、传递质量、参与者响应度、参与者的能力。根据上述分析,干预的这些内容也需要纳入课程政策的监测与评估中来。既往研究也发现,政策本身的许多因素和特性对政策实施过程和效果都有重要的影响,在实施政策的时候需要考虑政策本身的性质和特点,并且优化政策及其执行方案的结构。[1] 因此,在政策实施忠实度分析的时候需要充分考虑政策内容到底如何,这就会涉及课程政策本

---

[1] 王明宾.美国教育政策执行研究述评[J].江苏教育学院学报(社会科学版),1997(4):16—19.

身的制定形式和功能出发点。我国新课程改革的相关政策在制定时充分体现了这些特征：其一，发展性。新课程改革中"一切为了学生，为了一切学生，为了学生的一切"以学生为本的理念充分展示我国课程政策出发点具有发展性。其二，民主性。新课程政策的出台打破了传统的自上而下行政命令式的政策制定，在这一过程中虽然是国家主导的，但是仍然调动了几百位学科专家、课程专家、一线教师代表等不同利益相关者，并且听取他们的声音。其三，开放性。一方面，它强调课程与生活世界的联系，强调课程与社会发展的联系，增强课程的社会性，培养学生的实践能力、社会责任感与关心社会生活的现实态度，走向课程的生活化、社会化和实用化。另一方面，它要实现课程的综合化，打破学科的人为壁垒，确立开放的课程体系。[①] 正因为我国新课程政策本身的上述优势，我们在分析实施忠实度的时候就不纳入这一因素。

除了课程政策内容本身之外，课程政策实施的相关因素是制约课程政策实施忠实度的重要因素，根据系统实施忠实度框架中对传递的理解，课程政策实施（传递）因素应该包括这些：课程政策实施的复杂性、促进策略、课程政策实施的质量、课程政策实施过程中参与者的响应度以及参与者的能力等。具体而言，课程政策实施的复杂性是指课程政策在实施过程中涉及的人、物以及资源等因素的复杂程度。促进策略指向的是可以优化课程政策实施忠实度的策略，比如，为课程政策实施者提供实施手册、准则、培训、评估和反馈等措施。课程政策实施的质量是指课程政策实施策略是否以适当的方式实现了预期目标，即实施者对课程政策内容的实施与方案规定的接近程度。参与者响应度是指在某段时间内，参与者对课程政策的反应，这包括参与者的课程参与水平及其对课程的兴趣程度，主要通过课程政策对象的自我报告来实现。参与者能力主要是指课程政策实施者实施课程政策的能力。

由上述分析可知，基于系统实施忠实度的视角来开展课程政策监测与评估研究需要关注课程政策的内容及其实施相关要素。但是对于我国课程政策而言，课程政策文本具有自身的优势，有时候就不会纳入分析。而课程政策实施本身的关键因素在课程政策监测与评估中是需要重点关注的。

[①] 黄忠敬. 我国基础教育课程政策：历史、特点与趋势[J]. 课程·教材·教法，2003(1)：21—26.

要素二：实施遵循程度。

系统实施忠实度中对实施忠实度的分析主要是通过对其遵循程度的分析来实现的。遵循程度即特定活动或方法的实施与干预设计者的预期目标的一致性程度，[1]就其本质而言是指实现实施忠实度的底线标准。一般而言，一个干预措施完全遵循了设计者规定的内容、频率、持续时间和覆盖范围以及实施路径，那么这时候的实施忠实度应该是高的。[2] 正因为如此，在课程政策监测与评估的时候需要对课程政策的具体内容、课程政策实施的时间或者频率、课程政策实施覆盖范围以及课程满意度进行分析。课程政策实施的内容主要是指实施中的内容与政策规定的内容之间的一致性。课程政策实施的频率聚焦于课程政策多久实施一次。课程政策实施的持续时间是指课程政策从颁布到目前持续的时间。课程政策实施的覆盖范围是指课程政策实施状况与要求相比较在覆盖情况上的表现。

而对我国义务教育阶段学生课程表的调查也是聚焦于探究学校课程落实国家课程方案（或者省、直辖市、自治区课程实施方案）的状况，因此，实施遵循程度可以为我国义务教育阶段学生课程表的分析提供重要的理论启示。对于义务教育阶段的国家课程而言，"覆盖范围"主要表现为各门科目是否设置完备以及是否使用了恰当的名称，即课程的"开齐"情况；"课程实施的频率和实践"表现为国家课程周总课时以及各门科目的周课时是否符合课程方案规定，即课时的"上足"情况；"课程满意度"主要聚焦于当事人在课程实施过程的意愿、感受、行为与效果上，在我们国家的课程政策或话语语境中，大概都可以归在"教好"的范畴。课程传递涉及正式课程如何在学校特别是课堂情境中被传递的，课堂教学中师生互动、生生互动情况怎样等；参与者响应度涉及教师对新课程的感受、理解及参与态度，以及学生对新课程的感觉、体验与满意度等；课程分化涉及新课程方案对不同地区、学校、教师与学生的适宜性与适应性，在多大程度上满足不同需求的差异性。基于这样的认识或思考，本研究尝试建构了一种符合中国国情的本土化课程实施监测框架。如图 5-1 所示，国家课程实施监测可以整合成三个维度来建构，

---

[1] Dane, A. V., & Schneider, B. H.. Program integrity in primary and early secondary prevention: Are implementation effects out of control? [J]. *Clinical Psychology Review*, 1998, 18(1): 23-45.

[2] Nilsen, P., & Birken, S. A. *Handbook on Implementation Science* [M]. Edward Elgar Publishing, 2020: 291-303.

这三个维度既可构成一个立方体,也可构成三个具有递进关系的观测点。"开齐"代表学校层面的课程设置与国家或省级教育行政部门颁布的课程方案的一致性;"上足"代表这些开设的课程是否符合相关规定的课时要求,课时超出和不足都属于不符合要求;"教好"代表教师、学生在课程实施过程中投入程度高、满意度高、教学行为好、教学质量高等。

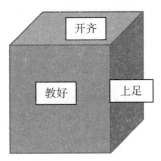

图 5-1 义务教育阶段国家课程实施(遵循程度)监测理论框架

要素三:政策结果。

政策结果是系统实施忠实度中非常关注的一个内容,因为在一定程度上实施忠实度的功能可以通过政策结果来体现。同一项政策文本在不同的地方或被不同的政策实施者执行会产生不同的政策结果,即同一个政策目标对不同地区/不同实施者而言其实施结果是有差异的。通常而言,政策结果可以划分为"成功"和"失败"两类。如果政策结果完全与政策目标相吻合,即为政策成功,如果政策结果与政策目标无法完全相吻合,即为政策偏差。并且,政策偏差是目前对政策结果仅有的解释。[①] 当然,对现有政策实践进行分析可以发现,政策结果很多时候并不能与政策目标完全一致,但是这时候的政策结果并不是完全失败的,在某些方面或者在某种程度上是有其有效性的,即政策结果在某种程度上达到了政策目标。课程政策的结果也是如此,并非完全按照简单的"成功-失败"二元框架来进行解释,甚至在很多时候课程政策结果只在某一方面产生了重要的影响,或者即使课程政策目标没有实现,这时候的政策结果对于改进后续的课程政策实施也是有重要借鉴意义的,因此,课程政策结果会有多种形式,这也成为分析实施忠实度功能的重要载体。

要素四:组织文化情境因素。

组织文化情境因素是系统实施忠实度与要素和过程取向下的本质差异。在系统实施忠实度视角下,课程政策监测与评估必然包括组织文化情境因素。在实施忠实度研究中,汉森等人将情境定义为"周围的社会系统,如组织和团体的结构

---

① 陈亚卓.政策结果多样性的成因分析[D].深圳:深圳大学博士学位论文,2019.

与文化,以及历史和同期事件",并在他们的研究中明确了"情境"包括以下这些要素:财政资源、存在的相关的并行项目、受访工作人员的以往经验,以及员工流动等组织变革因素。① 在课程政策监测与评估研究中,组织文化情境因素主要涉及与课程政策实施相关的组织、团体结构和文化,以及实施的真实背景等因素。当然,也包括课程政策实施的经费支持、课程政策之间的关系、课程政策实施者的以往经验以及组织内部课程政策实施人员的关系等。

(三)系统实施忠实度视角下课程政策监测与评估的结构

通过对系统实施忠实度视角下的课程政策监测与评估要素的分析,能够为后续研究提供重要的基础,但是有了这些要素之后还需要对这些要素之间的关系进行进一步的说明,以便明确寻找到要素之间的边界与联系。基于此,下文将对上述四个要素之间的关系进行进一步的阐述。基于前文介绍的系统实施忠实度分析框架,结合四要素的内容,各要素之间的结构关系可以总结为如下几个方面。

其一,实施遵循程度的形成机制及其影响因素分析。系统实施忠实度模型中关键的路径之一就是考察干预及其对实施遵循程度的影响,在上述分析中,实施忠实度中的干预就是课程政策监测与评估中的课程政策内容与实施,因此,在课程政策监测与评估研究中需要考察的第一个关系就是课程政策内容与实施对实施遵循程度的影响。当然,在这个分析过程中会充分考虑组织文化情境因素对实施遵循程度的影响,即考察组织文化情境因素对课程政策内容和实施对实施遵循程度的调节效应,这是既往研究考虑比较少的方面。

其二,实施遵循程度的功能机制及其影响因素分析。系统实施忠实度中考虑的另外一种重要关系是实施遵循程度对干预结果的影响,据此,在系统实施忠实度视域下的课程政策监测与评估研究应该关注实施遵循程度对课程政策结果的影响,一般而言,实施忠实度作为实施质量的表征形式之一,它对政策实施的结果肯定会产生重要影响,并且实施忠实度水平越高,政策结果越好,反之亦然。在系统实施忠实度分析框架中,还会考察组织文化情境因素对实施遵循程度和政策结

---

① Hasson, H., Blomberg, S., Dunér, A. Fidelity and moderating factors in complex interventions: A case study of a continuum of care program for frail elderly people in health and social care [J]. *Implementation Science*,2012,7(1):23.

果的调节作用,即考察不同的组织文化情境下遵循程度对政策结果的影响是不是会存在差异。在系统实施忠实度视角下也会考察组织文化情境因素对实施遵循程度与政策结果关系的调节作用,进而得出更加深入的研究结果,促使课程政策实施能够更好地适应当时的情境。

其三,实施遵循程度结果和政策结果分析的反馈作用。系统实施忠实度框架下非常关注对实施忠实度和结果的进一步分析,进而为干预内容的完善和干预实施的改进提供证据。因此,在课程政策监测与评估研究中需要充分关注对实施遵循程度和政策结果进行分析,然后根据这些分析结果来完善课程政策的内容和修正课程政策实施的路径或者策略,进而提升课程政策对整个情境的适应性。

结合对系统实施忠实度视角下的课程政策监测与评估的关键要素及其各要素之间关系的分析,可以描绘出系统实施忠实度视角下的课程政策监测与评估框架(如图5-2所示)。

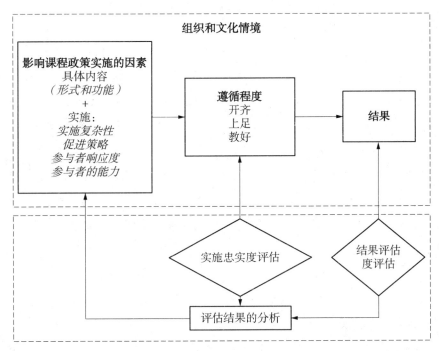

图5-2 系统实施忠实度视角下的课程政策监测与评估框架

二、系统实施忠实度视角下课程政策监测与评估指标体系

在论述了实施忠实度视角下的课程政策监测与评估理论框架,框架建构好之后就需要对课程政策监测与评估指标体系进行建构和分析。为了确保建构指标体系的科学性和有效性,首先需要明确指标体系的建构原则。

(一)评估指标体系的建构原则

指标体系的建构原则在于确保指标体系既能够与实施忠实度视角下的课程政策监测与评估理论模型保持逻辑上的一致性,同时也能够保证指标体系在评估过程中的代表性和灵敏性。基于上述考虑,课程政策监测与评估指标体系的建构原则如下。

其一,系统性原则。在指标体系选择的时候应该基于已有的理论模型,确保指标体系的建构是有理论基础的。这样一方面确保指标体系确实能够指向研究目标,另一方面能够保证各指标之间保持适当的边界。在课程政策监测与评估中这一原则显得尤其重要,因为在政策实施过程中有些因素是相互关联的,采用这一原则有利于保证这些指标体系具有独立性。

其二,简洁性原则。评价指标并非越多越好,设计的指标体系在数量和层次上要尽量少而精,当然,指标也不能过于简单,应以其能系统反映评价目标内容为最低限度。这就要求在确保系统性原则的基础上,课程政策评估指标的选择不是求全,而应该是关注指标的代表性和敏感性,即既能够表征课程政策实施忠实度的内涵,又能够对这一政策与其他政策的实施忠实度进行区分,同时还有利于评估实施者的理解。

其三,客观性原则。对于评估指标体系来说,有些内容是可以通过评估来实现的,但是有些内容并不一定就能够通过评估表征出来,为了确保监测和评估指标的科学性和客观性关系,在指标体系建构的时候尽量选取定量指标,同时保证指标数据的准确性和可信度;而定性指标应尽量少用,以保证评价的客观性。

其四,可操作性原则。建构评估指标体系是对各种类型课程政策进行监测与评估,其主要目的是将复杂、内隐的实施忠实度情况变成可看得见、可评价的内容,进而为课程政策更好地适应社会经济发展提供参考的依据。也就是说,在课程政策监测与评估过程中指标体系应该是可以操作化的,针对那些不可操作化的内容可以将其转化成间接性的可操作性的指标。

其五,"质量指标"优先的原则。对于指标体系的建构而言,并不是所有理论框架中的内容都需要完全一一对应地纳入指标体系,更不是说指标体系越复杂越好、内容越多越好,在监测与评估指标建构中需要树立起一个重要的理念就是,选择具有代表性的问题,选择那些最能够代表理论框架的指标,或者说是关键考虑指标在评价过程中所起作用的大小。因此,在课程政策监测与评估指标体系的建构过程中需要充分考虑这一因素,选择那些能够体现质量的指标。

(二) 评估指标体系的具体内容

理论模型为课程政策监测与评估指标体系的建构提供了重要的知识基础,而建构原则为指标体系的建构提供了操作方式的指导,根据这些理论模型和建构原则,我们来建构系统实施忠实度视角下的课程政策监测评估指标体系。

在建构指标体系之前,首先需要对课程政策的类型进行说明,如前文所述,课程政策主要是通过课程方案、课程标准和教科书等形式来呈现,并且这三种类型的政策在实施过程中也有不同的表现层次,也就是说课程政策存在很多的表征形式,一项研究无法对所有的课程政策建立一个指标体系,这就要求在建构课程政策监测与评估指标体系时要有所选择和侧重。就我国课程政策而言,最为典型的主要是国家义务教育课程设置方案、普通高中课程设置方案、各学段学科课程标准、国家统编教科书以及其他教科书等内容。因此,本书主要选取国家义务教育课程设置方案、道德与法治学科课程标准、道德与法治教科书作为代表来建构实施忠实度视角下课程政策监测与评估指标体系,具体内容如表5-1所示。

表5-1 实施忠实度视角下的课程政策监测与评估指标体系

课程政策实施 忠实度指标		义务教育课程方案 实施忠实度指标	课程标准实施 忠实度指标	教科书实施 忠实度指标
要素	指标			
遵循 程度	开齐	学科名称、学科覆盖范围	学科内容标准、学业质量标准、课程标准的范围	教科书内容、教科书的范围
	上足	周课时节数	课程标准使用的频率	教科书使用的频率
	教好	落实的方式(上课有讨论等)	课程标准的使用质量	教科书的使用质量

续表

课程政策实施忠实度指标		义务教育课程方案实施忠实度指标	课程标准实施忠实度指标	教科书实施忠实度指标
要素	指标			
课程政策内容与实施	政策内容形式与功能	方案内容目标和功能	课程目标	教科书目标
	实施复杂性	方案落实的层级(中国课程方案实施有三级)	课程标准与课堂学习目标之间的关系	课堂教学内容与教科书之间的关系
	促进策略	方案实施的保障机制(排名、表扬)	课程标准的解读路径与使用方式	教科书的使用策略
	参与者响应度	学生的投入(享受)	学生课堂参与度	学生课堂参与度
	参与者的能力	学生年级、认识水平等	学生年级、认识水平等	学生年级、认识水平等
政策结果	外显结果	学生学习结果(成绩)	学业成绩	学业成绩
	内隐结果	学生课程满意度	学习满意度	学习满意度
组织文化情境	社会情境氛围	方案实施的氛围(学校的SES)	班级氛围	班级氛围
	组织内部关系	团队	教研	教研
	其他项目的关系	与教科书和课程标准的关系	与课程方案和教科书的关系	与课程方案和课程标准的关系
	实施的背景	省或者学校情况	课堂差异	课堂差异

由表5-1可知,在课程政策三个主要载体上的指标分布是存在差异的,因为每一项课程政策的内涵、功能、实施形式、遵循程度和政策结果都是存在差异的,即使是同一课程政策由于受到具体实施情境的影响也会存在实施忠实度上的差异。尽管如此,本研究对课程方案、课程标准和教科书的实施忠实度监测与评估指标进行了分析,具体如下。

第一,实施忠实度视角下的课程方案监测与评估指标体系的主要内容如下:课程方案遵循程度要素方面涉及开齐(学科名称,学科覆盖范围),上足(周课时节数),教好(实施满意度);课程政策内容与实施方面包括方案的内容和功能,方案实施的环节(层级),方案落实的保障机制(比如课堂中的排名、表扬等),方案落实的方式(课堂教学方式),学生的投入(参与),参与者的能力(年级、认知水平等);政策结果主要是学生学业成绩和学生的课程满意度;组织文化情境则包括方案实施的氛围(学校 SES),方案与教科书、课程标准之间的关系,省或者学校类型情况等。

第二,实施忠实度视角下的课程标准监测与评估指标体系的主要内容如下:课程标准遵循程度包括内容标准、学业质量标准、课程标准的覆盖范围、课程标准的使用频率和课程标准的使用时长;课程标准内容和实施主要包括课程目标、课程标准与课堂学习目标的关系、课程标准的解读和运用方式、课程标准的使用质量、学生的课堂参与和学生所处年级(认知水平);政策结果主要包括学生学业成绩和学业满意度;课程标准实施的组织文化情境包括班级氛围、教研情况、与课程方案和教科书的关系以及课堂差异。

第三,实施忠实度视角下的教科书监测与评估指标体系的主要内容如下:教科书实施遵循程度包括教科书具体内容,教科书的覆盖范围,教科书的使用频率,教科书的使用时长;教科书内容和实施主要包括教科书目标,教科书与课堂学习内容的关系,教科书的使用策略,教科书的使用质量,学生的课堂参与,学生所处年级(认知水平);政策结果主要包括学生学业成绩和学业满意度;教科书实施的组织文化情境包括班级氛围,教研情况,与课程方案和课程标准的关系以及课堂差异。

由上述分析可知,系统实施忠实度视角下的课程政策监测与评估研究可以通过上述三个方面来代表,但需要指出的是,不同的课程政策应该有不同的政策实施忠实度分析框架,上述分析提供了一种分析框架的思路,为后续实施忠实度视角下的课程政策监测与评估研究提供了重要指导。下一章中,主要聚焦义务教育课程设置方案的实施忠实度情况展开相应的实证研究。

第六章
系统实施忠实度视角下的义务教育课程方案监测研究

一、义务教育课程方案监测的必要性

"促进公平,提高质量"是《国家中长期教育改革和发展规划纲要(2010—2020年)》的主旋律,是教育系统服务"四个全面"战略布局的重大课题。中小学课程实施监测不仅是"促进公平"的三大战役之一,也是促进过程公平的主阵地,更决定着课程改革的成败。[1]它与学业质量监测、中考高考构成国家基础教育质量评价的三大支柱。目前关于学业质量监测和中考高考的研究在我国已经获得教育行政部门和教育研究者们的高度关注,并且在理论和实践中取得了长足的进展;[2,3]但是课程实施监测研究在教育决策层面涉及不深入,研究上也多聚焦于理论层面的思考,相应的实践研究并未形成规模,课程实施过程的监测似乎依然还是"黑箱"。其实,与学业质量监测和中考高考相比较,课程实施监测不仅关注结果而且重视过程,而全面的证据更有利于改善学生的学和教师的教。因此,开展课程实施监测研究非常必要。

通过对我国课程实施监测研究的分析发现,目前这一领域主要聚焦于引进国外相关研究或本土化理论建构。其一,引进和运用课程实施监测工具。比如,有的研究者引进"关注为本采纳模式"(CBAM)理论来分析教师课程实施的

---

[1] 马云鹏.课程实施及其在课程改革中的作用[J].课程·教材·教法,2001(9):18—23.
[2] 赵宁宁,刘琴琴,王露,马昕.学业质量监测模型的研究进展与前瞻[J].中国考试,2016(4):8—16.
[3] 谢小庆.关于高考40年的审辩式思考[J].中国考试,2017(5):23—27.

情况;①也有以"实施课程的调查项目"(SEC)为基础研究小学语文阅读能力标准与学生评价的一致性;②还有以韦伯的"一致性模式"和"成就(Achieve)分析模式"考察数学学业评价与课程标准之间的一致性。③ 其二,建构本土化的课程实施理论。在这方面有影响的研究有:基于课程标准的课程实施模式;④从课程知识、课程行为、课程反省和学生学习四个维度建构的教师课程实施监测模型;⑤包含教师的课程知识、教师运作的课程、学生参与的课程和学生学业成就四维度的课程实施测量框架;⑥还有以《基础教育课程改革纲要(试行)》为基础建构的课程政策监测框架。⑦ 上述研究为课程实施监测研究提供了重要的策略指引和知识基础,但其仅聚焦于局部的针对课堂教学或者课程标准实施的监测。此外,课程标准最终其实是通过课堂教学来落实的,即课程标准监测也是一种课堂教学监测。

然而,除了课堂教学之外,课程方案也是课程实施监测的题中之义;⑧与国家层面的课程方案不同,地方和学校层面的课程方案实施情况可以通过课堂教学质量进行反映,因此,这里的课程方案主要指国家层面的课程方案。义务教育课程方案是国家意志的体现,是课程标准研制和教材编写的重要参考,还是地方和学校课程设置的直接依据。因此,我国义务教育阶段课程实施监测中不仅应该包括课堂教学质量评价,还应纳入课程方案监测。

《基础教育课程改革纲要(试行)》将课程划分为国家课程、地方课程和校本课程。⑨

---

① 靳玉乐,尹弘飚.教师与新课程实施:基于CBAM的个案分析[J].课程·教材·教法,2003(11):51—58.
② 刘晶晶.小学语文阅读能力标准与学生评价的一致性研究[D].武汉:华中师范大学博士论文,2015.
③ 刘学智.小学数学学业评价与课程标准一致性的研究[D].长春:东北师范大学博士学位论文,2008.
④ 崔允漷.基于标准的教学:课程实施的新取向[J].教育研究,2009(1):74—79.
⑤ 夏雪梅,沈学珺.中小学教师课程实施的程度检测与干预[J].教育发展研究,2012(8):37—41.
⑥ 邵朝友.忠实取向视野下教师课程实施程度的测量框架[J].现代基础教育研究,2013(11):105—109.
⑦ 史丽晶,马云鹏.课程实施程度检测模型及思考[J].东北师大学报(哲学社会科学版),2016(1):146—150.
⑧ Dane, A. V., & Schneider, B. H. Program integrity in primary and early secondary prevention: Are implementation effects out of control?[J]. Clinical Psychology Review,1998,18(1):23—45.
⑨ 中华人民共和国教育部.教育部关于印发《基础教育课程改革纲要(试行)》的通知[EB/OL].(2001-06-08)[2020-02-15]. http://old.moe.gov.cn//publicfiles/business/htmlfiles/moe/s8001/201404/xxgk_167343.html.

上述三类课程构成一个完整的国家课程方案,如义务教育课程设置方案、普通高中课程方案等。其中,地方课程是适应地方社会经济发展、人才培养的需要而开发的课程;校本课程是依据学校教育哲学而开发的多样性的、可供学生选择的课程。而国家课程是国家规定的共同且占主体地位的课程,它集中体现一个国家的意志,专门为培养未来公民而设计,是依据未来公民接受教育之后所要达到的共同素质而开发的课程。① 由上述概念可知,与地方课程和校本课程不同,国家课程在国家意志和确保公民基本素质等方面居核心地位。② 并且国家课程具有更强的学科性。③ 对国家课程展开监测具有必要性和可行性。但是,经过十多年的课程改革,有些学校为了追逐特色化发展,重视校本课程建设,却忽视国家课程的核心地位,也较少关注国家课程的落实。并且,自2001年国家颁布《义务教育课程设置方案(实验)》以来,鲜有研究对国家课程实施情况进行分析。因此,开展国家课程④监测研究是我国课程研究的当务之急。

综上所述,开展国家课程实施监测研究须聚焦于课堂教学质量和方案实施情况来建构分析框架。当然,开展国家课程实施监测的研究,并不仅仅是为了了解当前国家课程实施取得的成就和存在的局限,更重要的是为后续的国家课程实施提供方向上的引导,进而提升我国义务教育质量。正因如此,"全国义务教育阶段学生课程表调查项目组"建构了相应的国家课程实施理论模型,编制了相关问卷,开展了全国性的大规模调查,以便回应上述问题。

二、理论框架和研究问题

(一) 理论框架

要开展国家课程实施监测,首先需要建构国家课程实施监测的理论框架。上

---

① 崔允漷.重建我国基础教育课程管理框架[A].钟启泉,崔允漷,张华.为了中华民族的复兴,为了每位学生的发展——基础教育课程改革纲要解读[C].上海:华东师范大学出版社,2001:355.
② 季苹.论课程结构[J].中小学管理,2001(2):2—4.
③ 许洁英.国家课程、地方课程和校本课程的含义、目的和地位[J].教育研究,2005(8):32—35.
④ 为了便于调查统计和表述的方便,这里的"国家课程"是狭义的,是指有国家课程标准和教材的课程,在义务教育阶段主要是指语文、数学、英语、科学、道德与法治、历史、地理、物理、化学、生物、体育、美术和音乐,暂不包括综合实践活动、地方课程和校本课程。

文分析指出,霍尔和霍德的关注为本采纳模式①、利斯伍德和蒙哥马利的革新面貌(IP)②、波特的实施课程调查项目③、韦伯开发的一致性模式及成就分析模式等④均是关注课堂教学监测,忽视了课程方案的监测。同时,考虑到各个国家因课程行政的区别导致课程实施的样态差异,故有必要建构符合中国国情、本土化的国家课程实施监测框架。

借鉴对五维度模型的理解,对于义务教育阶段的国家课程而言,"遵循程度"主要表现为各门科目是否设置完备以及是否使用了恰当的名称,即课程的"开齐"情况;"外显指标"表现为国家课程周总课时以及各门科目的周课时是否符合课程方案规定,即课时的"上足"情况;"课程传递质量""参与者响应度"和"课程分化"主要聚焦在当事人在课程实施过程的意愿、感受、行为与效果上,在我们国家的课程政策或话语的语境中,大概都可以归在"教好"的范畴。课程传递涉及正式课程如何在学校特别是课堂情境中被传递的,课堂教学中师生互动、生生互动情况怎样等;参与者响应度涉及教师对新课程的感受、理解及参与态度,以及学生对新课程的感觉、体验与满意度等;课程分化涉及新课程方案对不同地区、学校、教师与学生的适宜性与适应性,在多大程度上满足不同需求的差异性。基于这样的认识或思考,本研究尝试建构了一种符合中国国情的本土化课程实施监测框架。如图6-1所示,国家课程实施监测可以整合成三个维度来建构,这三个维度既可构成一个立方体(图6-1左侧),也可构成三个具有递进关系的观测点(图6-1右侧)。"开齐"代表学校层面的课程设置与国家或省级教育行政部门颁布的课程方案的一致性;"上足"代表这些开设的课程是否符合相关规定的课时要求,课时超出和不足都属于不符合要求;"教好"代表教师、学生在课程实施过程中投入程度高、满意度高、教学行为好、教学质量高等。

(二) 研究问题

根据上述分析,本研究拟从"开齐""上足""教好"三个维度建构课程实施监测

---

① 霍尔,霍德. 实施变革:模式、原则与困境[M]. 吴晓玲,译. 杭州:浙江教育出版社,2004:12.
② Leithwood, K. A., & Montgomery, D. J. The role of the elementary school principal in program improvement [J]. *Review of Educational Research*, 1982,52(3):309-339.
③ Porter, A. C. How SEC measures alignment [J]. *Educational Researcher*, 1997(5):9-12.
④ Webb, N. L. *Alignment of science and mathematics standards and assessments in four states* [R]. Washington, DC: Council of Chief State School Officers, 1999.

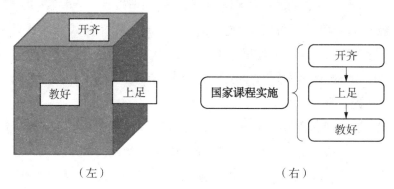

（左）　　　　　　　　　　（右）

图6-1　义务教育阶段国家课程实施监测理论框架

的理论框架，并以此为基础编制课程实施监测工具，进而试图打开"黑箱"，了解国家课程方案实施从国家颁布的正式课程到学校教师理解的课程、课堂运作的课程，再到学生体验到的课程究竟是如何落实的，其间发生了什么变化，在这个实施过程中取得了哪些成就，存在哪些局限，这些成就与局限提示未来国家课程实施的趋势应该是什么样的，以便为国家课程实施理论和实践研究提供启示。

三、研究方法

（一）调查方法

为收集学校课程在"开齐""上足""教好"三个方面的情况，项目组采用问卷调查的方法，专门开发了《学生课程表调查问卷》网络调研软件。该问卷由两部分组成：第一部分收集学生课程表和作息时间表；第二部分是学生、学校信息以及学生对"教好"的评价量表。

本研究主要采取如下方法展开调查：主要方法是滚雪球抽样（Snowball sampling），即随机选择一批被试进行调查，再请他们提供另外一些符合研究目标的被试，根据此线索选择后面的被试。这种方法可以避开直接影响学生被试报告真实情况的教师、学校或其他相关人士，极大提高数据的真实性与结论的可靠性，同时根据某些样本特征对样本进行控制，可以找到群体中不同特征的被试。在涉及后果效应的教育调查中，严格抽样从理论上能提高结论的代表性，但实际上难以获得数据的真实性。因此,此次调查直接邀请全国各地区的学生或学生家长通过手机或者电脑填写问卷,拍照并上传周课程表。在学生完成调查后,鼓励他们动员其他学校或所在学校其他年级的学生参与。为了弥补滚雪球抽样导致样本的不均衡,本研究采取了两种弥补方法。一是以省级区域为单位,组建该地区中小学学生课程表数据采集小组,设置"某省(直辖市或自治区)数据主管";二是组建志愿者调研团队,项目组在全国38所大学召集了157名"课程表调查大学生志愿者"。志愿者既采用滚雪球的方式采集数据,也利用暑假前往自己熟悉的城市一对一取样(图6-2)。

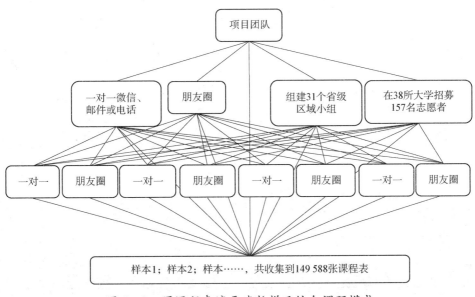

图 6-2　周课程表滚雪球抽样及综合调研模式

(二) 调查对象

通过上述途径收集的调查样本涉及全国范围的 31 个省级行政区域(因为滚雪球调查无法区分该数据来自新疆维吾尔自治区还是新疆生产建设兵团的班级,故将两者合二为一,统称"新疆"),包括 7012 所学校,24 855 个班级,共有原始数据 149 588 份。经多次研讨,优化数据处理方式,原始的 14 万多份数据出现重复班级的仅算一份数据,避免班级重复加权计算。采用 24 855 个班级数据进行班额统计,并根据如下原则删除一部分问卷:其一,信息不完整的课表,如没有填写准确省份信息的班级不纳入统计；其二，错误理解题目含义的问卷也不纳入统计。最后删除198份无效班级数据，保留24 657个有效班级（其中小学班级20 093个，初中班级4 564个）和148 718名有效学生被试。调查具体信息见表6-1、表6-2和表6-3。

表6-1 各省市自治区班级的分布情况

地区名称	班级数	地区名称	班级数	地区名称	班级数	地区名称	班级数
安徽	416	河北	269	辽宁	483	四川	437
北京	696	河南	5 587	内蒙古	296	天津	152
福建	2 176	黑龙江	396	宁夏	53	西藏	45
甘肃	461	湖北	791	青海	86	新疆	678
广东	597	湖南	308	山东	2 005	云南	336
广西	123	吉林	1 332	山西	593	浙江	1 021
贵州	498	江苏	957	陕西	723	重庆	493
海南	125	江西	284	上海	2 240	总计	24 657

表6-2 各年级的班级分布情况

年级	一	二	三	四	五	六	七	八	九
班级数	3 745	3 498	3 670	3 497	3 421	2 262	2 002	1 645	917

表6-3 各省市自治区学生的分布情况

地区名称	学生数	地区名称	学生数	地区名称	学生数	地区名称	学生数
安徽	701	河北	847	辽宁	1 104	四川	1 242
北京	1 297	河南	73 387	内蒙古	1 280	天津	438
福建	12 902	黑龙江	888	宁夏	115	西藏	62
甘肃	859	湖北	2 172	青海	164	新疆	4 690
广东	1 310	湖南	574	山东	9 810	云南	949

续　表

地区名称	学生数	地区名称	学生数	地区名称	学生数	地区名称	学生数
广西	291	吉林	4 387	山西	1 852	浙江	3 236
贵州	1 507	江苏	3 594	陕西	4 059	重庆	1 658
海南	563	江西	569	上海	12 211	总计	148 718

(三) 数据分析方法

对于"开齐""上足"两个方面,本研究通过分析课程表中显示的各班级各门科目的安排,将其与国家《义务教育课程设置方案(实验)》(下称"《实验方案》")或者各省市自治区课程计划(下称"各省课程计划")进行对照,以判断其达标程度。此外,考虑到《实验方案》规定了学校具有10%左右的自主权,所以为更加合理地分析"上足"情况,在周总课时①与国家规定一致的前提下,对各门科目周课时的规定设置了一定的浮动空间。例如,语文学科一年级规定每周上8节,那么缺少或者超过1节都算"符合标准",低于这个标准的是缺课时,超过这个标准的是超课时。基于此,本研究将课时分布划分为符合标准、缺课时和超课时三种类型。

而在"教好"方面,本研究中的"教好"评价量表由6道题组成(6道题中1道题为反向计分),分别指向课堂互动、学生课程满意度和课程需求等方面。6道题相加得出"教好"的总分,并据此分析"教好"的总体现状以及年级、地区间的差异。

四、义务教育阶段国家课程实施的成就与局限

(一)"开齐"维度:总体符合要求,但是部分班级的部分学科没有开设,并且存在更改课程名称的现象

调查发现,全国各学校班级在"开齐"国家方案规定的课程上总体符合要求,

---

① 通过对各省市自治区课程实施方案的分析发现,全国有11个省市自治区对课时长做了规定。其中,吉林、广东、浙江、贵州和江苏均规定:一至六年级每课时40分钟,七至九年级每课时45分钟;内蒙古规定每课时为40—45分钟;重庆规定初中每课时40分钟;北京和四川规定平均每课时45分钟,其中四川规定小学英语可以为每课时30分钟;上海规定一至五年级每课时35分钟,初中每课时40分钟;新疆规定每课时40分钟。其余20个省市自治区没有对每课时长进行规定。这种规定可能会导致部分省市自治区在课时节数上存在差异,但是总体趋势变化不大。

但是也存在部分学科没有开设和更改课程名称的情况,具体如表6-4所示。

表6-4 各门学科在"开齐"维度的表现

学科	未开设班级数	更名班级数	更改之后的国家课程名称举例
语文	0	51	"讲读""汉语""阅生""语言与阅读"等。
数学	0	17	"爱尚数学""口算冲浪"和"趣味数学"等。
外语	101	21	"口语与交际""英语口语"和"英拓"等。
道德与法治类	743	85	"社政""法制""思品生命""新德育"等。
历史	113	0	无
地理	125	0	无
物理	10	1	"自然"
化学	1	0	无
生物	42	0	无
科学	276	35	"科技"和"数学与科技"等。
体育	172	36	"体育与卫生""体活"和"体育保健"等。
音乐	922	57	"唱音""声乐"和"音乐戏曲"等。
美术	855	39	"艺术与欣赏""美信"和"美劳"等。

由表6-4可知,在调查的24 657个班级中,整体上"开齐"状况比较好,即使是"未开齐"和课程"更名"数量最多的音乐学科也只占总量的3.97%。但是,13门学科均存在"未开齐"和课程"更名"的情况,其中"未开齐"的学科达到11门,"更名"学科达到9门。

(二)"上足"维度:超过六成班级存在超课时,并且部分省市自治区、学段以及部分学科课时不符合标准情况严重

1. 三成以上班级周总课时符合标准,还有六成以上班级存在超课时现象

为了了解目前我国义务教育阶段学生在校课程学习的情况,本研究将全国义务教育阶段学生课程表调查结果与国家《实验方案》或者各省课程计划进行对比后发现,我国义务教育阶段学校在总课时的安排上,有30.7%的班级与《实验方案》(或者各省课程计划)是一致的,有61.8%的班级存在超课时的状况,还有

7.6%的班级是缺课时。详见图6-3。

2. 各省(市和自治区)①周总课时"符合标准"的比例差异较大

为了解31个省(包括直辖市和自治区)学生在校课程学习时间的分布情况,本研究将各省(包括直辖市和自治区)的调查结果分别与《实验方案》或者各省课程计划进行对比,得出如下结果,具体见图6-4。

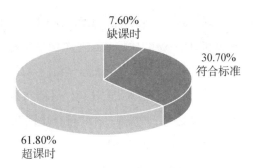

图6-3 全国学生在校课程学习时间分布

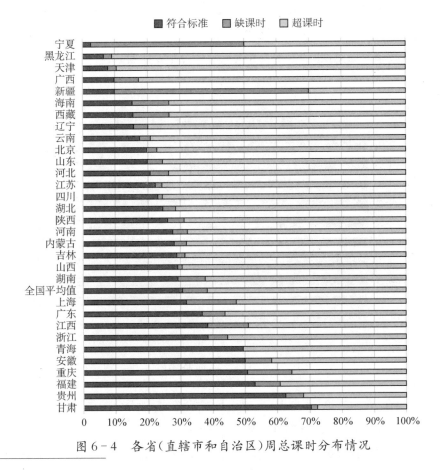

图6-4 各省(直辖市和自治区)周总课时分布情况

---

① 其中新疆生产建设兵团纳入新疆维吾尔族自治区进行计算。

其一,在"符合标准"比例上,全国31个省(直辖市和自治区)中,有10个省(直辖市和自治区)的比例超过了全国平均水平(30.7%),但是还有21个省(直辖市和自治区)"符合标准"比例低于全国平均值。

其二,在"符合标准"比例上各省市自治区存在较大差异。"符合标准"比例最高的甘肃达到了70.4%,而"符合比例"最低的宁夏只有2.6%。

其三,"缺课时"比例也存在较大差异,缺课最严重的新疆达到60.0%,而甘肃省存在"缺课时"比例仅为2.0%。

其四,"超课时"比例存在较大差异,"超课时"状况最严重的黑龙江达到90.0%,而甘肃只有27.6%。

3. 七、八、九年级周总课时"符合标准"比例较低,并且"超课时"比例较高

为了解一至九年级学生一周在校课程学习时间的分布情况,本研究将各年级的学生在校学习周总课时与《实验方案》(或各省课程计划)进行比较,结果如图6-5所示。

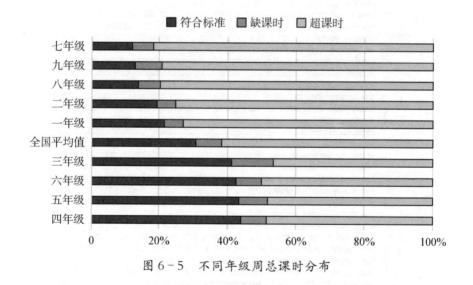

图6-5 不同年级周总课时分布

其一,在"符合标准"比例上,三、四、五、六年级均高于全国平均值,而一、二年级和七、八、九年级均低于全国平均值(30.7%)。

其二,在"符合标准"比例上,各年级存在较大差异,比例最低的七年级只有12.1%,而比例最高的四年级达到43.9%。

其三,在"缺课时"比例上,每个年级均存在缺课时的状况,但是这种差异不明显。

其四,在"超课时"比例上,各年级也存在较大差异,最高的七年级"超课时"比例达到81.7%,最低的三年级"超课时"比例为48.6%。

4. 音乐和美术"符合标准"比例较高,化学、物理和外语等科目"超课时"比例较高,道德与法治类、体育和科学等科目"缺课时"比例较高

为了解不同学科的课时分布情况,本研究将各学科的学生在校学习课时与《实验方案》(或各省课程计划)进行比较,结果如图6-6所示。

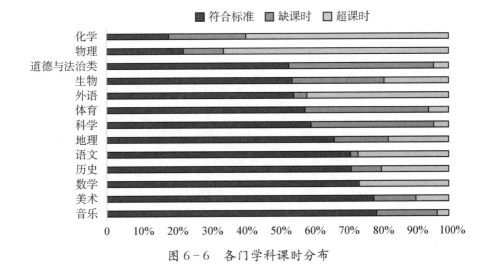

图6-6 各门学科课时分布

由图6-6可知,13门学科的课时分布情况呈如下特征:

其一,在"符合标准"比例上,各门学科的分布存在较大差异,其中音乐和美术学科的"符合标准"比例最高,分别达到78.8%和78.0%,而化学的"符合标准"比例仅为18.3%。

其二,在"缺课时"比例分布上,比例最高的三门学科是:道德与法治类学科(42.3%)、体育(36.1%)和小学科学(35.9%)。

其三,在"超课时"分布上,比例最高的三门学科是:物理(65.8%)、化学(59.3%)和外语(41.5%)。

(三)"教好"维度：学生总体对"教好"感受颇佳,但是中西部省市自治区和初中阶段学生对"教好"的评价较低

1. 中西部省市自治区学生对"教好"评价较低

为了解不同地区学生对"教好"评价的分布状况,本研究分别计算了东、中、西部地区学生对"教好"的评价得分,如图6-7所示。

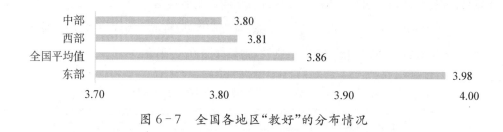

图6-7 全国各地区"教好"的分布情况

由图6-7可知,东、中、西部地区"教好"的分布情况具有如下特征:

其一,就所调查的义务教育阶段的课程实施而言,学生对"教好"的评价比较高,按5级计分,东部最好,能够达到近4分。

其二,东部地区"教好"水平(3.98)显著高于中部(3.80)和西部学生(3.81)。

其三,东、中、西部三个地区只有东部地区"教好"水平高于全国平均值(3.86)。

其四,就"教好"的得分而言,中部地区(3.80)与西部地区(3.81)几乎一样,没什么差异。

2. 西藏、广西、宁夏等省市学生对"教好"评价较低

为了解31个省(包括直辖市和自治区)"教好"的分布情况,本研究将各省(包括直辖市和自治区)的调查结果进行了对比,具体结果见图6-8。

由图6-8可知,一至九年级"教好"的分布情况呈现出如下特征:

其一,全国31个省(直辖市和自治区)中,15个省的"教好"得分超过了全国平均值(3.86),但是还有16个省在全国平均值以下。

其二,"教好"得分最高的是上海(4.16),最低的为西藏(3.47)。

其三,以省为单位来看,"教好"与地区的经济发达程度没有必然关系。也就是说,发达地区"教好"得分并不是很理想,如广东;而欠发达地区,如贵州、新疆

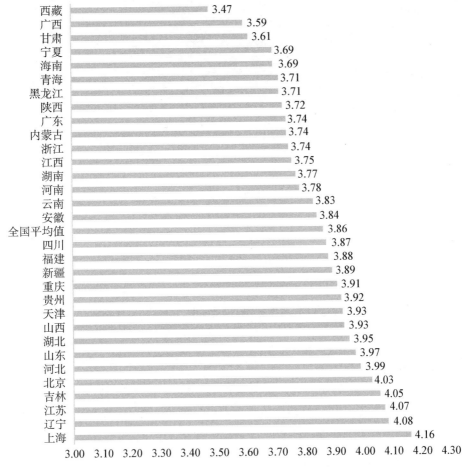

图 6-8 全国各省(直辖市和自治区)"教好"的分布情况

等,"教好"得分反而不错。

3. 七、八、九年级学生对"教好"评价较低

本研究进一步对全国各年级"教好"的状况进行分析,结果如图 6-9 所示。

由图 6-9 可知,各年级"教好"的分布存在如下特征:

其一,总体来看,全国一至九年级学生对"教好"的评价比较高,全国平均值为 3.86,大于中间值 3。

其二,一、二和五年级的"教好"得分在全国平均值以上,其他年级均在全国平均值以下。

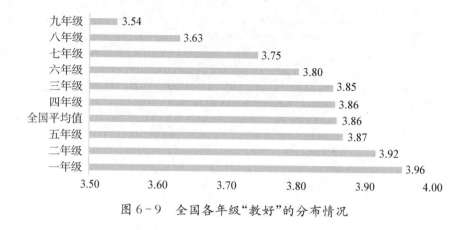

图6-9 全国各年级"教好"的分布情况

其三,虽然各年级学生对"教好"的评价有差异,但是这种差异并不明显。总的来看,小学比初中要好,随着年级的递增,"教好"得分逐步降低。

五、义务教育阶段国家课程实施的未来走向

通过对比全国义务教育阶段班级课程表与国家课程方案(或者各省课程计划)后发现,目前国家课程在学校一级的实施取得了一些成绩,比如:规定的课程门类均有开设,学生对"教好"的评价比较高等。然而,国家课程在实施过程中存在着若干问题,今后国家课程的实施需要在实施过程中重点关注这些问题。这些成果和局限为未来国家课程实施提供了方向指引。

(一)课程名称从"失范"走向"规范"

调查发现,在课程实施的"开齐"维度上,国家课程名称被更改的情况还是比较严重的。在义务教育阶段13门国家课程中,语文、数学和英语等9门科目涉及被更改课程名称的情况。这说明课程名称"失范"情况比较严重。造成上述情况的原因可能是:其一,国家政策文本未对国家课程名称的权威性作出规定。《中华人民共和国义务教育法》第三十五条第一款规定了"课程设置"是国务院教育行政部门的权力,但是并未对课程的其他方面作明确规定,在现行《义务教育课程设置方案(实验)》中也未见有对国家课程名称的相关规定。其二,在追求学校特色化发展的背景下,学校对国家课程进行改造,从而更改了国家课程名称,甚至有些学

校更改的课程名称已看不出国家课程的影子。

基于此,要规范国家课程名称,可以从这几个方面入手:一是根据国务院《规章制定程序条例》严格制定国家课程方案,并且按照程序向地方、学校和社会发布国家义务教育课程方案,明确义务教育课程方案在国家文件中的规章地位,进而增强义务教育课程方案的实施效力;二是在义务教育国家课程方案中规定课程名称的性质和地位;三是政府要运用各种手段宣传、解释政策,让地方各级教育行政部门、学校、教师和社会公众认识义务教育课程方案,明确各自的课程权力与教学权力边界。就实施国家课程而言,地方和学校均没有更改国家课程名称的权力,但是有实施有效教学的权力。如有学校需要开展实验性的课程改革,则需要通过一定的审批程序。

(二)课时分配从数量增减走向结构优化

调查发现,在课程实施"开足"维度上,全国有超过两成的班级是超课时的,并且在初中阶段和部分地区超课时尤为严重,超课时的学科主要是物理、化学和英语等,而道德与法治类课程缺课时比较严重。上述研究结果部分支持了国际学生评估项目(Programme for International Student Assessment,简称 PISA)的最新成果。PISA 2018 的最新结果表明,北京、上海、江苏、浙江组成的中国部分地区联合体在阅读、数学和科学三项测试中,成绩均回归第一。然而,在骄人成绩的背后,学生付出了超长的课堂学习时间,一周平均课程学习时间约为 31.8 小时,在参测国家(地区)中排第 4 位。① 此外,在语文、数学、科学、外语四门科目中,科学每周平均课时数是最高的。② 这种现象会增加学生的学业负担,正如习近平总书记在全国教育大会上讲的:"教育最突出的问题是中小学生太苦太累,办学中的一些做法太短视太功利,更严重的是大家都知道这种状况是不对的,但又在沿着这条路走,越陷越深,越深越陷!"③ 由此可见,解决课时问题仍然是当前基础教育课程改革的重点。然而,从本质上看,"超课时"和"缺课时"均是课程结构失衡的问题,是

---

① 张志勇,贾瑜. 自信与反思:从 PISA 2018 看我国基础教育改革走向[J]. 中国教育学刊,2020(1):1—6.
② 数据来源:http://www.oecd.org/pisa/data/2018database/。
③ 新华社. 习近平出席全国教育大会并发表重要讲话[EB/OL]. (2018-09-10)[2020-02-15]. http://www.gov.cn/xinwen/2018-09/10/content_5320835.htm.

育人目标、学生特征和课程内容结构组织之间失衡造成的。由此,我国义务教育阶段解决课时分配问题应该从"数量增减"走向"结构优化"。

要实现这一转变,这几个方面需要关注。其一,根据育人目标系统优化国家课程开设结构。这要求:一方面,综合分析当前各门国家课程在落实坚持立德树人、贯彻五育并举中的地位、功能和特点,明确哪些国家课程需要加强,哪些国家课程需要调整,进而确定国家课程调整和优化的方向;另一方面,整体规划各学段开设的课程门类,目前义务教育阶段并行科目太多已经有目共睹,为此需要根据学生的学段特征和学生的认知发展规律,将有些课程集中在某一个或者几个学段完成,减少所有学科"一开到底"的现象。其二,优化课程内容之间的结构。这有两层意思:一是根据科目内容之间的关系建设课程群,优化课程内容体系结构,进而为优化课时安排提供基础;二是在同一门国家课程中,设计共同必修加分层分类的选修科目,让有不同需求或基础的学生在共同必修的基础上,有机会学习不同的科目,减轻课程"蜂拥"而上的压力。

(三)课堂教学从侧重策略走向聚焦公平

调查发现,在课程实施"教好"维度上,中西部地区学生和初中阶段学生对"教好"的评价较低。这说明不同学生对"教好"的需求是不一样的。因此,改善课堂教学质量的差异是课程实施的关键所在。然而,从本质上看,课堂教学质量的差异是一个公平问题,是学生需求与教师课堂教学实践之间不和谐的问题。在既往的课堂教学研究中,研究者们多关注课堂教学的策略,[1]但是随着课程改革的纵深推进,课堂教学公平逐渐成为课程实施需要关注的重点问题。

推进课堂教学公平并不是一蹴而就的,而是需要经过一个漫长的过程,从低层次公平逐渐走向高层次公平。要实现课堂教学公平,可以从这几个方面入手。其一,尊重学生课堂学习权利。这是推进课堂教学公平的基础。不论学生的家庭背景、学习基础、性别等差异如何,他们均有平等参与课堂学习的权利。《中华人民共和国义务教育法》第一章第四条规定了适龄儿童依法享有平等接受义务教育的权利,但是传统课堂教学保证的是学生能够进入课堂,而对于学生进入课堂之后避免被区别对待却无法提供保障。就学生的受义务教育权而言,既包括进入学

---

[1] 裴娣娜. 教育创新与学校课堂教学改革论纲[J]. 中国教育学刊,2012(2):1—6.

校、进入课堂,还应该包括在课堂学习中不被区别对待的权利,尊重学生在课堂学习中的表达权、交流权和参与权。其二,创设公平的课堂学习机会。课堂学习机会公平是实现课堂教学公平的重要路径,包括教师的提问机会、学生的回答机会、学习资源使用的机会、师生互动的机会、学生自主学习的机会等方面的公平。要实现课堂学习机会公平,最重要的是实现程序公平,确保课堂教学中每一个环节都是针对所有学生的,不能厚此薄彼。其三,尊重学生的不同学习需求和兴趣。上述两种策略保证了课堂教学的平等,这只是一种机械和简单的公平,公平还应该尊重差异。人是有个体差异的,世界上不存在两个完全一样的人。可能存在外貌极其相似的人,但是人与人之间不可能在人格、智力、情感、认知等方面完全一样,这些差异决定着每个人在课堂学习的过程中思考问题的路径,以及师生交往、生生交往策略都不完全一样。正是由于这些个体差异,要求在课堂教学过程中要尊重学生的需求和兴趣。要实现这一点,首先国家课程内容应该给学生提供选择的空间,其次课堂教学设计也应该从学生出发,最后课堂教学评价更需要采用多元评价方式为学生发展提供过程性证据。

(四) 课程价值从重视短期利益走向关注人的长远发展

如前文所述,目前我国义务教育阶段存在着课程更名、课时不合规、部分地区和学段学生对"教好"评价较低等一系列问题和挑战。其实这些问题之间是相互关联的,从本质上看,均是追求短期利益的课程价值观造成的。这种价值观主要表现为:盲目追求学业成绩、忽视学生发展需求、关注课程的工具价值、强化课程评价的考核功能等。这种课程价值观会助长"教书不育人""授业不解惑"的现象。因此,课程价值观急需从重视短期利益走向关注人的长远发展。

实现这种转变的关键在于:首先,明确课程育人目标。转变传统的课程实施是为了传授"双基"的观念,而应该树立新的目标观,即课程实施是为了培养学生的核心素养,教师的课堂教学可以也需要从知识和技能的传授出发,但最终目的不是掌握"双基",而是培育核心素养。其二,转变课程评价功能。由于传统的课程评价只关注短期利益,因此学生的学习结果(学生的考试成绩)成为唯一的焦点,并且被作为划分学生层次的核心依据。[①] 而在核心素养时代,课程评价应该充

---

① 李美华,白学军. 不同学业成绩类型学生执行功能发展[J]. 心理科学,2008,31(4): 866—870.

分发挥激励学生学习、诊断学生学习状况和调节学生学习进程的功能,只有这样才能够培养学生的学习兴趣,解决学生学习过程中的问题,培养终身发展所必须的核心素养。其三,倡导新的课程育人方式。从关注知识点传授的课程设计走向超越知识点、重视以学科核心素养为旨归的大单元、大项目和大问题的课程设计,倡导启发式、对话式、体验式与探究式的教学,树立学习者中心的教育理念,为学生提供适合的课程资源,促进其实现全面而有个性的发展。

第七章
系统实施忠实度视角下的学科课程监测研究：以科学类课程为例

一、科学类课程监测的必要性

随着新课程改革的纵深推进，各地和学校在落实义务教育国家课程方案的过程中取得了一定成就，促进了素质教育的发展，但同时也存在着课程实施管理相对薄弱的问题，如国家和地方教育行政部门对课程实施的部分情况缺乏了解、反馈改进机制不健全等。课程实施是将预期的课程方案付诸实践的过程[①]，也是培育学生核心素养的关键步骤，既制约着教师当下的课堂教学，又关系到未来的课程改革方向。因此，在义务教育阶段对课程实施开展监测十分必要，有助于及时发现和改进其中的不足，提升课程实施的规范性。近年来，国家也多次颁布关于课程实施监测的政策，凸显了这一问题的重要性。例如，2014年，《教育部关于全面深化课程改革，落实立德树人根本任务的意见》出台，文件特别强调"各地和学校要全面落实基础教育国家课程方案……教育部建立课程实时监测制度，定期对课程实施和教材适用情况进行评估……各地根据监测结果，加强和改进课程实施工作。"2016年，教育部办公厅印发了《关于开展中小学课程实施监测工作的通知》，确定从2017年开始开展中小学课程实施监测工作。由此可见，对课程实施的哪些层面开展监测以及如何监测等问题亟待探索，其中尤以义务教育阶段科学类课程实施状况的监测最具现实意义。

科学类课程具有基础性、实践性和综合性的特征，与其他学科课程共同构成

---

① 李子建，黄显华. 课程：范式、取向与设计[M]. 香港：香港中文大学出版社，1996：311.

整个义务教育阶段的学科课程体系,对于落实育人目标具有重要意义。教育部2001年颁布的《义务教育课程设置方案》(下称"《方案》")中明确规定:"三至九年级设科学课,旨在从生活经验出发,让学生体验探究过程,学习科学方法,形成科学精神。"① 后来,2011年版《初中科学课程标准》指出,"初中科学课程是以对科学本质的认识为基础、以提高学生科学素养为宗旨的综合课程",明确了科学课程的综合性。② 2017年《小学科学课程标准》则规定,小学科学课程是一门基础性课程、实践性课程和综合性课程,进一步厘清了科学类课程的基本特征。③ 由此可见,随着对科学类课程特征的认识逐渐深入,其重要性也进一步彰显。然而,义务教育阶段科学类课程的重要性在学校并未引起足够的重视。在现实学校教育中,一方面,为了应对考试,学校必然会关注语文、数学、外语等学科;另一方面,为了彰显学校办学特色,学校又会将一部分注意力放在校本课程的开发和实施上。而科学类课程在考试中的位置不突出,也不是校本课程,因此容易被忽视。但不管是从我国科学教育发展史、发达国家科学教育地位还是科学教育本身的作用来看,科学都应该作为核心课程之一。所以,开展义务教育阶段科学类课程实施的监测研究非常必要。

近年来,关于科学类课程实施的研究也不少,揭示了科学课程改革中的部分成就与问题。比如,有调查表明,全国小学科学课程实施已取得的成就包括教学内容相对丰富、重视实验教学方法、学生学习兴趣浓厚等,但也存在许多不良倾向,如兼职教师比例达39.88%,科学课程被其他学科占用的比例为62.8%。④ 也有研究显示,中部某市的小学科学课程尽管在凸显课程实践性、丰富科学活动等方面进行了有益探索,但小学未开设科学课程的比例为3.19%,未开足科学课程课时的比例为25.34%,并且小学科学课程被其他学科占用的比例为55.36%。⑤ 还有研究指出,中小学科学课程存在学校领导默许、家长认可、教师随

---

① 中国人民共和国教育部. 教育部关于印发《义务教育课程设置实验方案》的通知[EB/OL]. (2001-11-21)[2020-03-26]http://www.moe.gov.cn/srcsite/A26/s7054/200111/t20011119_88602.html.
② 中华人民共和国教育部. 初中科学课程标准[M]. 北京: 北京师范大学出版社,2011: 2.
③ 中华人民共和国教育部. 小学科学课程标准[M]. 北京: 北京师范大学出版社,2017: 1—2.
④ 张静娴. 全国小学科学课程实施状况的调查研究[D]. 扬州: 扬州大学硕士论文,2018.
⑤ 郭琼娣. 黄石市小学科学课程实施状况调查及对策研究[D]. 黄石: 湖北师范大学硕士论文,2019.

意将科学课时换作他用的现象,特别是被语、数、外等学科占用。① 然而,以上调查研究多聚焦于课堂教学分析,而真正的课程实施的过程应该以《方案》为依据,包括基于三级课程管理体制的从国家到地方再到学校的多个层级,② 不应只涉及课堂教学一个层面。

因此,本研究基于《方案》分析国家规定的科学类课程与学校实施的科学类课程之间的多层差距,以实现对科学类课程实施的监测研究。这不仅可以发现当前科学类课程实施的优势与不足,而且能够为科学课程改革的未来发展提供启示,为学生后续学习科学类课程提供指引,进而实现科学素养的真正落实。

二、研究框架与设计

(一) 研究框架

既往关于科学类课程实施监测的研究理论主要聚焦于两个方面:其一,开发科学类课程实施的监测工具,如英国开发的科学课程实施问卷(Science curriculum implementation questionnaire, SCIQ)。③ 这一研究模型聚焦于影响科学类课程实施的因素分析;其二,借鉴课程评价模式,如目标模式、目标游离模式、外貌模式、CIPP模式等。④ 然而,这些研究更多关注学校课程现状及其影响因素分析。与这些模式相比较,系统实施忠实度关注的是应然的课程方案与实际实施的课程方案之间的差距及其影响因素等问题。这一模式能够用于分析课程方案对科学类课程的规定与实际科学类课程开设情况之间的差距,对本研究的科学类课程实施监测具有重要的借鉴意义。

---

① 刘芸,唐智松,汪先平,白小石.科学课程实施的困境与破解[J].西南师范大学学报(自然科学版),2013,38(3):171—174.
② 教育部关于印发《基础教育课程改革纲要(试行)》的通知[EB/OL].(2001-06-08)[2020-11-18]. http//old.moe.gov.cn//publicfiles/business/htmlfiles/moe/s8001/201404/xxgk_167343.html.
③ Sharp, J. G., Hopkin, R., & Lewthwaite, B. Teacher perceptions of science in the national curriculum: Findings from an application of the Science Curriculum Implementation Questionnaire in English primary schools [J]. *International Journal of Science Education*,2011,33(17):2407-2436.
④ 张华.课程与教学论[M].上海:上海教育出版社,1998:406—416.

由第五章内容可知,系统视角下的实施忠实度是在过程取向视角下的框架基础上建构的,与过程取向不同的是,该框架纳入组织和文化情境,将其作为影响整个实施过程因素,同时该框架中将过程取向中的四个调节变量均纳入与干预一样作为前因变量,并且还考虑到了实施忠实度结果和干预结果对于干预本身和实施过程的改善作用。① 通过上述分析可知,随着实施忠实度评估框架的深入,实施忠实度的监测与评估也越来越能够与真实情境相结合,越来越能够符合现实情况。基于此,本研究拟以系统实施忠实度的角度来分析《方案》中科学类课程的实施状况。

借鉴系统实施忠实度框架,对于《方案》中的道德与法治课程而言,遵循程度主要表现为四个方面:内容(学科名称)、覆盖率(学科科目)、频率(周课时节数)、持续时间(周课时时长)。除了上述遵循程度的四个方面之外,系统实施忠实度还非常关注结果层面的内容。因此,系统实施忠实度本身的维度还包括五个方面的内容。然而,结合中国课程实施的实际情况可知,内容和覆盖率均可以通过课程"开齐"来表征,频率和持续时间可以通过"上足"来表征,而结果层面的内容就可以通过"教好"来表征;并且根据系统实施忠实度的理解,实施过程中的这些要素会受到各种因素的影响,其中最为关键的因素是实施复杂性、促进策略和参与者能力因素的影响。实施复杂性和促进策略可以通过区域特征的差异来表征,参与者能力主要是学生参与课程实施的能力,可以通过学段差异来进行表征。

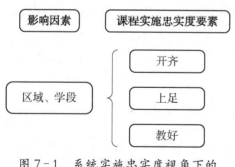

图 7-1 系统实施忠实度视角下的科学课程实施监测框架

系统实施忠实度视角下的道德与法治《方案》的监测可以划分为三个主要问题:《方案》中的道德与法治的实施忠实度如何?不同区域和不同学段道德与法治课程实施忠实度存在什么样的差异?基于上述分析和思考,本研究建构的《方案》中道德与法治课程的实施忠实度分析框架如图7-1所示。

---

① Kirk, M. A. "Adaptation", Chapters. In Per Nilsen & Sarah A. Birken (ed.), *Handbook on Implementation Science* [M]. Edward Elgar Publishing. 2020, chapter 12: 291-314.

(二) 研究设计

依据上述理论框架,本研究主要分两个层次评估国家规定的科学类课程与学校实施的科学类课程之间的差距。一是通过文本分析比较《方案》与各省(市、自治区)科学类课程实施方案,判断第一层差距。二是通过学生课程表调查比较学校科学类课程安排与各省科学类课程实施方案,从"开齐"和"上足"两个方面判断第二层差距。

1. 课程方案文本收集

各省(市、自治区)义务教育课程实施方案集中反映了我国各省份对国家《方案》的落实情况。为了解各省(市、自治区)对科学类课程的规定,项目组通过省级教育行政部门网站搜索、电话咨询等方式,于2018年8月收集了全国31个省(市、自治区,不包括港澳台)的义务教育阶段课程实施方案。本研究将对各省课程实施方案中关于科学类课程的课时安排情况进行统计分析,判定其是否落实了国家《方案》中关于科学类课程的相关规定。

2. 学生课程表调查

学生课程表反映了学校落实地方课程实施方案的情况。然而,仅仅通过与教育行政部门合作或派遣调研专员分层选取学校开展调查,难以获取真实的学生课表信息。因此,为了获得真实的学生课程表,项目组专门开发了《学生课程表调查问卷》网络调研软件,于2018年5—7月采取滚雪球抽样、组建地区数据主管和志愿者调研团队的方法一对一地邀请学生通过手机或电脑填写问卷,收集课程表信息。

《学生课程表调查问卷》共分为两部分,第一部分有关学校课程安排,第二部分涉及学生和学校背景信息,具体调查内容如表7-1所示。其中,本研究主要利用第一部分学生周课程表和作息时间表上有关科学类课程的课名及课时信息进行数据分析,并根据第二部分学生的"所在学校全称"划分地区和学校,根据"所在班级全称"区分同一学校的不同班级。

表7-1 《学生课程表调查问卷》主要内容

	调查主题	题目数量	题目内容
课程安排	本学期课程表	2(1—2)	周课程表,作息时间表
	教师任课情况	3(3—5)	任课教师数量,语文教师兼课情况,数学教师兼课情况

续 表

	调查主题	题目数量	题目内容
	道德与法治类课程情况	5(6—10)	开课情况,兼课情况,换课情况,课程有趣程度,课程有用程度
	课程学习满意度	7(11—17)	课程喜爱程度,学习负担,学习满意度,学习内容理解情况,课堂活动,课堂表扬,成绩排名
背景信息	学生个人背景信息	8(18—25)	性别,住校情况,学校类型,学习表现,所在班级全称,学校班额,班级学生规模,所在学校全称
	学校资源状况	3(26—28)	校外接送车辆数量,学校厕所数量,艺术教育状况
	学生家庭资源状况	3(29—31)	电脑数量,冰箱数量,独立卫生间数量
	联系方式	1(32)	受调查者的联系方式

最初收集的学生课程表样本覆盖全国范围的31个省级行政区域,包括7 012所学校,24 855个班级,共有原始学生数据149 588份。为优化数据处理方式,避免班级重复加权计算,同一班级的课程表仅统计一次,因而仅保留24 855个班级数据。其中,项目组根据如下原则剔除了无效的班级课表:其一,信息不完整的课表,如没有填写准确的省份信息;其二,错误理解题目含义、上传有误的课表。最后,共删除198份无效班级课表,保留24 657个有效班级(其中小学班级20 093个,初中班级4 564个)的课程表。

全国各省(市、自治区)普遍在小学阶段开设综合性的科学课程,初中阶段开设物理、化学、生物等分科课程,只有浙江省在一至九年级均开设综合科学课程。所以,省级科学课程实施方案与学校科学课程安排将分为小学和初中两个学段进行对比,浙江省的初中班级课表均不纳入样本之中。

此外,2001年国家《方案》规定小学科学课程从三年级开始开设即可,直到2017年才颁布《义务教育小学科学课程标准》,将小学科学课程起始年级调整为一年级。考虑到这一政策刚出台不久,距离本研究开展调查的时间较近,而各省(市、自治区)落实新规需要一定时间,所以全国小学一二年级的样本也未纳入统计。

通过对数据进行整理,本研究中涉及的班级分布情况是:小学三至六年级科学学科调查了12 808个班级,其中东部地区5 753个,中部地区5 094个,西部地区1 961个;物理学科涉及2 276个班级,其中东部地区793个,中部地区897个,西部地区586个;化学学科涉及492个班级,其中东部地区87个,中部地区245个,西部地区160个;生物学科涉及3 020个班级,其中东部地区926个,中部地区1 251个,西部地区843个。如表7-2所示。

表7-2 不同区域科学课程的班级样本情况

	东部班级数	中部班级数	西部班级数	总计
小学科学	5 753	5 094	1 961	12 808
物理	793	897	586	2 276
化学	87	245	160	492
生物	926	1 251	843	3 020

3. 数据分析方法

首先,本研究将各省(市、自治区)科学类课程实施方案与《方案》进行对比,计算省级课程方案中科学类课程的课时数占总课时数的比例,比较其是否落在《方案》规定的科学类课程的课时比例范围内,并以此判断地方课程计划与国家《方案》之间的差距。例如,辽宁省课程实施方案规定义务教育阶段科学类课程的课时数(包括小学阶段的综合科学课程和初中阶段的物理、化学、生物课程)为793节,9年总课时数为9 522节,那么相除可得科学类课程的课时占比约为8.3%,而国家《方案》规定这一比例应为7%—9%,可见辽宁省的科学类课程实施计划恰好属于"符合国家标准"类型。此外,若这一比例不足7%,则划分为"低于国家标准";若超过9%,则划分为"高于国家标准"。

其次,关于学校与地方课程计划(或者国家方案)之间的差距。这种差距主要表现在两个方面:"开齐"和"上足"。本研究通过分析学校班级课程表中显示的科学课程的安排,将其与各省市科学类课程实施方案或者《方案》中的规定进行对照,以判断其达标程度。由于科学类课程在各年级的课时安排规定不尽相同,因此本研究将根据年级分别计算每个班级样本的达标情况。在"开齐"方面,只有出现科学类课程且名称与省级课程方案保持一致的班级才被命名为"开齐",而课表中未出现科学类课程或更改科学课程名称的均不视为"开齐"。在"上足"方面,科学类课程周课时数恰好符合省规定的班级划分为"符合标准",少于规定的划分为"缺课时",超过规定的划分为"超课时"。最后,分别计算小学科学、物理、化学、生物各门课程中"未开齐""符合标准""缺课时""超课时"的班级占对应年级班级总数的比例,并比较不同地区之间的差异。

三、研究结果

(一)第一层差距:大部分省级科学类课程实施计划符合国家课程设置方案规定,仍有极少数省份突破了国家方案

《方案》规定义务教育阶段科学类课程占总课时的百分比为7%—9%。根据这一标准,可以将各省(市、自治区)义务教育阶段科学类课程实施方案划分为"低于国家标准""符合国家标准"和"高于国家标准"三种类型,具体情况如表7-3所示。

表7-3 各省(市、自治区)课程实施方案与国家方案之间科学类课程的差距

学科 \ 方案落实情况	低于国家标准（低于7%）	符合国家标准（7%—9%）	高于国家标准（高于9%）
东部		北京(7.6%或者7.2—7.5%)、上海(8.6%)、浙江(8.7%)、山东(8.6%)、广东(8.0%)、福建(8.0%)、天津(8.6%)、辽宁(8.3%)、河北(8.3%)、海南(8.8%)	江苏(9.1%)
中部	安徽(6.9%)	吉林(8.3%)、湖北(8.3%)、湖南(8.7%)、黑龙江(8.3%)、江西(7.0%—9.0%)、山西(7.6%)、河南(7%—9%)	
西部	重庆(6.8%)、新疆(汉语:6.6%)、新疆(民语:6.6%)	甘肃(7%—9%)、陕西(7%—9%)、四川(7.4%)、云南(7.3%)、广西(7.2%)、贵州(7.2%)、内蒙古(7.7%)、西藏(一类:7.7%)、西藏(二类:8.6%)、青海(7%—9%)、宁夏(7%—9%)	

由表 7-3 可知,全国 27 个省级课程实施方案中对科学类课程的课时规定符合国家方案的要求,但是还有安徽(6.9%)、重庆(6.8%)和新疆(6.6%)3 个省(市、自治区)对科学类课程的课时规定低于国家标准(7.0%),江苏省课程实施方案中对科学类课程的课时规定(9.1%)略高于国家方案的规定(9.0%)。

(二)"开齐":绝大部分班级"开齐"了科学类课程,但是存在未"开齐"或者更改科学类课程名称的情况

一般而言,未"开齐"有两种典型的表现:其一,没有开设该门课程;其二,开设了该门课程,但是课程名称改为其他名称,与省级课程实施方案的规定不一致。那么这两种情况在科学课程上是不是存在呢?下面将对这两个方面的内容进行分析。

1. 绝大部分班级"开齐"了科学类课程,但是仍有少数班级未开设,并且与初中科学课程相比较(包括物理、化学和生物),小学科学未开设的比例略高一些

为了解义务教育阶段学校开设科学类课程的情况,本研究首先对未开设的班级进行统计,具体结果如表 7-4 所示。

表 7-4 不同区域科学课程未开设所占比例

	东部	中部	西部	总体比例
小学科学	2.21%	1.94%	2.55%	2.15%
物理	0.50%	0.56%	0.17%	0.44%
化学	—	0.41%	—	0.20%
生物	1.30%	1.84%	0.83%	1.39%

由表 7-4 可知,全国有 2.15% 的小学班级没有开设科学课,有 0.44% 的初中班级没有开设物理课,0.2% 的初中班级没有开设化学课,1.39% 的初中班级没有开设生物课。不同区域(东部、中部和西部)科学类课程的未开设比例存在差异,具体表现为:就小学科学课程而言,西部地区未开设的班级所占比例最高(2.55%);就物理、化学和生物课程而言,中部地区未开设的班级所占比例最高。此外,义务教育阶段四门科学类课程按未开设比例从高到低排序分别是:小学科

学>生物>物理>化学,即小学科学未开设比例最高。

2. 有少数班级更改科学类课程名称,并且更改后的课程名称多聚焦于"科技"

更改课程名称是另一种未"开齐"科学类课程的重要表现,为了明确科学类课程更名的具体情况,本研究对科学类课程更名情况进行总结和归纳,具体情况如表7-5所示。

表7-5 科学类课程更名情况汇总表

科目	年级(更改课名次数)	更改后的课名(次数)
小学科学	三年级(11)	科信(3)、常识(3)、科技(2)、科健(2)、数学与科技(1)
	四年级(10)	科学与技术/科技(6)、探索(2)、常识(1)、自然(1)
	五年级(9)	常识(4)、科技(2)、探索(1)、思科(1)、科学与环境(1)
	六年级(5)	科品(2)、探索(1)、科技(1)、科技与生活(1)
生物	七年级(0)	无
	八年级(0)	无
物理	八年级(1)	自然(1)
	九年级(0)	无
化学	九年级(0)	无

由表7-5可知,大部分学校班级没有更改科学类课程的名称,但是仍然有36个班级更改了科学类课程的名称,更改后的课程名称主要有"科技(科学与技术)""常识""探索""科信""科健"等。在更改的36个名称中,有28个与科技有关,比如"探索""科信"和"科健"。此外,科学类课程更改课名的情况主要集中于小学三至六年级,而且随着年级的升高,更改课名的情况逐渐改善。其中,三年级有11个班级更改了科学课的课程名称,而六年级只有5个班级更改。

(三)"上足":科学类课程"上足"情况复杂,小学科学课程"缺课时"明显,初中科学类课程"超课时"突出,不同区域差异较大

在与省级科学类课程实施方案进行差距比较的过程中,除了未开设科学类课程和更改科学类课程名称的情况之外,还有班级开设了以"科学(或者物理、化学和生物)"为名称的课程,但是这些课程的课时分布未必符合各省课程实施方案

(或者国家方案)的规定。

1. 小学科学课程"上足"符合标准比例最高,但是"缺课时"明显;初中科学"超课时"突出

通过与各省科学类课程实施方案(或者国家方案)的比较可以发现:小学科学课程"符合标准"的比例为59.7%,"缺课时"的比例为35.9%,"超课时"的比例为4.4%;生物课程"符合标准"的比例为54.2%,"缺课时"的比例为26.9%,"超课时"的比例为19.0%;物理课程"符合标准"的比例为22.6%,"缺课时"的比例为11.6%,"超课时"的比例为65.8%;化学课程"符合标准"的比例为18.3%,"缺课时"的比例为22.4%,"超课时"的比例为59.3%。

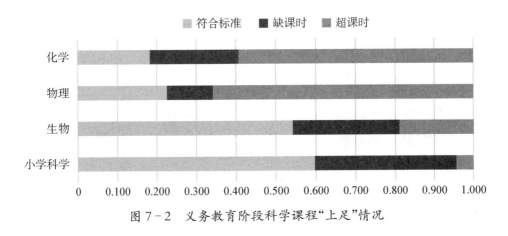

图7-2 义务教育阶段科学课程"上足"情况

由上述分析可知,小学科学课程"符合标准"的比例最高,但是也存在着比较突出的"缺课时"状况。初中生物"符合标准"的比例较高,仅次于小学科学,但同时存在着"缺课时"和"超课时"的问题。初中物理和化学则是"超课时"状况比较明显。

2. 不同区域科学类课程"上足"情况差异较大

分析发现,不同区域科学类课程的"上足"情况差异较大。

由图7-3可知,在小学科学课程上,东部地区"符合标准"的比例为73.2%,"缺课时"的比例为22.6%,"超课时"的比例为4.2%;中部地区"符合标准"的比例为38.2%,"缺课时"的比例为57.9%,"超课时"的比例为3.9%;西部地区"符合标准"的比例为75.4%,"缺课时"的比例为18.1%,"超课时"的比例为6.5%。由

此可见,与东部和西部地区相比较,中部地区小学科学课程的"缺课时"比例更大。

由图7-4可知,在物理学科上,东部地区"符合标准"的比例为28.8%,"缺课时"的比例为11.9%,"超课时"的比例为59.4%;中部地区"符合标准"的比例为20.2%,"缺课时"的比例为13.6%,"超课时"的比例为66.2%;西部地区"符合标准"的比例为17.9%,"缺课时"的比例为8.2%,"超课时"的比例为73.9%。由此可见,物理学科"超课时"比例由低到高的地区分别是:东部＜中部＜西部。

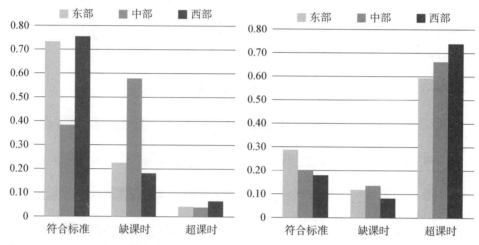

图7-3　不同区域小学科学课程开设情况　　图7-4　不同区域物理课程开设情况

由图7-5可知,在化学学科上,东部地区"符合标准"的比例为34.5%,"缺课时"的比例为14.9%,"超课时"的比例为50.6%;中部地区"符合标准"的比例为14.3%,"缺课时"的比例为28.2%,"超课时"的比例为57.6%;西部地区"符合标准"的比例为15.6%,"缺课时"的比例为17.5%,"超课时"的比例为66.9%。由此可见,化学学科"超课时"比例由低到高的地区分别是:东部＜中部＜西部。

由图7-6可知,在生物学科上,东部地区"符合标准"的比例为53.9%,"缺课时"的比例为25.3%,"超课时"的比例为20.8%;中部地区"符合标准"的比例为52.0%,"缺课时"的比例为26.9%,"超课时"的比例为21.1%;西部地区"符合标准"的比例为57.8%,"缺课时"的比例为28.5%,"超课时"的比例为13.8%。由此可见,生物学科的"上足"地区分布情况比较复杂。"超课时"比例由低到高的地区分别是:西部＜东部＜中部;而"缺课时"比例由低到高的地区分别是:东部＜

中部＜西部。

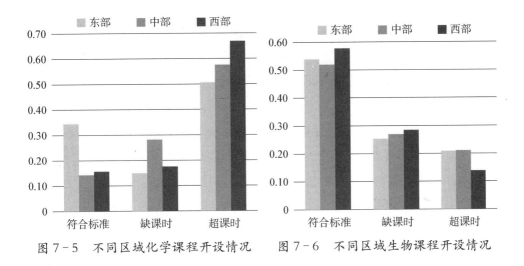

图7-5　不同区域化学课程开设情况　　图7-6　不同区域生物课程开设情况

四、义务教育阶段科学类课程实施的应对策略

本研究发现，义务教育阶段科学类课程实施在国家《方案》与省级课程方案之间以及省级课程方案与学校课程安排之间的两个层面均存在差距。下面将进一步分析造成每层差距的具体原因，并提出相应的解决对策。

（一）整体上，不同学段的科学类课程设计脱节，需要聚焦科学素养一体化设计义务教育阶段科学类课程

从整体来看，小学和初中科学类课程脱节，要求做好小学和初中科学类课程之间的衔接。本研究发现，初中阶段有65.8％的班级在物理课程上"超课时"，59.3％的班级在化学课程上"超课时"，19.0％的班级在生物课程上"超课时"；而小学科学课程却有35.9％的班级存在"缺课时"的状况。这不仅反映了初中阶段学生的科学类课程负担重，也反映了当前我国小学和初中科学类课程的设计存在脱节的问题，即现实中科学类课程的课程标准制定和科学类教材编写都是由不同人员参与的，这些人员无法一致性地设计科学类课程，这就造成小学阶段学习时间长，学习内容简单，容易教；而初中学习时间短，学习内容较难，现有课时没法完成。

要解决上述问题,需要加强小学和初中科学类课程之间的衔接,基于科学素养一体化设计义务教育阶段科学类课程。科学素养是对科学育人目标的学科化表述,这有利于连接教育目标和学科教学,同时也是课程结构优化的重要基础。科学素养是科学类课程建设的出发点和归宿,如何基于科学素养优化课程结构是当前科学类课程改革中的重要内容。要实现基于科学素养的义务教育阶段科学类课程的一体化设计,可以从两个方面考虑。其一,国家层面应该基于科学素养一体化设计义务教育阶段科学类课程体系。理解科学素养的具体内涵,明确要落实科学素养需要哪些课程内容,分析不同的课程内容在落实科学素养中的地位和功能,以及不同科学类课程内容之间的相互关系,避免交叉和重复。同时,国家层面在进行课程结构调整的时候需要充分关注学生认知发展特征,针对不同学段学生的课程安排应该有所不同,以帮助学生适应现有课程。国家层面科学类课程结构的调整还需要从育人目标的整体性出发,明确科学类课程的育人价值定位以及与其他学科之间的关系。其二,学校需要根据科学素养一体化设计学校的科学类课程结构体系。学校课程是科学素养落地的关键步骤,决定着科学类课程是否能够落地。就学校而言,应基于教师-方案-学生三要素互动的原则系统规划科学课程发展。[①] 首先,结合学校育人目标、师资队伍、学生整体情况、学校教育资源以及国家对科学类课程的定位来规划整个学校的科学课程方案;然后,根据每一个学期要实现的育人目标制定学期的科学类课程规划纲要;最后,基于单元或课时设计科学类课程教学方案。这种中小学科学类课程的一体化设计有利于帮助学生减少不同学段的转换适应时间,还可以减少甚至避免学习内容上的重复,为学生的科学类课程学习提供更为充分的时间保障。

(二)科学类课程实施存在第一层差距,应进一步明确地方创造性课程实施空间,建立专业化的科学类课程管理队伍

少数省份的科学类课程实施方案与国家《方案》之间存在差距,表现为突破了国家《方案》对科学类课程的课时规定范围。这说明有些省(市、自治区)对国家课程方案理解不到位,缺乏规范的课程意识,从而产生了政策执行偏差。虽然《方案》规定了地方在实施科学类课程的过程中具有一定的创造性空间,但是这一空

---

① 崔允漷.学校课程发展"中国模式"的建构与实践[J].全球教育展望,2019,48(10):73—84.

间也是有限度的，不能随意突破。另一方面，这也反映了国家课程方案作为政策法规在权责界定上的模糊性。《方案》对地方创造性实施科学类课程的限度及其责任主体没有清晰界定，就会使得相关监督机制和惩戒措施无从落实。

为了解决这一层差距，对创造性课程实施空间的政策界定以及各省（市、自治区）教育行政部门人员的课程素养成为后续科学类课程实施需要重点关注的问题。首先，需要厘清各级教育行政部门对国家科学类课程规定或上级科学类课程实施方案调整、创新的权限，详细界定该权限的边界。例如，省级教育行政部门是否可以对科学类课程的课时安排、课程名称作出调整；市县等下级教育行政部门是否仍拥有这一权限；若突破了相应的权限边界，相应的惩戒措施有哪些等。其次，确定管理各级科学类课程实施的责任主体，即将监督管理科学类课程实施的责任落实到个人，以便通过课程督导机制检查追责，真正实行针对违规的惩戒措施。第三，要建设专业化的科学类课程实施管理队伍，提升各级教育行政部门人员的课程素养，以避免科学类课程实施方案在地方层面就被误解。为加强科学类课程实施管理队伍的专业化水平，需要各级政策制定者、课程专家等多方面人员组织实施培训，帮助各级教育行政部门的科学类课程管理人员理解课程方案及相关政策的制定目的与根本理念，把握合适的创造性课程实施的限度。

（三）科学类课程实施存在第二层的"开齐"差距，需要开展科学类课程的专题培训，引导学校和教师创造性地实施科学类课程

部分学校的科学类课程安排与其所在省份的科学类课程实施方案存在"开齐"方面的差距，表现为学校班级未开设科学类课程或者更改课程名称。研究发现，全国有226个班级没有开设科学类课程，此外还有36个班级将"科学"改成"科技""探索""常识"等名称，但改名现象随着年级升高而逐渐改善。从这一结果来看，未开设科学类课程是较为严重的违规行为，反映了部分学校对省级课程实施方案的漠视，而更改名称的学校则可能是出于创新和改革的目的，希望通过更改课程名称来突出科学课与学生生活的联系，彰显培养科学素养的课程理念。尽管国家《方案》和省级课程实施方案也存在一定的模糊性，但"开齐"方面的差距仍反映了部分学校对相关课程实施方案的理解是相当不到位的，尤其缺乏规范意识，之后需要加强培训和引导。

一方面，要开展聚焦于科学类课程实施的专题培训。尽管以往在课程方案等政策颁布之前均有培训,但是这些培训大多聚焦于整体的课程方案,而较少关注专门的科学类课程。基于此,建议之后开展专门的科学类课程政策的相关培训,并注意以下三个方面。其一,邀请高校专业人员、各级教育行政部门的政策制定人员和科学类课程实施管理人员等各层面的培训专家,帮助学校管理人员及其教师了解科学类课程在实施过程中需要遵循的规范,减少科学类课程方案在学校被曲解异化的现象。其二,受训者应该包括学科专业人员等参与科学类课程方案实施的实际执行人员,尤其是科学教研人员和科学教师,否则容易导致后续科学类课程实施出现偏差。其三,科学制定科学类课程实施的培训规划。培训会议应该聚焦培训目标,以任务为载体,还要监测学校管理人员及科学教师对培训内容的掌握程度等,以使科学类课程实施方案等相关政策被有效理解。

另一方面,还要加强对各级各类学校的引导。一是及时总结学校创造性实施科学类课程的举措,并对这些举措进行论证和推广;二是对学校实施科学类课程的情况进行检查和监督,发现学校在科学类课程实施中的不足,引导学校走上规范创新实施科学类课程的道路。

(四)科学类课程实施存在第二层的"上足"差距,需要引导学校及其教师树立科学课程育人的理念

部分学校的科学类课程安排与其所在省份的科学类课程实施方案存在"上足"方面的差距,主要表现为各个省份均有一定比例的学校班级未达到"符合标准"的程度。学校及其教师对科学类课程的认识存在偏差,是造成"上足"差距的一大原因。在应试文化的影响下,科学类课程是否被列为考试科目、在哪一阶段被列为考试科目决定了学校及其教师的重视程度和课时安排。例如,有研究表明,全国六省小学科学课程被其他学科占用的比例为62.8%。[①] 而到了初中,情况却截然不同。PISA 2018 的调查结果表明,我国四省市初中学生每周在科学类课程上的学习时间超过 5 小时,占总课时的比例过高。[②] 这与本研究的结果是一致的,反映了一种典型的有"课"无"程"的现象,即只关注课时的有无与多少,而不关注学生是否真正地参与了学习,科学素养是否得到培养。此外,小学阶段科学课

---

① 张静娴. 全国小学科学课程实施状况的调查研究[D]. 扬州:扬州大学硕士论文,2018.
② 张志勇,贾瑜. 自信与反思:从 PISA 2018 看我国基础教育改革走向[J]. 中国教育学刊,2020(01):1—6.

程兼职教师比例高,专业化程度较低,也影响着科学类课程的规范实施。2018年《中国义务教育质量监测报告》曾指出,四年级科学兼任教师的比例为85.4%,在兼任教师中,接受过相关专业教师培训的科学教师比例只有71.9%。[①]

因此,针对以上原因,首先需要进行科学教师队伍结构性改革,其次要通过培训引导学校及其专兼职教师树立科学课程育人的理念。然而,在科学教师队伍结构难以短时间、大范围调整的情况下,后者是更为重要和根本的。具体措施如下。其一,明确科学课程育人目标。转变传统的课程实施是为了传授"双基"的观念,而应该树立新的目标观,即科学类课程实施是为了培养学生的科学素养。教师的课堂教学可以从知识和技能的传授出发,但最终目标不是有无掌握"双基",而是有无培育科学素养。其二,转变课程评价功能。由于传统的课程评价只关注学生成绩,因此学生的学习结果(学生的考试成绩)成为唯一的焦点,并且被作为划分学生层次的核心依据。而在新时代,课程评价应该充分发挥激励学生学习、诊断学生学习状况和调节学生学习进程的功能,只有这样才能够培养学生对科学学科的学习兴趣,解决学生学习过程中的问题,培养学生的科学素养。其三,倡导新的课程育人方式。从关注知识点传授的课程设计走向超越知识点、重视以学科核心素养为旨归的大单元、大项目和大问题的课程设计,倡导启发式、对话式、体验式与探究式的科学教学,树立学习者中心的教育理念,为学生提供适合的科学课程资源,促进学生的科学创新与实践能力,实现全面而有个性的发展。

(五)不同区域在科学类课程"上足"差距上存在较大差异,需要为欠发达地区的学校及其教师提供更多科学课程资源支持和发展机会

学校的科学类课程安排与其所在省份的科学类课程实施方案的"上足"差距在不同区域之间差异较大。与东部地区相比,中部和西部的表现均不尽如人意。中部地区在小学科学课程上"缺课时"比例最高,而西部地区在初中的物理、化学两门课程上"超课时"比例最高。导致地区差异的主要原因在于科学类课程资源分布和利用不平衡,包括硬资源和软资源。例如,在小学阶段,欠发达地区的学校由于缺乏实验室、实验器材以及专职科学教师,更有可能减少正常的科学课程教

[①] 教育部基础教育质量监测中心. 我国首份《中国义务教育质量监测报告》发布[EB/OL]. (2018-07-25)[2020-05-25]. http://cicabeq.bnu.edu.cn/shtml/3/news/201807/941.shtml.

学时间。在初中阶段,由于科学类课程是"中考"的一部分,学校不得不对其加以重视,但是欠发达地区的科学教师往往缺乏丰富的获取课程资源的渠道,或者利用实验器材等课程教学资源的能力不足,学生学习效率难以提升,学校只能通过延长教学与学习时间加以弥补。

因此,后续科学类课程实施过程中需要重视地区差异,为薄弱地区提供更多的科学课程资源支持,拓展薄弱地区的课程资源获取渠道,加强科学专职教师配备,提升科学专兼职教师对课程资源利用的效率和能力。具体措施包括四个方面。第一,国家层面需要适当加大对中西部地区和学校的教育经费投入,完善薄弱学校的办学硬件条件,包括建设理科类实验室和充实实验仪器配备。第二,可以由发达地区的教育行政部门组织和发起,委托第三方机构,利用信息技术建立科学类课程优质资源共享平台,促进省际、市际、校际多个层面课程资源的交流与分享。例如,各层面可以共享精品视频课程、学期课程纲要、教学方案、评价方案等,还可以定期开展在线跨校合作教研。第三,增加欠发达地区的专职科学教师编制,加大相应补助力度,吸引科学专业人才成为学校教师,同时减少科学教师人才的流失。第四,为欠发达地区和学校的科学教师提供更多专业发展机会,加强科学专兼职教师的针对性培训,尤其需要提升教师对科学实验室、科学实验器材和设备的利用能力,以及基于社区的课程教学资源开发能力。只有均衡地为各地科学类课程改革提供充足的资源支持和教师配备,提升多种课程教学资源的开发和使用效率,才能保障科学类课程在各地真正落实,普遍提升学生科学学习的质量,达到培养科学素养的育人目标。

第八章
系统实施忠实度视角下的学科课程监测研究：以道德与法治课程为例

一、道德与法治课程监测的必要性

党的十九大报告中提出要建构决策科学、执行坚决、监督有力的权力运行机制。当前，课程领域的改革框架已经形成，关键措施正在落实，整体改革已经进入攻坚深水区，这就需要增强课程政策制定的精准性，提高课程决策的有效性，实现课程改革的纵深推进。课程政策监测是整个课程政策制定、实施和决策过程中的关键环节。中共中央、国务院颁布的《深化新时代教育评价改革总体方案》指出："有什么样的评价指挥棒，就有什么样的办学导向。"2019年，中共中央、国务院《关于深化教育教学改革全面提高义务教育质量的意见》明确指出："国家建立义务教育课程方案、课程标准修订和实施监测机制。"同时，课程监测评估能够为课程实践研究进行系统把脉和诊断，精准把握课程实践现状，为课程修订和调整提供依据，提高课程的适应性和有效性，促进课程精准落地。由此可见，课程监测评估研究已经成为国家教育改革的重点。

课程政策监测是指对课程行动纲领和准则进行信息收集，并且对其展开系统客观的分析。随着课程改革的纵深推进，我国课程政策监测与评估研究也取得了一些重要经验。比如，课程修订均是基于上一次课程政策的实施情况来开展的，借鉴国际上的课程政策监测框架和工具开展课程政策监测，[1]本土建构和开发课

---

[1] 靳玉乐,尹弘飚.教师与新课程实施：基于CBAM的个案分析[J].课程·教材·教法,2003(11)：51—58.

程政策监测理论和工具。① 当然,我国课程政策监测与评估研究也存在着重点关注课程政策结果,对课程政策实施过程关注不足的情况,并且政策实施过程涉及复杂的社会情境,政策实施过程中会充满着各种变化,甚至在很大程度上导致课程政策的实施过程是一个无法打开的"黑箱"。② 在实践中,课程政策监测评估结果很多时候被异化为上级控制和惩罚下属、学校或者教师的工具。正因为如此,开展课程政策实施过程的监测评估研究就显得非常必要。

基于上述分析,本研究拟以道德与法治学科为例,揭示系统实施忠实度视角下的课程政策监测研究的内涵与结果,进而为后续课程政策监测评估研究提供借鉴。之所以选择道德与法治课程,是基于三方面考虑。其一,道德与法治学科在落实立德树人根本任务中具有重要作用。2019年3月,习近平总书记在主持召开学校思想政治理论课教师座谈会上强调"思想政治理论课是落实立德树人根本任务的关键课程"。③ 道德与法治学科的目标在于促进学生树立正确的思想观念和良好的道德品质,直接对接立德树人根本任务;道德与法治课程的实施和效果关系到能否"让社会主义核心价值观的种子在少年儿童心中生根发芽",更是"构建以社会主义核心价值观为引领的大中小幼一体化德育体系"的重要组成部分。其二,道德与法治课程关注学生体验。道德与法治学科提倡采用调查研究、谈论辨析、角色体验等方式促进学生思考、领悟与实践,以小学道德与法治教材为例,教材依照"自我—家庭—学校—家乡—国家—世界"的顺序组织,以"我"出发走向"世界"。其三,道德与法治课程具有综合性。比如小学道德与法治学科承担着小学生道德教育、法治教育、国情教育、心理健康教育等多重任务,是一门重在引导学生"过有道德的生活"的综合性学科。④ 初中道德与法治学科也对道德、心理健康、法律和国情等多方面的学习内容进行了有机整合。因此,对道德与法治课程政策的实施情况展开监测研究非常必要。

然而,目前关于义务教育阶段道德与法治课程的监测研究主要关注课堂教学

---

① 夏雪梅,沈学珺.中小学教师课程实施的程度检测与干预[J].教育发展研究,2012(8):37—41.
② 雷浩.打开"黑箱":从近15万张学生课程表看国家课程实施现状与走向[J].教育研究,2020(5):49—58.
③ 中华人民共和国教育部.思政课是落实立德树人根本任务的关键课程[EB/OL].(2020-08-31)[2021-05-19].http://www.moe.gov.cn/jyb_xwfb/moe_176/202008/t20200831_483752.html.
④ 胡莉英,高德胜.小学道德与法治课程校本化实施的基本路径[J].上海教育科研,2020(1):57—60.

方式。比如,有学者对初中道德与法治课程的学科教学、考试评价、师资等方面进行了调查研究;[1]也有学者对边疆地区小学道德与法治课程的师资队伍、学科地位、教学方法、教学内容和教学评价等进行了调查研究。[2] 通过调查,研究者发现了当前道德与法治课程在落实过程中存在的一些问题,比如,师资队伍薄弱、学科地位边缘化、教学方法陈旧等。这些研究结果为后续道德与法治课程的实施监测提供了重要的借鉴。但需要指出的是,这些研究更多是聚焦于课程标准的实施情况,而忽视了对课程方案的监测评估。这容易导致这样一种现象——道德与法治学科课堂教学都不错,但是课时节数或者课时时长却不符合要求,即常说的"教得好,课时却不达标"的现象;其实课时是确保标准落实(好教学)的前提。前提不达标,上课再好也会严重影响育人质量。而课时等内容都是通过课程方案来体现的。综合上述分析,从《义务教育课程设置方案》(下称"《方案》")出发对道德与法治课程实施开展监测评估是非常必要的。

综上所述,本研究从系统实施忠实度的视角分析国家《方案》规定的道德与法治课程的实施情况,以便为课程方案监测评估研究提供思路,也为道德与法治课程在未来的实施提供参考依据,进一步促进该课程的实施。

二、研究框架与设计

(一)系统实施忠实度及本研究框架

借鉴前文所述系统实施忠实度分析框架,对于《方案》中的道德与法治课程而言,遵循程度主要表现在四个方面:内容(学科名称)、覆盖率(学科科目)、频率(周课时节数)、持续时间(周课时时长)。除了上述四个方面的遵循程度之外,系统实施忠实度还非常关注实施过程中的感受。因此,系统实施忠实度本身的维度包括五个方面的内容。结合中国的课程实施的实际情况可知,内容和覆盖率均可以通过课程"开齐"来表征,频率和持续时间可以通过"上足"来表征,而实施过程中的

---

[1] 欧阳芸,袁成,卢志.道德与法治学科现状分析及对策研究——以对 A 市调查为例[J].思想政治课研究,2019(6):213—216.
[2] 李红梅.边疆民族地区小学《道德与法治》教学现状调查及对策研究——以云南省 D 州为例[J].思想政治课研究,2019(12):90—94.

感受可以通过"教好"来表征;并且根据对系统实施忠实度的理解,实施过程中的这些要素会受到各种因素的影响,其中最为关键的因素是实施复杂性、促进策略和参与者能力因素的影响。实施复杂性和促进策略可以通过区域特征的差异来表征,参与者能力主要是指学生参与课程实施的能力,可以通过学段差异来进行表征。结合上述分析,系统实施忠实度视角下的课程实施忠实度框架如图8-1所示。

如图8-1所示,系统实施忠实度视角下的道德与法治《方案》的监测可以划分为三个主要问题:《方案》中的道德与法治的实施忠实度如何?不同区域和不同学段的道德与法治课程实施忠实度存在什么样的差异?

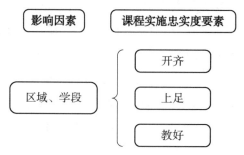

图8-1 系统实施忠实度视角下的课程监测模式

(二)研究设计

根据研究框架,本研究从"开齐""上足""教好"三个维度分析我国义务教育阶段道德与法治课程实施情况。首先,将学生报告课程情况与国家《方案》或省级课程实施计划进行对照分析,判断道德与法治课程"开齐"和"上足"的达标程度;然后,根据学生调查数据,分析道德与法治课程的兼课情况以作为"教好"的表征。

1. 各省课程计划文本搜索

省级课程计划来源于省级教育行政部门网站和项目组成员的电话咨询,样本是全国31个省(直辖市和自治区)的课程实施计划。本研究对省级课程实施计划中道德与法治课程的内容进行了整理,将学生报告课程表与其进行对照,从而判断道德与法治课程的"开齐"和"上足"情况。

2. 学生课程表抽样调查

课程表调查可以与教育行政部门合作或直接派调查人员到学校展开调查,但这些方法难以获得关于学校课程表的真实信息。因此,项目组经过多轮讨论和修订,研发了《义务教育阶段学生课程表调查问卷》。此问卷共32个问题,分为课程安排和背景信息两部分,分别包括4个主题。本研究主要利用第一部分道德与法治课程相关信息进行数据分析和整理,通过第二部分学校和班级信息进行数据区分。

问卷发放采用滚雪球抽样、组建地区主管和志愿者调研团队的方式。在实践中,严格抽样获取的数据往往是不真实的。在行政部门或教师参与下抽样是严格的,但由于存在干扰,部分数据是不准确的。而在本研究中,项目组通过数据采集小组和志愿者一对一地邀请全国学生(或家长)填写问卷,拍照上传课程表,并鼓励他们动员周围符合研究目标的学生参与。

本研究最初收集到来自31个省级行政区的调查样本,包括7 012所学校,24 855个班级,原始学生数据共149 588份。经过项目组的讨论,为优化数据处理方式,相同班级的课程表仅算一份数据,保留24 855份班级数据进行数据分析,并剔除了不符合要求的部分问卷:其一,信息填写不完整的课程表;其二,对问卷题目理解有误或上传有误的课程表。最终,本研究删除了198份无效班级数据,保留了24 567个有效班级。

3. 数据分析方法

首先,比较学校道德与法治课程实际实施情况与国家《方案》或各省课程实施计划之间的差距,分为"开齐"和"上足"两方面。"开齐"是指学校出现道德与法治课程且名称与规定一致。在"上足"方面,根据达标程度分为三种情况:学校实际道德与法治课程课时与国家《方案》或各省课程实施计划规定一致,则"符合标准";学校实际道德与法治课程课时低于规定要求,则为"缺课时";学校实际道德与法治课程课时高于规定要求,则为"超课时"。随后,根据学生调查数据,分析道德与法治课程的兼课情况作为"教好"层面的表征。

三、研究结果

(一) 道德与法治课程"开齐"状况及其影响因素分析

1. 绝大部分班级"开齐"了道德与法治课程,但存在未"开齐"或者更改课程名称的情况未"开齐"课程有两种情况：一是课表上没有此门课程；二是课程更改为其他名称，与省级课程计划或国家课程方案的规定不一致。以下主要从这两方面对道德与法治课程的"开齐"情况进行分析。

其一，全国各中小学的班级有近95%都开设了道德与法治课程，但仍有743个班级没有"开齐"道德与法治课程。

其二，有85个班级存在更改道德与法治课程名称的情况，更改课程名称为"社政""法制""思品生命""新德育"等。

2. 在未"开齐"道德与法治课程的班级中，薄弱学校、民办学校、小初高年级及部分地区状况较差

全国各中小学的班级有近95%都开设了道德与法治课程，但仍有743个班级没有开设道德与法治课程，其中薄弱学校、民办学校、小初段高年级以及部分地区的"开齐"状况较差。

如图8-2所示，就学校类型而言，12.6%的只有一间/栋房的薄弱学校没有"开齐"道德与法治课程，8.6%的民办学校未开设道德与法治课程，公办学校和外国语学校未"开齐"此课程的比例都达到5.7%。就年级分布而言，小学高年级和初中"开齐"状况较差，其中小学四、五、六年级未"开齐"道德与法治课程的比例分别是7.2%、7.5%、7.6%，九年级未开此课的比例达到6.9%。就地区而言，部分省市未"开齐"道德与法治课程的比例较高，如湖南(9.8%)、广东(9.0%)、海南(8.9%)、河南(8.1%)等。

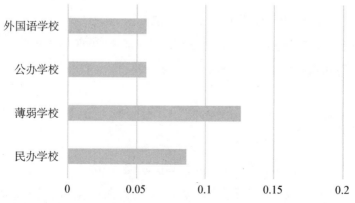

图8-2 不同学校类型道德与法治课程"开齐"状况

（二）道德与法治课程"上足"情况及其影响因素分析

在与省级课程计划进行比较的过程中，本研究发现除了存在学校未开设道德与法治课程和更改课程名称外，还有开设了道德与法治课程，但课时分布与国家《方案》或省级课程实施计划有所差距的情况存在。总体来说，道德与法治课程上课时间不足，换课现象频现。初中阶段、薄弱学校和民办学校尤为严重，部分省份达不到规定的课时数或存在换课现象。

1. 整体上，"开齐"状况比较良好，但是"缺课时"比例达到四成以上

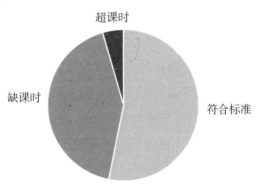

根据调查结果及与国家《方案》或各省课程实施计划进行比较，发现全国义务教育阶段道德与法治课程"符合标准"的比例达到53.2%，"缺课时"比例为42.3%，"超课时"比例为4.5%（图8-3）。

图8-3 全国道德与法治课程"上足"状况

2. 小学低年级道德与法治课程符合"上足"的比例高，七至九年级"缺课时"情况非常突出

如图8-4所示，就年级分布来看，小学低年级道德与法治课程符合国家《方案》或省级课程实施计划的比例较高，小学一年级"符合标准"的比例最高，为

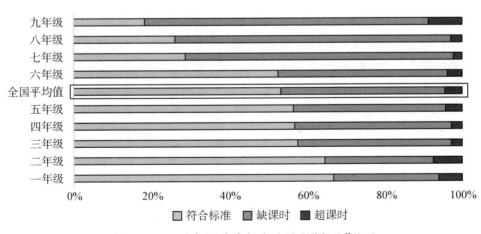

图8-4 不同年级道德与法治课程"上足"状况

66.6%,"缺课时"比例为 27.3%,"超课时"比例为 6.2%。而初中阶段"缺课时"情况严重,尤其是九年级有 72.9%的班级没有达到规定的课时要求,8.8%的班级"超课时",仅有 18.2%的班级"符合标准"。

3. 东部地区道德与法治课程"上足"情况最好,西部次之,中部急需改变不良的"上足"状况

由图 8-5 可知,全国义务教育阶段各省份道德与法治课程课时情况如下:第一,从"符合标准"来看,全国 31 个省(直辖市和自治区)中,13 个省(直辖市和自治区)的比例超过了全国平均水平(53.2%),但还有 18 个省份在全国平均值以下;第二,从"符合标准"来看,各省之间存在较大的差异,比例最高的上海达到了 82.0%,而最低的陕西仅有 14.2%;第三,与对应省份课程实施计划相比较,各省"缺课时"情况也存在较大差异,缺课最严重的陕西达到 82.7%,而缺课最少的新疆的比例为 12.8%;第四,与对应省份课程实施计划相比较,"超课时"情况存在较大差异,"超课时"状况最严重的湖北达到 32.4%,而贵州只有 0.6%。

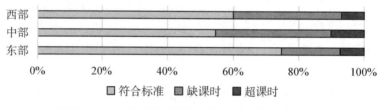

图 8-5 不同省份道德与法治课程"上足"状况

(三) 道德与法治课程教师的"兼课"情况及其影响因素分析

1. 义务教育阶段道德与法治课程由语文和数学教师兼任的比例高,尤其是语文教师兼任道德与法治课程的情况达到三成以上

兼课情况是"教好"的重要表征之一。本研究调查表明,全国义务教育阶段有 42.4%的道德与法治课程是由语文教师和数学教师兼任的,并且语文教师兼任道德与法治课程的比重达到 31.9%,数学教师兼任道德与法治课程的比重达到 11.5%(图 8-6)。

2. 一至六年级道德与法治课程被兼任的情况达到五成左右,七至九年级道德与法治课程被兼任的也有两成左右

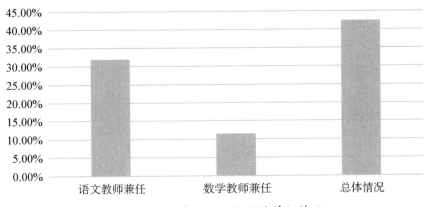

图 8-6 道德与法治课程被兼任情况

为了进一步了解不同学段道德与法治课程的兼任情况差异,这里以不同年级的情况分布为例进行分析。研究发现(如表 8-1 所示),一至六年级道德与法治课程被兼任的占比分别是 49.1%、49.3%、46.4%、51.5%、51.2%、51.7%;七至九年级道德与法治课程被兼任的比例分别是 15.2%、12.5% 和 23.7%。由此可见,与初中阶段相比较,小学阶段道德与法治课程兼课情况更加突出。

表 8-1 不同年级道德与法治课程被兼任情况

	语文教师兼任	数学教师兼任	总体
九年级	15.00%	8.70%	23.70%
八年级	7.70%	4.80%	12.50%
七年级	10.40%	4.80%	15.20%
六年级	37.40%	14.30%	51.70%
五年级	38.20%	13.00%	51.20%
四年级	40.00%	11.50%	51.50%
三年级	34.50%	11.90%	46.40%
二年级	34.70%	14.60%	49.30%
一年级	36.50%	12.60%	49.10%

由表8-1可知,语文教师兼任道德与法治课程的情况是:一至六年级分别为36.5%(1 479),34.7%(1 295),34.5%(1 362),40.0%(1 443),38.2%(1 385),37.4%(835);七至九年级分别是10.4%(198),7.7%(128),15.0%(133);

数学教师兼任道德与法治课程的情况是:一至六年级分别为12.6%(438),14.6%(461),11.9%(409),11.5%(378),13.0%(418),14.3%(305);七至九年级分别是4.8%(90),4.8%(76),8.7%(78)。

3. 不同区域道德与法治课程被兼任的比例存在差异

调查结果表明,我国东中西部三个区域道德与法治课程兼课情况的分布是:东部地区有41.40%的班级存在兼课情况,中部地区有44.70%的班级存在兼课情况,西部地区有43.60%的班级存在兼课情况。不同地区道德与法治课程兼课情况的严重程度依次是:中部>西部>东部(图8-7)。

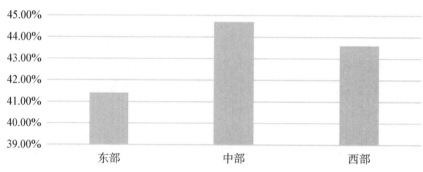

图8-7 不同地区道德与法治课程被兼任情况

四、义务教育阶段道德与法治课程实施的应对策略

本研究发现,义务教育阶段道德与法治课程在实施过程中整体状况良好,但是在系统实施忠实度的"开齐""上足"以及"教好"三个维度上,存在着不同程度突破国家规定的表现,并且这些不良表现在不同年级、学校和区域存在明显差异。针对上述现象,以下将针对性地分析其原因,并且提出应对策略。

(一)转变育人观念,引领义务教育阶段道德与法治课程"开齐"

本研究发现,全国绝大部分班级"开齐"了道德与法治课程,但是仍有少数班级未开设,其中薄弱学校、民办学校、小初高年级及部分地区"开齐"状况较差。根据调查,共有743个班级没有开设道德与法治课程。除此之外,有些班级出现了更改课程名称的情况,更改课程名称为"社政""法制""思品生命""新德育"等。上述两种未"开齐"道德与法治课程的情况均能反映出学校不明白道德与法治课程在落实新时代的育人目标中有什么样的功能,学校仍然采用传统的教育理念,即聚焦于考试类科目上的机械重复操练,将追求考试分数作为终极教育追求,进而导致不重视甚至忽视"道德与法治"这类考试比重不大的科目。因此,亟需转变学校和地方的育人观念,"开齐"道德与法治课程,真正落实德智体美劳全面发展的育人目标。要实现这种转变,可以从以下三个方面入手。

其一,彻底转变学校和教师传统"育分"观念,形成"育人"理念,重新定位各门课程。国家育人目标从"双基"发展到"三维目标",在新时代又从"三维目标"升级为"学科核心素养",这表明随着课程改革深入,政策制定者和研究者对学科育人功能的认识越来越深刻。然而,在落实的过程中,学校和教师认识的转变需要提供各种路径支持,具体而言可以从两个方面入手。一方面,加强对学校和学科教师的专题培训。政策颁布前的培训大多关注整体的课程方案,对专门的课程实施关注不够。因此,建议专门开展道德与法治课程的方案解读和政策培训。在开展培训的过程中要注意以下几点:首先邀请各级教育行政部门政策制定者、教育专家、高校研究人员等参与培训,从政策制定、方案宗旨、实施途径等方面对课程实施进行解读和规范,避免因对课程方案理解不到位而产生偏差。其次受训人员要包括道德与法治课程方案实施的执行人员,尤其是道德与法治课程的教研人员和一线教师,否则容易出现传达不到位,后续执行课程方案出现偏差的问题。此外,还要建立系统的培训体系,明确培训计划、培训目标和培训周期,在培训结束后,要能够通过适当的方法对培训结果进行检验,关注培训的有效周期。另一方面,要变革评价方式,引领学校和教师育人理念的转变。传统评价主要聚焦于知识和技能的考查,正是因为这种评价方式的诱导,使得学校只关注那些需要考试的课程或者考试权重比较高的课程,而对道德与法治这类极具生活化、育人功能强的学科却缺少关注。变革评价范式之后,要聚焦于核心素养而不是知识与技能,评价应该具有全面性,即所有学科课程都应该纳入相应的评估框架,只有这样,学校和教师才能够真正理解和转变育人理念,切实"开齐"道德与法治等课程。

其二,树立学科(课程)协同育人的理念,将道德与法治课程纳入国家育人目标的体系。国家课程由国务院教育行政部门统一组织开发,所有学生必须按规定修习;道德与法治课程是国家课程的重要组成部分,承载着培养学生健全人格,提升公民素质的重要任务,甚至在很大程度上决定着教育事业的成败。培养德智体美劳全面发展的社会主义建设者和接班人是当前国家育人目标的核心,在这一目标中五育是融合在一起的,有着不可割裂的关系。正因为如此,道德与法治课程作为德育的关键载体,在育人中必然需要服务于"五育"融合发展,这就要求学校和教师树立协同育人理念,更好地服务国家育人目标。为了培养教师和学校的协同育人观念,可以从两个方面入手:一是学校课程规划时需要将道德与法治课程纳入重中之重,确保道德与法治课程满足国家课程方案的要求,在实施方式上创新实施方式,甚至开展跨学科学习方式,不仅要落实道德与法治课程目标,还要能够渗透其他课程目标;二是道德与法治课程教师在规划学科课程纲要时需要与其他课程进行系统互动,开展系统规划,将协同育人观念真正落实在学科教学规划中,从而在学校和教师层面充分落实协同育人理念,确保道德与法治学科真正服务于国家育人目标。

其三,理解学科的独特育人功能,明确道德与法治课程在实现育人目标中的独特价值。良好品德是健全人格的根基,是公民素质的核心。随着国际竞争的日趋激烈,要求更加重视公民的道德与法治素养,更加关注个体融入社会的能力,这些能力和素养的培养均是以道德与法治课程为载体来实现的。因此,在教育教学实践中,需要教师明确道德与法治课程的独特育人功能。要落实这一举措,需要教师们在教学实践中做到以下三点:一是教师教学设计应该聚焦于道德与法治课程的核心素养来展开,同时目标是教学设计的灵魂,因而目标中应该充分体现道德与法治课程核心素养;二是教学过程中应该充分设置符合学生特征的真实情境,让学生真正地形成素养;三是开展基于道德与法治课程核心素养的形成性评价任务,让学生能够了解自己哪些方面的素养发展得好,哪些素养需要进一步完善。

(二)建立规范化实施路径,确保义务教育阶段道德与法治课程"上足"

研究发现,学校道德与法治课程安排与省级课程实施计划之间存在明显的"上足"差距,表现在上课时间不足,小学高年级、薄弱学校及民办学校尤为严重。

各个省份均有一定比例的学校班级未"符合标准"。学校课程实施人员对道德与法治课程认识不足是造成"上足"差距的主要原因。在应试压力下,科目是否考试和科目所占分数决定了课程的课时安排和受重视程度,而不太关注作为落实立德树人根本任务关键环节和重要抓手的道德与法治课程。另外,道德与法治课程旨在对中小学生进行道德教育和法治教育,而进行德育和法治教育的途径众多,作为主渠道的道德与法治课程地位易被忽视。这就需要以立德树人为统领,高位规划思政课程一体化实施蓝图。

一是遵循"螺旋上升"的规律建构学段纵向衔接的课程体系,厘清义务教育阶段道德与法治课程内容体系。当前道德与法治课程没有"上足"的原因之一是不同学段的学习主体内容存在一定程度的相似性,导致部分学校和教师认为不需要学习这么多内容,进而压缩课时。因此,在课程设置的时候需要密切关注不同学段道德与法治课程内容之间的关系,并且根据学生的认知特征,根据事物发展的"螺旋上升"规律,建构纵向衔接的道德与法治课程体系,避免简单机械的重复性内容。在理念上让学校和教师看到课程内容之间的不可替代性,进而规范学校和教师实施道德与法治课程的路径。

二是明确各学段道德与法治课程在整个课程体系中的独特功能。义务教育阶段思政课程的实现路径有很多,既可以是专门的道德与法治课程,也可以通过学科思政的方式来渗透。需要指出的是,当前学校教育中非常推崇学科思政的渗透,但这并不能取代道德与法治课程作为落实立德树人根本任务的关键环节和重要抓手的作用,因此,在义务教育阶段需要进一步明确道德与法治课程的独特育人功能。

三是完善对道德与法治课程实施的具体情况进行"隐形"监测,避免出现"有名无实"的现象。仅通过学校课程规划方案或课程表调研,并不能完全了解道德与法治课程的实际开展情况,因此要对学生、家长展开访谈或实地调研,进一步了解道德与法治课程是否在所安排的时段真正开展。

(三)进一步凝练道德与法治的学科属性,解决"兼课"情况

研究发现,义务教育阶段道德与法治课程是由语文和数学教师兼任,尤其是语文教师兼任道德与法治课程的情况达到三成以上。一至六年级道德与法治课程被兼任的情况达到五成左右,七至九年级道德与法治课程兼任情况有两成左

右。分析发现,一至六年级道德与法治课程"上足"情况比较好;但是,这一学段教师的兼课情况非常明显。同时,不同区域道德与法治课程被兼任的比例存在差异。由上述分析可知,道德与法治课程兼课情况已经成为一种非常重要的日常现象。之所以出现这么高比例的"兼课"情况,主要因为道德与法治课程的学科属性亟需凝练。凝练策略如下。

其一,以社会主义核心价值观为着力点,提升道德与法治课程定位的专业属性。道德与法治学科是以培育和践行社会主义核心价值观为主轴的,是以道德观和法制意识的培养为支柱的一门国家课程。这一方面需要增强对道德与法治学科属性的宣传,也需要开展针对性的培训。比如针对学校的培训主要聚焦于道德与法治课程的学科属性及其重要性;针对学科教师的培训不仅要强调学科属性,还要培训学科特有的学习方式。只有这样才能够确保学校和教师在观念上认识到道德与法治课程的专业性,认识到这门学科不是随便哪个老师都能够教好的。

其二,增强道德与法治课程内容与课程标准之间的衔接,提升课程内容的专业性。学校和教师的认识转变之后,要确保道德与法治课程的专业性,需要增强道德与法治课程内容与课程标准之间的衔接。课程标准对道德与法治课程的学科属性进行了定位,并且按照规定,承载道德与法治课程目标的教材应该与课程标准保持高度的一致性。只有实现这种一致性,才能够确保道德与法治课程内容的专业属性。然而,当前道德与法治的课程内容在多大程度上承载了课程标准的要求,这是值得质疑的。因此,在后续的道德与法治课程内容的组织与开发过程中,需要增强其与课程标准之间的衔接。

其三,形成基于道德与法治学科的学习方式,提升课程学习方式的专业属性。道德与法治学科属性决定着该学科的学习方式。道德与法治课程主要在于培养法制意识与国家认同,这些目标的达成无法通过知识的记忆和背诵来实现,而必须通过教师和学生之间的辩论和分析来实现,即辨析学习。教师和学生都形成以辨析学习为主要方式的学习,这才能够持续促进道德与法治课程学习的不断深入和专业化。因此,在今后的道德与法治课程学习中,需要将辨析学习深化落实。

其四,增强对道德与法治学科师资队伍建设的扶植力度。本研究发现,义务教育阶段道德与法治课程的教师大多由语文和数学老师兼任,原因之一还在于教师编制的空缺。要系统解决这一问题,可以从以下几个方面入手:其一,摸排当前教师编制情况,及时清理一些"拿空饷"的教师编制,给道德与法治课程教师腾挪编制;其二,建立专门的道德与法治课程教师编制制度,将其纳入学校教育督导之中;其三,开展道德与法治课程教师动态监测机制,针对道德与法治课程教师的变动及时进行跟踪和补缺,确保道德与法治课程教师专人专岗。

参考文献

中文文献

[1] 陈亚卓. 政策结果多样性的成因分析[D]. 深圳：深圳大学，2019.

[2] 陈玉龙. 基于事实与价值的公共政策评估研究——以农村税费改革政策为例[D]. 杭州：浙江大学，2015.

[3] 陈振明. 政策科学——公共政策分析导论[M]. 北京：中国人民大学出版社，2003.

[4] 崔允漷. 基于标准的教学：课程实施的新取向[J]. 教育研究，2009(1)：74－79.

[5] 崔允漷. 学校课程发展"中国模式"的建构与实践[J]. 全球教育展望，2019,48(10)：73－84.

[6] 崔允漷. 重建我国基础教育课程管理框架[A]. 钟启泉，崔允漷，张华. 为了中华民族的复兴，为了每位学生的发展——基础教育课程改革纲要解读[C]. 上海：华东师范大学出版社，2001：355.

[7] 崔允漷，张俐蓉. 我国三套义务教育课程方案比较[J]. 课程·教材·教法，1997(5)：57－60.

[8] 董青岭. 反思国际关系研究中的大数据应用[J]. 探索与争鸣，2016(7)：93－94.

[9] 弗兰克·费西尔. 政策辩论中的实用论述（上）[J]. 钱再见，译. 中国行政管理，2002(6)：41－43.

[10] 郭琼娣. 黄石市小学科学课程实施状况调查及对策研究[D]. 黄石：湖北师范大学，2019.

[11] 何东昌. 中华人民共和国重要教育文献：1949—1975[G]. 海口：海南出版社，1998：139－142,1202,1915－1916,2207－2209.

[12] 何东昌. 中华人民共和国重要教育文献：1976—1990[G]. 海口：海南出版社，1998：2287,3362.

[13] 侯前伟，张增田. 教科书通用评价系统CIR－FS的研制与评估[J]. 全球教育展望，2019,48(11)：71－95.

[14] 胡东芳. 课程政策的定义、本质与载体[J]. 教育理论与实践，2001,21(11)：49－53.

[15] 胡莉英，高德胜. 小学道德与法治课程校本化实施的基本路径[J]. 上海教育科研，2020(1)：57－60.

[16] 胡伶，范国睿. 从关注过程、结果导向到"共享领导"：教育政策监测与评估的理论模型构建[J]. 教育发展研究，2013,33(4)：1－6.

[17] 黄忠敬. 我国基础教育课程政策：历史、特点与趋势.[J]. 课程·教材·教法，2003(1)：21－26.

[18] 季苹. 论课程结构[J]. 中小学管理，2001(2)：2－4.

[19] 姜荣华. 课程实施程度的评估工具研究[D]. 长春：东北师范大学，2008.

[20] 教育部颁发全日制十年制中小学教学计划试行草案[J]. 新华月报，1978(2)：

226-227.

[21] 靳玉乐,尹弘飚. 教师与新课程实施：基于CBAM的个案分析[J]. 课程·教材·教法,2003(11)：51-58.

[22] 雷浩. 打开"黑箱"：从近15万张学生课程表看国家课程实施现状与走向[J]. 教育研究,2020(5)：49-58.

[23] 李红梅. 边疆民族地区小学《道德与法治》教学现状调查及对策研究——以云南省D州为例[J]. 思想政治课研究,2019(12)：90-94.

[24] 李美华,白学军. 不同学业成绩类型学生执行功能发展[J]. 心理科学,2008,31(4)：866-870.

[25] 李西营,马志颖,申继亮. 中学科学教科书中科学探究评价指标体系的构建[J]. 课程·教材·教法,2019,39(10)：124-130.

[26] 李亚,宋宇. 后实证主义政策评估主要模式评析[J]. 天津社会科学,2017(1)：81-85.

[27] 李运昌. 课程政策监测与评估：问题与出路[J]. 当代教育科学,2013(4)：16-19.

[28] 李子建,黄显华. 课程：范式、取向与设计[M]. 香港：香港中文大学出版社,1996：311.

[29] 刘晶晶. 小学语文阅读能力标准与学生评价的一致性研究[D]. 武汉：华中师范大学,2015.

[30] 刘学智. 小学数学学业评价与课程标准一致性的研究[D]. 长春：东北师范大学,2008.

[31] 刘芸,唐智松,汪先平,白小石. 科学课程实施的困境与破解[J]. 西南师范大学学报(自然科学版),2013,38(3)：171-174.

[32] 吕达. 课程史论[M]. 北京：人民教育出版社,1999：457,470,483,495.

[33] 马云鹏. 课程实施及其在课程改革中的作用[J]. 课程·教材·教法,2001(9)：18-23.

[34] [美]奥恩斯坦,汉金斯. 课程：原理、基础和问题[M]. 柯森,等译. 南京：江苏教育出版社,2002：27,68.

[35] [美]费希尔. 公共政策评估[M]. 吴爱明,李平,等译. 北京：中国人民大学出版社,2003：10.

[36] [美]古贝,林肯. 第四代评估[M]. 秦霖,蒋燕玲,等译. 北京：中国人民大学出版社,2008.

[37] [美]霍尔,霍德. 实施变革：模式、原则与困境[M]. 吴晓玲,译. 杭州：浙江教育出版社,2004：12.

[38] [美]泰勒. 课程与教学的基本原理：英汉对照版[M]. 罗康,张阅,译. 北京：中国轻工业出版社,2008.

[39] 欧阳芸,袁成,卢志. 道德与法治学科现状分析及对策研究——以对A市调查为例[J]. 思想政治课研究,2019(6)：213-216.

[40] 裴娣娜. 教育创新与学校课堂教学改革论纲[J]. 中国教育学刊,2012(2)：1-6.

[41] 邵朝友. 忠实取向视野下教师课程实施程度的测量框架[J]. 现代基础教育研究,2013(11)：105-109.

[42] 申超. 中美基础教育课程改革的政策比较——以《基础教育课程改革纲要(试行)》和《不让一个孩子掉队法》的比较为切入点[J]. 教育学报,2008(4)：34-38.

[43] 石筠弢. 好的课程政策及其制定[J]. 课程·教材·教法,2003(1):16-20.
[44] 史丽晶,马云鹏. 课程实施程度监测模型及思考[J]. 东北师大学报(哲学社会科学版),2016(1):146-150.
[45] 涂子沛. 大数据:正在到来的数据革命[M]. 桂林:广西师范大学出版社,2012:97-98.
[46] 涂子沛. 数据之巅:大数据革命,历史、现实与未来[M]. 北京:中信出版社,2014:216.
[47] 王明宾. 美国教育政策执行研究述评[J]. 江苏教育学院学报(社会科学版),1997(4):16-19.
[48] 邓恩. 公共政策分析导论(第二版)[M]. 谢明,等译. 北京:中国人民大学出版社,2002.
[49] 吴永军. 课程社会学[M]. 南京:南京师范大学出版社,2001:199,381.
[50] 夏雪梅,沈学珺. 中小学教师课程实施的程度检测与干预[J]. 教育发展研究,2012(8):37-41.
[51] 谢小庆. 关于高考40年的审辩式思考[J]. 中国考试,2017(5):23-27.
[52] 新华社. 习近平出席全国教育大会并发表重要讲话[EB/OL]. (2018-09-10)[2020-02-15]. http://www.gov.cn/xinwen/2018-09/10/content_5320835.htm.
[53] 许洁英. 国家课程、地方课程和校本课程的含义、目的和地位[J]. 教育研究,2005(8):32-35.
[54] 薛家宝. 英国课程改革政策沿革与分析[J]. 外国教育资料,1999(5):51-55.
[55] 杨润美,邓崧. 大数据时代行政决策评估进展研究[J]. 电子政务,2015(11):115-121.
[56] 杨润美,罗强强,郑莉娟. 大数据时代的政策方案评估[J]. 法制与经济,2015(10):105-107.
[57] 殷世东. 新中国基础教育课程政策变革70年回顾与反思[J]. 现代教育管理,2020(4):74-81.
[58] [英]迈尔-舍恩伯格,库克耶. 大数据时代:生活、工作与思维的大变革[M]. 盛杨燕,周涛,译. 杭州:浙江人民出版社,2013:45-61,67.
[59] 张红. 新中国基础教育课程政策的价值取向研究[D]. 东北师范大学,2008:44.
[60] 张华. 课程与教学论[M]. 上海:上海教育出版社,1998:406-416.
[61] 张静娴. 全国小学科学课程实施状况的调查研究[D]. 扬州:扬州大学,2018.
[62] 张志勇,贾瑜. 自信与反思:从PISA 2018看我国基础教育改革走向[J]. 中国教育学刊,2020(1):1-6.
[63] 赵宁宁,刘琴琴,王露,马昕. 学业质量监测模型的研究进展与前瞻[J]. 中国考试,2016(4):8-16.
[64] 中华人民共和国教育部. 教育部关于印发《义务教育课程设置实验方案》的通知[EB/OL]. (2001-11-21)[2020-03-26]. http://www.moe.gov.cn/srcsite/A26/s7054/200111/t20011119_88602.html.
[65] 中华人民共和国教育部. 思政课是落实立德树人根本任务的关键课程[EB/OL]. (2020-08-31)[2021-05-19]. http://www.moe.gov.cn/jyb_xwfb/moe_176/

202008/t20200831_483752. html.

[66] 中华人民共和国教育部. 初中科学课程标准[M]. 北京：北京师范大学出版社，2011：2.

[67] 中华人民共和国教育部. 基础教育课程改革纲要(试行)[J]. 人民教育，2001(9)：6,7.

[68] 中华人民共和国教育部. 教育部对十二届全国人大五次会议第8598号建议的答复(教建议〔2017〕第411号)[EB/OL]. (2017-09-27)[2018-09-12]. http://www.moe.edu.cn/jyb_xxgk/xxgk_jyta/jyta_jiaocaiju/201801/t20180109_324222. html.

[69] 中华人民共和国教育部. 教育部关于全面深化课程改革落实立德树人根本任务的意见(教基二〔2014〕4号)[EB/OL]. (2014-3-30)[2021-02-24]. http://old.moe.gov.cn//publicfiles/business/htmlfiles/moe/s7054/201404/167226. html.

[70] 中华人民共和国教育部. 教育部关于印发《基础教育课程改革纲要(试行)》的通知[EB/OL]. (2001-06-08)[2020-11-18]. http//old.moe.gov.cn//publicfiles/business/htmlfiles/moe/s8001/201404/xxgk_167343. html.

[71] 中华人民共和国教育部. 教育部关于印发《基础教育课程改革纲要(试行)》的通知[EB/OL]. (2001-06-08)[2020-02-15]. http://old.moe.gov.cn//publicfiles/business/htmlfiles/moe/s8001/201404/xxgk_167343. html.

[72] 中华人民共和国教育部. 普通高中课程方案(2017年版)[M]. 北京：人民教育出版社,2018.

[73] 中华人民共和国教育部. 我国首份《中国义务教育质量监测报告》发布[EB/OL]. (2018-07-25)[2020-05-25]. http://cicabeq.bnu.edu.cn/shtml/3/news/201807/941.shtml.

[74] 中华人民共和国教育部. 小学科学课程标准[M]. 北京：北京师范大学出版社，2017：1-2.

[75] 中华人民共和国中央人民政府. 国务院关于印发促进大数据发展行动纲要的通知(国发〔2015〕50号)[EB/OL]. (2015-09-05)[2019-02-10]. http://www.gov.cn/zhengce/content/2015-09/05/content_10137. htm.

[76] 钟启泉,等. 为了中华民族的复兴，为了每位学生的发展：《基础教育课程改革纲要(试行)》解读[M]. 上海：华东师范大学出版社，2001：70.

英文文献

[1] Achtenhagen, F., & Grubb, N. W. Vocational and occupational education: Pedagogical complexity, institutional diversity [M]// In V. Richardson (Ed.), *Handbook of research on teaching*. Washington, DC: American Educational Research Association, 2001: 604-639.

[2] Ahtola, A., Haataja, A., Antti, K., Poskiparta, E., & Salmivalli, C. Implementation of anti-bullying lessons in primary classrooms: How important is head teacher support? [J]. *Educational Research*, 2013, 55(4): 376-392.

[3] Allen, H. Promoting compliance with antihypertensive medication [J]. *British Journal of Nursing*, 1998, 7(20): 1252-1258.

[4] Allinder, R. M., Bolling, R. M., Oats, R. G., & Gagnon, W. A. Effects of teacher

self-monitoring on implementation of curriculum-based measurement and mathematics computation achievement of students with disabilities [J]. *Remedial & Special Education*, 2000,21(4): 219-227.

[5] Ang, K., Hepgul, N., Gao, W., & Higginson, I. Strategies used in improving and assessing the level of reporting of implementation fidelity in randomised controlled trials of palliative care complex interventions: A systematic review [J]. *Palliative Medicine*, 2018,32(2): 500-516.

[6] Arai, L., Roen, K., Roberts, H., & Popay, J. It might work in Oklahoma but will it work in Oakhampton? Context and implementation in the effectiveness literature on domestic smoke detectors [J]. *Injury Prevention*, 2005,11(3): 148-151.

[7] Aridi, J., Chapman, S., Wagah, M., & Negin, J. A comparative study of an NGO-sponsored CHW programme versus a ministry of health sponsored CHW programme in rural Kenya: A process evaluation [J]. *Human Resources for Health*, 2014, 12(1): 64.

[8] Aron, D. C., Raff, H., & Findling, J. W. Effectiveness versus efficacy: The limited value in clinical practice of high dose dexamethasone suppression testing in the differential diagnosis of adrenocorticotropin-dependent Cushing's syndrome [J]. *Journal of Clinical Endocrinology & Metabolism*, 1997,82(6): 1780-1785.

[9] Augustsson, H., von Thiele Schwarz, U., Stenfors-Hayes, Y., & Hasson, H. Investigating variations in implementation fidelity of an organizational-level occupational health intervention [J]. *International Journal of Behavioral Medicine*, 2015,22(3): 345-355.

[10] Backer, T. E. *Finding the balance: Program fidelity and adaptation in substance abuse prevention* [R]. Washington, DC: Center for Substance Abuse Prevention, 2000.

[11] Ball, C. R., & Christ, T. J. Supporting valid decision making: Uses and misuses of assessment data within the context of RTI [J]. *Psychology in the Schools*, 2002,49(3): 231-244.

[12] Banks, S., McHugo, G. J., Williams, V., Drake, R. E., & Shinn, M. A prospective meta-analytic approach in a multi-site study of homelessness prevention [J]. *New Directions for Evaluation*, 2002,94: 45-60.

[13] Becker, D. R., Smith, J., Tanzman, B., Drake, R. E., & Tremblay, T. Fidelity of supported employment programs and employment outcomes [J]. *Psychiatric Services*, 2001,52(6): 834-836.

[14] Beckett, K., Goodenough, T., Deave, T., Jaeckle, S., McDaid, L., Benford, P., Hayes, M., Towner, E., Kendrick, D., et al. Implementing an Injury Prevention Briefing to aid delivery of key fire safety messages in UK children's centres: Qualitative study nested within a multi-centre randomised controlled trial [J]. *BMC Public Health*, 2014,14(1): 1256.

[15] Bellg, A., Borrelli, B., Resnick, B., Hecht, J., Minicucci, D., Ory, M.,

Ogedegbe, G., Orwig, D., Ernst, D., & Czajkowski, S. Enhancing treatment fidelity in health behavior change studies: Best practices and recommendations from the NIH Behavior Change Consortium [J]. *Health Psychology*, 2004, 23: 443-451.

[16] Ben-Peretz, M. The concept of curriculum potential [J]. *Curriculum Theory Network*, 1975, 5(2): 151-159.

[17] Ben-Peretz, M. *The teacher-curriculum encounter: Freeing teachers from the tyranny of texts* [M]. Albany: State University of New York Press, 1990: vii-ix.

[18] Ben-Peretz, M., Katz, S., & Silberstein, M. Curriculum interpretation and its place in teacher education programs [J]. *Interchange*, 1982, 13(4): 47-55.

[19] Bereiter, C., & Scardamalia, M. *Surpassing ourselves: An inquiry into the nature and implications of expertise* [M]. Chicago: Open Court, 1993: 18-27.

[20] Berman, P., & McLaughlin, M. W. Implementation of educational innovation [J]. *The Educational Forum*, 1976, 40(3): 345-370.

[21] Birenbaum, M. Assessment 2000: Towards a pluralistic approach to assessment [M]//In M. Birenbaum & F. J. R. C. Dochy (Eds.), *Alternatives in assessment of achievement, learning processes and prior knowledge*. Boston, MA: Kluwer Academic Publishers, 1996: 3-29.

[22] Birenbaum, M. New insights into learning and teaching and their implications for assessment [M]//In M. Segers, F. J. R. C. Dochy, & E. Cascallar (Eds.), *Optimising new modes of assessment: In search of qualities and standards*. Dordrecht, the Netherlands: Kluwer Academic Publishers, 2003: 13-36.

[23] Birenbaum, M., Breuer, K., Cascallar, E., Dochy, F., Dori, Y., Ridgway, J., Wiesemes, R., & Nickmans, G. A learning integrated assessment system [J]. *Educational Research Review*, 2006, 1(1): 61-67.

[24] Blakely, C. H., Mayer, J. P., Gottschalk, R. G., Schmitt, N., Davidson, W. S., Roitman, D. B., & Emshoff, J. G. The fidelity-adaptation debate: Implications for the implementation of public sector social programs [J]. *American Journal of Community Psychology*, 1987, 15(3): 253-268.

[25] Bond, G. R., Becker, D. R., Drake, R. E., & Vogler, K. M. A fidelity scale for the individual placement and support model of supported employment [J]. *Rehabilitation Counseling Bulletin*, 1997, 40(4): 265-284.

[26] Bond, G. R., Evans, L., Salyers, M. P., Williams, J., & Kim, H. W. Measurement of fidelity in psychiatric rehabilitation [J]. *Mental Health Services Research*, 2000, 2(2): 75-87.

[27] Bond, G. R., Williams, J., Evans, L., Salyers, M., Kim, H., Sharpe, H., & Leff, H., S. *Psychiatric rehabilitation fidelity toolkit* [R]. Cambridge, MA: Human Services Research Institute, 2000.

[28] Boruch, R. R., & Gomez, H. Sensitivity, bias, and theory in impact evaluation [J]. *Professional Psychology*, 1977, 8(4): 411-433.

[29] Boscardin, C. K., Aguirre-Munoz, Z., Stoker, G., Kim, J., Kim, M., & Lee, J.

Relationship between opportunity to learn and student performance on English and Algebra assessments [J]. *Educational Assessment*, 2005,10(4): 307-332.

[30] Brophy, J., & Evertson, C. *Learning from teaching: A developmental perspective* [M]. Boston: Allyn & Bacon, 1976: 126.

[31] Bullock, R. J., & Batten, D. It's just a phase we are going through: A review and synthesis of OD phase analysis [J]. *Group and Organization Studies*, 1985,10(4): 383-412.

[32] Carroll, C., Patterson, M., Wood, S., Booth, A., Rick, J., & Balain, S. A conceptual framework for implementation fidelity [J]. *Implementation Science*, 2007, 2: 40.

[33] Century, J., Cassata, A., Freeman, C., & Rudnick, M. *Measuring implementation, spread and sustainability of educational innovations: Innovating for coordinated collaborative research* [C]. Paper presented at the annual meeting of the American Educational Research Association, Vancouver, British Columbia, Canada, 2012.

[34] Century, J., Rudnick, M., & Freeman, C. A framework for measuring fidelity of implementation: A foundation for shared language and accumulation of knowledge [J]. *American Journal of Evaluation*, 2010,31(2): 199-218.

[35] Chen, H. *Theory-driven evaluations* [M]. Thousand Oaks, CA: Sage, 1990.

[36] Cho, J. *Rethinking curriculum implementation: Paradigms, models, and teachers' work* [C]. Paper presented at the annual meeting of the American Educational Research Association, San Diego, CA, 1998.

[37] Clarke, G. Intervention fidelity in the psychosocial prevention and treatment of adolescent depression [J]. *Journal of Prevention and Intervention in the Community*, 1998,17(2): 19-33.

[38] Cochrane, W. S., & Laux, J. M. A survey investigating school psychologists' measurement of treatment integrity in school-based interventions and their beliefs about its importance [J]. *Psychology in the Schools*, 2008,45(6): 499-507.

[39] Dane, A. V., & Schneider, B. H. Program integrity in primary and early secondary prevention: Are implementation effects out of control? [J]. *Clinical Psychology Review*, 1998,18(1): 23-45.

[40] Datta, L. E. Damn the experts and full speed ahead: An examination of the study of federal programs supporting educational change, as evidence against directed development for local problem-solving [J]. *Evaluation Review*, 1981,5(1): 5-32.

[41] Dierick, S., & Dochy, F. New lines in edumetrics: New forms of assessment lead to new assessment criteria [J]. *Studies in Educational Evaluation*, 2001, 27(4): 307-329.

[42] Dobson, L. D. and Cook, T. J. Avoiding Type III error in program evaluation: Results from a field experiment [J]. *Evaluation and Program Planning*, 1980, 3(4): 269-276.

[43] Domitrovich, C., & Greenberg, M. T. The study of implementation: Current findings from effective programs for school-aged children [J]. *Journal of Educational and Psychological Consultation*, 2000,11(2): 193-221.

[44] Dorland, W. A. *Dorland's illustrated medical dictionary* (28th ed.) [M]. Philadelphia: W. B. Saunders, 1994: 531.

[45] Drake, R. E., McHugo, G. J., & Becker, D. R. The New Hampshire study of supported employment for people with severe mental illness [J]. *Journal of Consulting and Clinical Psychology*, 1996,64(2): 391-399.

[46] Durlak, J. A., & DuPre, E. P. Implementation matters: A review of research on the influence of implementation on program outcomes and the factors affecting implementation [J]. *American Journal of Community Psychology*, 2008, 41: 327-350.

[47] Dusenbury, L., Brannigan, R., Falco, M., & Hansen, W. B. A review of research on fidelity of implementation: Implications for drug abuse prevention in school settings [J]. *Health Education Research*, 2003,18(2): 237-256.

[48] Duyar, I. Analyzing education productivity: An essay review [J]. *Education Review*, 2006,9(4): 1-17.

[49] Elliott, D. S., & Mihalic, S. Issues in disseminating and replicating effective prevention programs [J]. *Prevention Science*, 2004,5(1): 47-53.

[50] Ennett, S. T., Tobler, N. S., Ringwalt, C., & Flewellin, R. L. How effective is drug abuse resistance education? A meta-analysis of Project DARE outcome evaluations [J]. *American Journal of Public Health*, 1994,84(9): 1394-1401.

[51] Eraut, M. *Developing professional knowledge and competence* [M]. London: Routledge Falmer Press, 1994: 36-42.

[52] Evans, W., & Behrman, E. H. Strategy for evaluating curriculum implementation [J]. *Journal of Curriculum Studies*, 1977,9(1): 75-80.

[53] Evans, W., & Sheffler, J. *Degree of implementation: A first approximation* [C]. Paper presented at annual meeting of American Educational Research Association, Chicago, 1974: 89.

[54] Eysenck, H. The effects of psychotherapy, an evaluation [J]. *Journal of Consulting Psychology*, 1952,16(5): 319-324.

[55] Faw, L., Hogue, A., & Liddle, H. A. Multidimensional implementation evaluation of a residential treatment program for adolescent substance use [J]. *America Journal of Evaluation*, 2005,26(1): 77-94.

[56] Fenstermacher, G. D., & Richardson, V. On making determinations of quality in teaching [J]. *Teachers College Record*, 2005,107(1): 186-213.

[57] Forgatch, M. S., Patterson, G. R., & DeGarmo, D. S. Evaluating fidelity: Predictive validity for a measure of competent adherence to the Oregon model of parent management training [J]. *Behavior Therapy*, 2005,36(1): 3-13.

[58] Frederiksen, N. The real test bias: Influences of testing on teaching and learning [J].

American Psychologist, 1984, 39(3): 193-202.

[59] Friesen, B. J., Green, B. L., Kruzich, J. M., Simpson, J., et al. Guidance for program design: Addressing the mental health needs of young children and their families in early childhood education settings [EB/OL]. (2002-05-23)[2019-06-24]. http://www.rtc.pdx.edu/pgProjGuidance.php.

[60] Fullan, M. *The meaning of educational change* [M]. New York: Teachers College Press, 2001.

[61] Fullan, M., & Pomfret, A. Research on curriculum and instruction implementation [J]. *Review of Educational Research*, 1977, 47(2): 335-397.

[62] Gagne, R. M., Wager, W. W., Golas, K. C., & Keller, J. M. *Principles of instructional design* [M]. Belmont, CA: Wadsworth, 2005: 354.

[63] Gautier, L., Pirkle, C., Furgal, C., & Lucas, M. Assessment of the implementation fidelity of the Arctic Char Distribution Project in Nunavik, Quebec [J]. *BMJ Global Health*, 2016, 1(3): e000093.

[64] Gerochi, R. R. D. *Academy of ICT essentials for government leaders — Monitoring & evaluation toolkit* [R]. Incheon: United Nations Asian and Pacific Training Centre for Information and Communication Technology for Development, 2013.

[65] Gersten, R., Allen, A., & Paine, S. Direct instruction supervision code [Z]. Unpublished Manuscript. Follow through project. Eugene, Oregon: University of Oregon, 1980: 116.

[66] Gersten, R., Carnine, D. W., & Williams, P. B. Measuring implementation of a structured educational model in an urban school district: An observational approach [J]. *Educational Evaluation and Policy Analysis*, 1982, 4(1): 67-79.

[67] Gerstner, J. J. & Sara, J. F. Measuring the implementation fidelity of student affairs programs: A critical component of the outcomes assessment cycle [J]. *Research & Practice in Assessment*, 2013, 8: 15-28.

[68] Gonczi, A. Competency based assessment in the professions in Australia [J]. *Assessment in Education: Principles, Policy and Practice*, 1994, 1(1): 27-44.

[69] Goodman, R. M., & Steckler, A. A model for the institutionalization of health promotion programs [J]. *Family and Community Health*, 1989, 11(4): 63-78.

[70] Greenhalgh, T., Robert, G., Bate P., Kyriakidou, O., Macfarlane, F., & Peacock, R. *How to spread good ideas: A systematic review of the literature on diffusion, dissemination and sustainability of innovations in health service delivery and organization* [R]. London: NHS Service Delivery Organisation, 2003.

[71] Gresham, F. M., Gansle, K. A., Noell, G. H., Cohen, S., & Rosenblum, S. Treatment integrity of school-based behavioral intervention studies: 1980-1990 [J]. *School Psychology Review*, 1993, 22(2): 254-272.

[72] Grol, R., Dalhuijsen, J., Thomas, S., Rutten, G., & Mokkink, H. Attributes of clinical guidelines that influence use of guidelines in general practice: Observational

study [J]. *British Medical Journal*, 1998,317(7162): 858-861.

[73] Hager, P., Gonczi, A., & Athanasou, J. General issues about assessment of competence [J]. *Assessment & Evaluation in Higher Education*, 1994,19(1): 3-16.

[74] Hagermoser Sanetti, L. M., & DiGennaro Reed, F. D. Barriers to implementing treatment integrity procedures in school psychology research: Survey of treatment outcome researchers [J]. *Assessment for Effective Intervention*, 2012, 37 (4): 195-202.

[75] Hagermoser Sanetti, L. M., & Kratochwill, T. R. Treatment integrity assessment in the schools: An evaluation of the treatment integrity planning protocol [J]. *School Psychology Quarterly*, 2009,24: 24-35.

[76] Hahn, E. J., Noland, M. P., Rayens, M. K., & Christie, D. M. Efficacy of training and fidelity of implementation of the life skills training program [J]. *Journal of School Health*, 2002,72(7): 282-287.

[77] Hall, G. E. & Loucks, S. F. *Innovation configurations: Analyzing the adaptation of innovations* [C]. Paper presented at the annual meeting of the American Educational Research Association, Toronto, Ontario, Canada, 1978.

[78] Hall, G. E., & Loucks, S. F. A developmental model for determining whether the treatment is actually implemented [J]. *American Educational Research Journal*, 1977,14(3): 263-276.

[79] Hanbury, A., Farley, K., Thompson, C., & Wilson, P. Assessment of fidelity in an educational workshop designed to increase the uptake of a primary care alcohol screening recommendation [J]. *Journal of Evaluation in Clinical Practice*, 2015,21 (5): 873-878.

[80] Hasson, H., Blomberg, S., & Dunér, A. Fidelity and moderating factors in complex interventions: A case study of a continuum of care program for frail elderly people in health and social care [J]. *Implementation Science*, 2012,7(1): 23.

[81] Heilemann, C., Best, W., Johnson, F., Beckley, F., Edwards, S., Maxim, J., & Beeke, S. Investigating treatment fidelity in a conversation-based aphasia therapy [J]. *Aphasie und verwandte Gebiete*, 2014,37(2): 14-26.

[82] Helmond, P., Overbeek, G., & Brugman, D. A multiaspect program integrity assessment of the cognitive-behavioral program EQUIP for incarcerated offenders [J]. *International Journal of Offender Therapy and Comparative Criminology*, 2014,58 (10): 1186-1204.

[83] Henggeler, S. W., & Schoenwald, S. K. *The MST supervisory manual: Promoting quality assurance at the clinical level* [R]. Charleston, SC: MST Institute, 1998.

[84] Henggeler, S. W., Melton, G. B., Brondino, M. J., Scherer, D. G., & Hanley, J. H. Multisystemic therapy with violent and chronic juvenile offenders and their families: The role of treatment fidelity in successful dissemination [J]. *Journal of Consulting and Clinical Psychology*, 1997,65(5): 821-833.

[85] Henggeler, S. W., Pickrel, S. G., & Brondino, M. J. Multisystemic treatment of

substance-abusing and dependent delinquents: Outcomes, treatment fidelity, and transportability [J]. *Mental Health Services Research*, 1999,1(3): 171-184.

[86] Henggeler, S. W., Schoenwald, S. K., Liao, J. G., Letourneau, E. J., & Edwards, D. L. Transporting efficacious treatments to field settings: The link between supervisory practices and therapist fidelity in MST programs [J]. *Journal of Clinical Child and Adolescent Psychology*, 2002,31(2): 155-167.

[87] Hermens, R., Hak, E., Hulscher, M., Braspenning, J., & Grol, R. Adherence to guidelines on cervical cancer screening in general practice: Programme elements of successful implementation [J]. *British Journal of General Practice*, 2001,51(472): 897-903.

[88] Hernandez, M., Gomez, A., Lipien, L., Greenbaum, P. E., et al. Use of the system-of-care practice review in the national evaluation: Evaluating the fidelity of practice to system-of-care principles [J]. *Journal of Emotional and Behavioral Disorders*, 2001,9(1): 43-52.

[89] Herzog, S., & Wright, P. Addressing the fidelity of personal and social responsibility model implementation [J]. *Research Quarterly for Exercise and Sport*, 2005(1): A76.

[90] Hitt, J. C., Robbins, A. S., Galbraith, J. S., Todd, J. D., Patel-Larson, A., McFarlane, J. R., Spikes, P., & Carey, J. W. Adaptation and implementation of an evidence-based prevention counselling intervention in Texas [J]. *AIDS Education and Prevention*, 2006,18(supp): 108-118.

[91] Hohmann, A. A., & Shear, M. K. Community-based intervention research: Coping with the "noise" of real life in study design [J]. *American Journal of Psychiatry*, 2002,159(2): 201-207.

[92] Holter, M. C., Mowbray, C. T., Bellamy, C., MacFarlane, P., & Dukarski, J. "Critical ingredients" of consumer run services: Results of a national survey [J]. *Community Mental Health Journal*, 2004,40(1): 47-63.

[93] Hoogen, V. D., & Lennert, Q. New local cultural policy evaluation methods in the Netherlands: Status and perspectives [J]. *International Journal of Cultural Policy*, 2014,20(5): 613-636.

[94] Hord, S. M., & Huling-Austin, L. Effective curriculum implementation: Some promising new insights [J]. *The Elementary School Journal*, 1986,87(1): 96-115.

[95] Huebner, R., Posze, L., Willauer, T., & Hall, M. Sobriety treatment and recovery teams: Implementation fidelity and related outcomes [J]. *Substance Use and Misuse*, 2015,50(10): 1341-1350.

[96] Hulleman, C. S., & Cordray, D. S. Moving from the lab to the field: The role of fidelity and achieved relative intervention strength [J]. *Journal of Research on Educational Effectiveness*, 2009,2(1): 88-110.

[97] Huntley, M. A. Measuring curriculum implementation [J]. *Journal for Research in Mathematics Education*, 2009,40(4): 355-362.

[98] Kelly, J. A. , Heckman, T. G. , Stevenson, L. Y. , & Williams, P. N. Transfer of research-based HIV prevention interventions to community service providers: Fidelity and adaptation [J]. *AIDS Education and Prevention*, 2000,12: 87 – 98.

[99] Kilbourne, A. , Neumann, M. , Pincus, H. A. , Bauer, M. , & Stall, R. Implementing evidence-based interventions in health care: Application of the replicating effective programs framework [J]. *Implementation Science*, 2007, 2 (1): 42.

[100] Kirk, M. A. Adaptation [M]//In P. Nilsen, & S. A. Birken (Eds.), *Handbook on Implementation Science*. Cheltenham: Edward Elgar Publishing, 2020: 317 – 332.

[101] Kladouchou, V. , Papathanasiou, I. , Efstratiadou, E. , Christaki, V. , & Hilari, K. Treatment integrity of elaborated semantic feature analysis aphasia therapy delivered in individual and group settings [J]. *International Journal of Language and Communication Disorders*, 2017,52(6): 733 – 749.

[102] Klein, K. , & Sorra, J. The challenge of innovation implementation [J]. *Academy of Management Review*, 1996,21(4): 1055 – 1080.

[103] Lane, K. L. , Bocian, K. M. , MacMillan, D. L. , & Gresham, F. M. Treatment integrity: An essential-but often forgotten-component of school-based interventions [J]. *Preventing School Failure*, 2004,48(3): 36 – 43.

[104] Lee, O. , Penfield, R. , & Maerten-Rivera, J. Effects of fidelity of implementation on science achievement gains among English language learners [J]. *Journal of Research in Science Teaching*, 2009,46(7): 836 – 859.

[105] Lee, Y. , & Chue, S. The value of fidelity of implementation criteria to evaluate school-based science curriculum innovations [J]. *International Journal of Science Education*, 2013,35(15): 2508 – 2537.

[106] Leithwood, K. A. , & Montgomery, D. J. Evaluating program implementation [J]. *Evaluation Review*, 1980,4(2): 193 – 214.

[107] Leithwood, K. A. , & Montgomery, D. J. The role of the elementary school principal in program improvement [J]. *Review of Educational Research*, 1982, 52 (3): 309 – 339.

[108] Linn, R. L. , Baker, E. L. , & Dunbar, S. B. Complex, performance-based assessment: Expectations and validation criteria [J]. *Educational Researcher*, 1991, 20(8): 15 – 21.

[109] Loucks, S. F. *Defining fidelity: A cross-study analysis* [C]. Paper presented at the annual meeting of the American Educational Research Association, Montreal, Quebec, Canada, 1983.

[110] Lucca, A. M. A clubhouse fidelity index: Preliminary reliability and validity results [J]. *Mental Health Services Research*, 2000,2(2): 89 – 94.

[111] Lynch, S. *A model for fidelity of implementation in a study of a science curriculum unit: Evaluation based on program theory* [C]. Paper presented at the annual meeting of the National Association for research in Science Teaching, New

Orleans, LA, 2007.

[112] Macias, C., Propst, R., Rodican, C., & Boyd, J. Strategic planning for ICCD clubhouse implementation: Development of the Clubhouse Research and Evaluation Screening Survey (CRESS) [J]. *Mental Health Services Research*, 2001,3(3): 155-167.

[113] Maidment, R., Livingston, G., & Katona, C. "Just keep taking the tablets": Adherence to antidepressant treatment in older people in primary care [J]. *International Journal of Geriatric Psychiatry*, 2002,17(8): 752-757.

[114] Martens, M., van Assema, P., Paulussen, T., Schaalma, H., & Brug, J. Krachtvoer: Process evaluation of a Dutch programme for lower vocational schools to promote healthful diet [J]. *Health Education Research*, 2006,21(5): 695-704.

[115] McBride, N., Farringdon, F., & Midford, R. Implementing a school drug education programme: Reflections on fidelity [J]. *International Journal of Health Promotion and Education*, 2002,40(2): 40-50.

[116] McDonald, S. K., Keesler, V. A., Kaufman, N. J., & Schneider, B. Scaling-up exemplary interventions [J]. *Educational Researcher*, 2006,35(3): 15-24.

[117] McGrew, J. H., & Griss, M. E. Concurrent and predictive validity of two scales to assess the fidelity of implementation of supported employment [J]. *Psychiatric Rehabilitation Journal*, 2005,29(1): 41-47.

[118] McGrew, J. H., Bond, G. R., Dietzen, L., & Salyers, M. Measuring the fidelity of implementation of a mental health program model [J]. *Journal of Consulting and Clinical Psychology*, 1994,62(4): 670-678.

[119] McIntyre, L. L., Gresham, F. M., DiGennaro, F. D., & Reed, D. D. Treatment integrity of school-based interventions with children in the Journal of Applied Behavior Analysis 1991-2005 [J]. *Journal of Applied Behavior Analysis*, 2007,40(4): 659-672.

[120] McMahon, S., Muula, A., & De Allegri, M. "I wanted a skeleton … they brought a prince": A qualitative investigation of factors mediating the implementation of a performance based incentive program in Malawi [J]. *SSM-Population Health*, 2018,5: 64-72.

[121] Mihalic, S. *The importance of implementation fidelity* [R]. Boulder, CO: Center for the Study and Prevention of Violence, 2002.

[122] Mills, S. C., & Ragan, T. J. A tool for analyzing implementation fidelity of an Integrated Learning System (ILS) [J]. *Educational Technology Research and Development*, 2000,48(4): 21-41.

[123] Moncher, F. J., & Prinz, R. J. Treatment fidelity in outcome studies [J]. *Clinical Psychology Review*, 1991,11(3): 247-266.

[124] Moore, G. Process evaluation of complex interventions: Medical research council guidance [J]. *British Medical Journal*, 2015,350: h2158.

[125] Moss, P. M. Can there be validity without reliability? [J]. *Educational Research*,

1994,23(2):5-12.

[126] Mowbray, C., Holter, M. C., Teague, G. B., & Bybee, D. Fidelity criteria: Development, measurement, and validation [J]. *American Journal of Evaluation*, 2003,24(3):315-340.

[127] Mueser, K. T., Bond, G. R., Drake, R. E., et al. Models of community care for severe mental illness: A review of research on case management [J]. *Schizophrenia Bulletin*, 1998,24(1):37-74.

[128] Muntinga, M., Van Leeuwen, K., Schellevis, F., Nijpels, G., & Jansen, A. From concept to content: Assessing the implementation fidelity of a chronic care model for frail, older people who live at home [J]. *BMC Health Services Research*, 2015,15(1):18.

[129] National Research Council. *On evaluating curricular effectiveness: Judging the quality of K-12 mathematics evaluations* [M]. Washington, DC: National Academies Press, 2004.

[130] Naylor, P. J., Macdonald, H. M., Zebedee, J. A., Reed, K. E., & McKay, H. A. Lessons learned from Action Schools! BC — an "active school" model to promote physical activity in elementary schools [J]. *Journal of Science and Medicine in Sport*, 2006,9(5):413-423.

[131] Nilsen, P., & Birken, S. A (Eds.). *Handbook on Implementation Science* [M]. Cheltenham: Edward Elgar Publishing, 2020:291-303,312.

[132] Nutley, S., Homel, P. Delivering evidence-based policy and practice: Lessons from the implementation of the UK Crime Reduction Programme [J]. *Evidence & Policy: A Journal of Research, Debate and Practice*, 2006,2(1):5-26.

[133] O'Brien, R. A. Translating a research intervention into community practice: The nurse-family partnership [J]. *Journal of Primary Prevention*, 2005, 26(3): 241-257.

[134] O'Donnell, C. L. Defining, conceptualizing, and measuring fidelity of implementation and its relationship to outcomes in K-12 curriculum intervention research [J]. *Review of Educational Research*, 2008,78(1):33-84.

[135] O'Donnell, C. L. *Fidelity of implementation to instructional strategies as a moderator of curriculum unit effectiveness in a large-scale middle school science quasi-experiment* [D]. Washington, DC: The George Washington University, 2007.

[136] OECD. PISA2018database. [DB/OL]. (2019-12-03) [2020-08-12]. http://www.oecd.org/pisa/data/2018database/.

[137] Orwin, R. G. Assessing program fidelity in substance abuse health services research [J]. *Addiction*, 2000,95(Suppl. 3):S309-S327.

[138] Osman, I. *Handbook for monitoring and evaluation* (1st ed.) [M]. Geneva: International Federation of Red Cross and Red Crescent Societies, 2002:5.

[139] Patel, M., Westreich, D., Yotebieng, M., Nana, M., Eron, J., et al. The impact of implementation fidelity on mortality under a CD4-stratified timing strategy for

antiretroviral therapy in patients with tuberculosis [J]. *American Journal of Epidemiology*, 2015, 181(9): 714-722.

[140] Paulson, R. I., Post, R. L., Herinckx, H. A., & Risser, P. Beyond components: Using fidelity scales to measure and assure choice in program implementation and quality assurance [J]. *Community Mental Health Journal*, 2002, 38(2): 119-128.

[141] Penuel W. R., & Means B. Implementation variation and fidelity in an inquiry science program: Analysis of GLOBE data reporting patterns [J]. *Journal of Research in Science Teaching*, 2004, 41(3): 294-315.

[142] Perez, D., Van der Stuyft, P., del Carmen Zabala, M., Castro, M., & Lefevre, P. A modified theoretical framework to assess implementation fidelity of adaptive public health interventions [J]. *Implementation Science*, 2015, 11(1): 91.

[143] Porter, A. C. How SEC measures alignment [J]. *Educational Researcher*, 1997(5): 9-12.

[144] Raudenbush, S. W. Designing field trials of educational innovations [M]//In S. Barbara., & M. Sarah-Kathryn (Eds.), *Scale-up in education: Vol. 2. Ideas in practice*. Lanham, MD: Rowman & Littlefield, 2007: 23-40.

[145] Raudenbush, S., & Bryk, A. *Hierarchical linear models: Applications and data analysis methods* (2nd ed.) [M]. Thousand Oaks, CA: Sage, 2001.

[146] Remillard, J. T. Examining key concepts in research on teachers' use of mathematics curricula [J]. *Review of Educational Research*, 2005, 75(2): 211-246.

[147] Resnick, B., Bellg, A. J., Borrelli, B., DeFrancesco, C., Breger, R., Hecht, J., Sharp, D. L., Levesque, C., Orwig, D., Ernst, D., Ogedegbe, G., & Czajkowski, S. Examples of implementation and evaluation of treatment fidelity in the BCC studies: Where we are and where we need to go [J]. *Annals of Behavioral Medicine*, 2005, 29(2): 46-54.

[148] Resnick, B., Inguito, P., Orwig, D., Yahiro, J., Hawkes, W., Werner, M., Zimmerman, S., & Magaziner, J. Treatment fidelity in behavior change research: A case example [J]. *Nursing Research*, 2005, 54(2): 139-143.

[149] Rezmovic, E. L. Assessing treatment implementation amid the slings and arrows of reality [J]. *Evaluation Review*, 1984, 8(2): 187-204.

[150] Rinaldi, M., Mcneil, K., Firn, M., Koletsi, M., Perkins, R., & Singh, S. P. What are the benefits of evidence-based supported employment for patients with first-episode psychosis? [J]. *Psychiatric Bulletin*, 2004, 28(8): 281-284.

[151] Ringwalt, C. L., Ennett, S., Johnson, R., Rohrbach, L. A., Simons-Rudolph, A., Vincus, A., & Thorne, J. Factors associated with fidelity to substance use prevention curriculum guides in the nation's middle schools [J]. *Health Education & Behavior*, 2003, 30(3): 375-391.

[152] Roen, K., Arai, L., Roberts, H., & Popay, J. Extending systematic reviews to include evidence on implementation: methodological work on a review of community-based initiatives to prevent injuries [J]. *Social Science & Medicine*, 2006, 63(4):

1060 - 1071.
[153] Rog, D. J., & Randolph, F. L. A multisite evaluation of supported housing: Lessons learned from cross-site collaboration [M]//In J. M. Herrell & R. B. Straw (Eds.), *New directions for evaluation*: Vol. 94. *Conducting multiple site evaluations in real-world settings*. San Francisco, CA: Jossey-Bass, 2002: 61 - 72.
[154] Rogan, J. M. An uncertain harvest: A case study of implementation of innovation [J]. *Journal of Curriculum Studies*, 2007, 39(1): 97 - 121.
[155] Rogan, J., & Grayson, D. Towards a theory of curriculum implementation with particular reference to science education in developing countries [J]. *International Journal of Science Education*, 2003, 25(10): 1171 - 1204.
[156] Rogers, E. M. *Diffusion of innovations* (5th ed.) [M]. New York: Free Press, 2003.
[157] Ruiz-Primo, M. A. A multi-method and multi-source approach for studying fidelity of implementation [C]//In S. Lynch (Chair) & C. L. O'Donnell(Ed.), *"Fidelity of implementation" in implementation and scale-up research designs: Applications from four studies of innovative science curriculum materials and diverse populations*. Paper presented at the annual meeting of the American Educational Research Association, Montreal, Quebec, Canada, 2005.
[158] Saylor, J. G. Alexander, W. M., & Lewis, A. J. *Curriculum planning for better teaching and learning* [M]. New York: Holt, Rinehart, & Winston, 1981.
[159] Scheirer, M. A., & Rezmovic, E. L. Measuring the degree of program implementation: A methodological review [J]. *Evaluation Review*, 1983, 7(5): 599 - 633.
[160] Schuh, J. H., & Upcraft, M. L. *Assessment practice in student affairs: An applications manual* [M]. San Francisco, CA: Jossey-Bass, 2001.
[161] Sechrest, L., West, S. G., Phillips, M. A., Redner, R., & Yeaton, W. (Eds.). Some neglected problems in evaluation research: Strength and integrity of treatments [M]//*Evaluation studies review annual*. Thousand Oaks, CA: Sage, 1979: 15 - 35.
[162] Sekhobo, J., Peck, S., Byun, Y., Allsopp, M., Holbrook, M., Edmunds, L., & Yu, C. Use of a mixed-method approach to evaluate the implementation of retention promotion strategies in the New York State WIC program [J]. *Evaluation and Program Planning*, 2017, 63: 7 - 17.
[163] Sharp, J. G., Hopkin, R., & Lewthwaite, B. Teacher perceptions of science in the national curriculum: Findings from an application of the Science Curriculum Implementation Questionnaire in English primary schools [J]. *International Journal of Science Education*, 2011, 33(17): 2407 - 2436.
[164] Shkedi, A. Can the curriculum guide both emancipate and educate teachers? [J]. *Curriculum Inquiry*, 1998, 28(2): 209 - 231.
[165] Snyder, J., Bolin, F., & Zumwalt, K. Curriculum implementation [M]//In P. W. Jackson (Ed.), *Handbook of research on curriculum*. New York: Macmillan, 1992:

402 - 435.

[166] Stebbins, L., St. Pierre, R. G., Proper, E. C., Anderson, R. B., Cerva, T. R., & Kennedy, M. M. *Education as experimentation: A planned variation model* (Vol. IV-A) [M]. Cambridge, Mass: Abt Associates Inc, 1977: 12 - 25.

[167] Steckler, A., Linnan, L., & Israel, B. *Process evaluation for public health interventions and research* [M]. San Francisco, CA: Jossey-Bass, 2002.

[168] Stenhouse, L. *An introduction to curriculum research and development* [M]. London: Heinemann Educational, 1975.

[169] Summerfelt, W. T. Program strength and fidelity to evaluation [J]. *Applied Developmental Science*, 2003, 7(2): 55 - 61.

[170] Summerfelt, W. T., & Meltzer, H. Y. Efficacy vs. effectiveness in psychiatric research [J]. *Psychiatric Services*, 1998, 49(6): 834 - 835.

[171] Suskie, L. *Assessing student learning: A common sense guide* (2nd ed.) [M]. San Francisco, CA: Jossey-Bass, 2009.

[172] Swain, M. S., Finney, S. J., & Gerstner, J. J. A practical approach to assessing implementation fidelity [J]. *Assessment Update*, 2013, 25(1): 5 - 7, 13.

[173] Teague, G. B., Bond, G. R., & Drake, R. E. Program fidelity and assertive community treatment: Development and use of a measure [J]. *American Journal of Orthopsychiatry*, 1998, 68(2), 216 - 232.

[174] Teague, G. B., Drake, R. E., & Ackerson, T. H. Evaluating use of continuous treatment teams for persons with mental illness and substance abuse [J]. *Psychiatric Services*, 1995, 46(7): 689 - 695.

[175] Tyler, R. W. *Basic principles of curriculum and instruction* [M]. Chicago, Illinois: The University of Chicago Press, 1949: 105 - 106.

[176] Tynjälä, P. Towards expert knowledge? A comparison between a constructivist and a traditional learning environment in the university [J]. *International Journal of Educational Research*, 1999, 31(5): 357 - 442.

[177] Unrau, Y. A. Using client exit interviews to illuminate outcomes in program logic models: A case example [J]. *Evaluation and Program Planning*, 2001, 24(4): 353 - 361.

[178] Vincent, M. L., Paine-Andrews, A., Fisher, J., Devereaux, R. S., Dolan, H. G., Harris, K. J., & Reininger, B. Replication of a community-based multicomponent teen pregnancy prevention model: Realities and challenges [J]. *Family and Community Health*, 2000, 23(3): 28 - 45.

[179] von Thiele Schwarz, U., Hasson, H., & Lindfors, P. Applying a fidelity framework to understand adaptations in an occupational health intervention [J]. *Work*, 2015, 51(2): 195 - 203.

[180] Walker, D. F. *Fundamentals of curriculum* [M]. San Diego: Harcourt Brace Jovanovich, Inc., 1990: 303.

[181] Webb, N. L. *Alignment of science and mathematics standards and assessments in*

four states [R]. Washington, DC: Council of Chief State School Officers, 1999.

[182] Weisman, A., Nuechterlein, K. H., Goldstein, M. J., & Snyder, K. S. Controllability perceptions and reactions to symptoms of schizophrenia: A within-family comparison of relatives with high and low expressed emotion [J]. *Journal of Abnormal Psychology*, 2000,109(1): 167-171.

[183] Weisman, A., Tompson, M. C., Okazaki, S., Gregory, J., Goldstein, M. J., Rea, M., & Miklowitz, D. J. Clinicians' fidelity to a manual-based family treatment as a predictor of the one-year course of bipolar disorder [J]. *Family Process*, 2002, 41(1): 123-131.

[184] Weiss, C. H. *Evaluation: Methods for studying programs and policies* [M]. Upper Saddle River, NJ: Prentice Hall, 1998.

[185] Willeboordse, F., Schellevis, F., Meulendijk, M., Hugtenburg, J., & Elders, P. Implementation fidelity of a clinical medication review intervention: Process evaluation [J]. *International Journal of Clinical Pharmacy*, 2018,40(3): 550-565.

[186] Wolf, D., Bixby, J., Glenn, J., & Gardner, H. Chapter 2: To use their minds well: Investigating new forms of student assessment [J]. *Review of Research in Education*, 1991,17(1): 31-74.

[187] Yeaton, W. H. and Sechrest, L. Critical dimensions in the choice and maintenance of successful treatments: strength, integrity and effectiveness [J]. *Journal of Consulting and Clinical Psychology*, 1981,49(2): 156-167.